Ailton Amélio da Silva

Relacionamento Amoroso

COMO ENCONTRAR SUA METADE IDEAL E CUIDAR DELA

Ailton Amélio da Silva

Relacionamento Amoroso

Como encontrar sua metade ideal e cuidar dela

metadeideal

PubliFolha

EDIÇÃO: Palavra Social
COORDENAÇÃO EDITORIAL: Camila Saraiva
PROJETO GRÁFICO E CAPA: Rita da Costa Aguiar
COORDENAÇÃO DE PRODUÇÃO GRÁFICA: Soraia Pauli Scarpa
ASSISTENTE DE PRODUÇÃO GRÁFICA: Mariana Metidieri
EDITORAÇÃO: Leika Yatsunami e Halinni Garcia
REVISÃO: Agência de Letras e Maria Sylvia Corrêa

Dados Internacionais de Catalogação na Publicação (CIP)
(Câmara Brasileira do Livro, SP, Brasil)

Silva, Ailton Amélio da
Relacionamento amoroso :
como encontrar sua metade ideal e cuidar dela / Ailton Amélio da Silva. – São Paulo : Publifolha, 2009.

Bibliografia.
ISBN 978-85-7914-025-9

1. Amor 2. Casamento 3. Escolha do companheiro 4. Homem-mulher - Relacionamento 5. Homens -Psicologia 6. Mulheres - Psicologia 7. Relações interpessoais I. Título.

09-01101 CDD-158.2

Índices para catálogo sistemático:
1. Relacionamento amoroso : Relações interpessoais : Psicologia aplicada 158.2

A grafia deste livro segue as regras do
Novo Acordo Ortográfico da Língua Portuguesa.

PUBLIFOLHA
Divisão de Publicações do Grupo Folha
Al. Barão de Limeira, 401, 6º andar
CEP 01202-900, São Paulo, SP
Tel.: (11) 3224-2186/2187/2197
www.publifolha.com.br

Impresso em abril de 2009 na gráfica Cromosete sobre papel chamois fine dunas 80g/m².

À Cecilia,
que inspirou tudo que escrevi de
positivo sobre o amor e o romantismo.

À Daniela, minha filha,
por dar substância à minha vida.

SUMÁRIO

PREFÁCIO

Ailton Amélio da Silva é psicólogo, psicoterapeuta, professor da Universidade de São Paulo e autor de estudos científicos sobre relacionamentos entre casais. Neste livro, ele trata da vida amorosa, abordando temas que vão desde a conquista do parceiro até a manutenção do casamento.

Tudo começa na hora de paquerar ou flertar, quando, muitas vezes, surgem dúvidas: como escolher um parceiro, onde encontrar alguém com as qualidades que buscamos, como demonstrar interesse, e como iniciar e manter uma conversa. Depois da fase inicial do relacionamento, chega a hora de saber como manter e fazer progredir a relação. O que fazer para que o namoro dê certo e traga frutos, como um casamento e uma família feliz? Como conservar o desejo sexual na vida a dois? Se o namoro ou o casamento não deu certo, o que fazer para colocar um ponto final na relação e encontrar equilíbrio para superar essa fase difícil e partir para outra?

Todas essas questões são abordadas de maneira objetiva nos artigos a seguir. Este livro traz informações valiosas para que as pessoas compreendam suas dificuldades amorosas e saibam como lidar melhor com elas. Ter uma vida afetiva saudável depende do esforço de cada um. Talvez essa seja uma ótima oportunidade para você tornar a sua vida amorosa mais prazerosa e duradoura. Experimente!

Karina de Souza Greco

Analista de Conteúdo do metadeideal

APRESENTAÇÃO

Este livro foi escrito para você que quer aperfeiçoar a sua compreensão dos relacionamentos amorosos e as suas condições psicológicas e habilidades para iniciar e desenvolver esse tipo de relação.

O que este livro oferece para você

Este livro sintetiza os conhecimentos científicos sobre os dez temas mais importantes para iniciar relacionamentos amorosos e fazê-los progredir. É um livro bastante abrangente. Esses temas vão desde as condições psicológicas que facilitam os inícios dos relacionamentos até os fatores que contribuem para que um relacionamento seja gostoso, proveitoso e duradouro.

Este livro vai ajudar você a responder a questões do tipo:

- Qual é a sua situação amorosa atual?
- Quais são os caminhos mais utilizados para iniciar relacionamentos amorosos?
- Quais são as principais dificuldades para iniciar relacionamentos amorosos?
- Quais são as principais características desejáveis em um bom parceiro amoroso?
- Quais são as principais características

indesejáveis em um parceiro amoroso?

- Quais são os principais cuidados que devem ser tomados na hora de escolher um parceiro amoroso?
- Quais são os principais locais e caminhos que facilitam o início de relacionamentos amorosos?
- Como usar a internet com eficiência para iniciar e desenvolver relacionamentos amorosos?
- Como manifestar o interesse amoroso?
- Quais são os principais sinais de interesse amoroso?
- Como a inibição pode atrapalhar os seus relacionamentos amorosos?
- É possível conquistar um parceiro? Como fazer isso?
- O que faz um relacionamento amoroso dar certo?
- Como desenvolver uma boa conversa?
- Quais são os ingredientes do desejo sexual?
- Os homens querem sexo e as mulheres, relacionamento?
- Quando e como terminar um relacionamento amoroso?
- Como se recuperar de um fora?

Este livro é baseado em experiências clínicas e em conhecimentos científicos

Os textos contidos neste livro sintetizam as melhores informações disponíveis sobre o início e desenvolvimento de relacionamentos amorosos. Essas informações foram obtidas por meio de estudos realizados no mundo inteiro, de longas discussões que tive com meus alunos da graduação e pós-graduação a esse respeito e da minha prática clínica com pacientes que queriam aperfeiçoar suas habilidades nessa área.

Neste livro são apresentados relatos de casos reais de pacientes que tratei no meu consultório e de pessoas que entrevistei durante os meus estudos. Para que essas pessoas não sejam identificadas, os seus nomes e alguns detalhes secundários foram alterados. São casos muito úteis para ajudar a entender e para fixar os conhecimentos que ilustram.

Também são apresentados questionários para ajudar você a verificar a sua situação em alguns dos temas tratados.

Este livro vai direto ao ponto

O relacionamento amoroso é complexo e possui muitos ingredientes: flerte, amor, escolha de parceiros, sexualidade, ciúme etc. Existem muitos livros sobre cada um desses ingredientes. O leitor não especializado geralmente não tem tempo, interesse ou fôlego para absorver tanta informação. Por isso, os artigos deste livro vão direto ao ponto: são curtos e objetivos. Desta forma você terá acesso rapidamente ao que realmente precisa saber.

Este livro reúne os dez principais temas que afetam todos os relacionamentos amorosos. Cada um desses temas deu nome a um capítulo. Cada capítulo reúne vários tópicos sobre o assunto que está sendo abordado.

Como ler este livro

Leia primeiro o "Sumário" para tomar conhecimento dos temas tratados em cada um dos dez capítulos e dos textos que compõem cada um deles. Em seguida, você poderá ler o livro na ordem que foi publicado ou ir direto ao capítulo ou ao tópico que despertou o seu interesse. Como estes textos foram escritos para serem lidos de forma independente, você não precisa necessariamente ler os anteriores para entender cada um deles.

Você pode ler esta obra para ganhar cultura geral sobre esse tema tão presente na nossa vida ou para aperfeiçoar os seus conhecimentos e as suas habilidades para iniciar relacionamentos e para fazer com que eles deem certo. Neste último caso, sugiro que você leia todos os textos de cada capítulo várias vezes, pense no que leu, discuta-os com alguém e tente colocar aquilo que você aprendeu em prática. Caso não seja suficiente para alcançar os seus objetivos, recorra ao auxílio de um psicólogo.

Como este livro foi escrito

Este livro reúne 48 artigos que escrevi para o site de relacionamentos *metadeideal*, um dos artigos é a Introdução. O site oferece vários tipos de ferramentas e serviços que facilitam o início e o desenvolvimento de relacionamentos amorosos. Um desses serviços é o "Divã", onde o usuário pode encontrar artigos meus e também de outros autores.

Como encontrar os artigos e livros citados neste livro

Para facilitar a leitura, em cada um dos textos são citados apenas os nomes completos dos principais autores cujos estudos foram mencionados. As referências completas sobre cada um dos estudos são fornecidas no final do livro, em "Referências Bibliográficas". Para encontrar uma identificação completa, utilize o último sobrenome do primeiro autor citado no estudo. Quando mais de um estudo citado foi realizado pelo mesmo autor, a data do estudo ou o nome de um segundo autor também é mencionado no texto.

AGRADECIMENTOS

Este livro sintetiza as contribuições de inúmeras pessoas que dedicaram seus esforços à compreensão do relacionamento amoroso e à divulgação desses conhecimentos. A todas elas, quero expressar os meus profundos agradecimentos. Vou citar nominalmente aqui apenas aquelas que tiveram uma contribuição direta e substancial no desenvolvimento dos assuntos tratados neste livro, no aperfeiçoamento da sua redação e na sua apresentação visual.

Agradeço especialmente a todas aquelas pessoas que gentilmente participaram das minhas pesquisas, responderam questionários, concederam longas entrevistas, foram observadas enquanto agiam e levaram os seus casos ao meu consultório. Muitas delas relataram fatos importantes e interessantes que aconteceram nas suas vidas amorosas e esmiuçaram acontecimentos prazerosos ou dolorosos que ocorreram com elas.

Agradeço aos meus alunos do Instituto de Psicologia da Universidade de São Paulo (USP) pela cooperação em diversas pesquisas que realizei nessa área e pelas inúmeras contribuições para o desenvolvimento da minha visão de diversos fenômenos que ocorrem no campo amoroso.

Muitos dos fatos, pesquisas e teorias relatados neste livro são de autoria de outros estudiosos do tema. Sinto uma grande identificação e afeição por esses colegas, de todas as partes do mundo, que desde os primórdios da humanidade vêm dedicando seus esforços à compreensão do fenômeno do amor e o que o acompanha. Os principais trabalhos desses autores estão citados nas "Referências Bibliográficas", no final deste livro.

Desejo agradecer à equipe do site de relacionamento *metadeideal* pelo convite, pelo incentivo e pela publicação dos artigos que compõem este livro. Quero agradecer especialmente aos seguintes membros do site:

Maria Isabel Bertuccelli Alves de Souza, coordenadora de Marketing, que me fez o convite para escrever esses artigos, por todo o apoio que vem me proporcionando desde aquela época.

Viviane Mendes, diretora de Negócios do site na época em que fui convidado, pela simpatia e pelo apoio a este projeto.

Karina de Souza Greco, analista de Conteúdo do Universo Online S.A., pela edição dos artigos publicados no *metadeideal.* A sua ajuda inestimável contribuiu para tornar mais legível e fluente os artigos que escrevi.

Agradeço também às seguintes pessoas que tiveram uma participação decisiva nesta publicação:

Paulo Verano, editor deste livro, pelo trabalho competente e dedicado que transformou os artigos originais neste formato final.

Luciana Maia, gerente editorial da Publifolha, pelo pronto acolhimento do projeto e pela competência em conduzi-lo.

Judith Brito, escritora das crônicas cujas publicações no site são alternadas com as dos meus artigos e superintendente do Grupo Folha, pelo apoio imediato à iniciativa de transformar os artigos em livro.

Grato a todos e que o Amor os recompense!

INTRODUÇÃO

POR QUE VALE A PENA INVESTIR NO RELACIONAMENTO AMOROSO?

Como está a sua vida amorosa e qual a importância dos relacionamentos amorosos na nossa vida? As seguintes perguntas ajudarão a identificar como está a sua vida amorosa:

- *Qual é a sua situação amorosa atual?* Está sozinha, paquerando, ficando, enrolada, namorando, noivando, morando com alguém, casada, separando, separada? A sua situação atual é boa, está evoluindo de maneira satisfatória, precisa ser mudada ou pode ser melhorada?
- *Se está só:* Quer ficar assim, trata-se apenas de uma transição entre dois relacionamentos ou está havendo alguma dificuldade para iniciar um novo relacionamento?
- *Se está em um relacionamento:* Quanto ele preenche as suas expectativas, quanto de amor você sente pelo parceiro, quão satisfatória é a sua vida sexual, quão segura você se sente neste relacionamento, qual o grau de cumplicidade que há entre vocês, quais são os seus planos para o futuro?
- *Como o seu parceiro responderia a essas mesmas perguntas?*

Vamos examinar agora algumas evidências a respeito da importância do relacionamento amoroso.

O relacionamento amoroso é um dos temas mais presentes em todos os meios de comunicação. Isso pode ser facilmente constatado: digite o termo "amor" ou "sexo" em um site de busca, vá até uma banca de jornal e veja as capas das revistas, ligue o rádio ou a televisão, vá ao cinema e veja o tema dos filmes, preste atenção aos conteúdos das conversas, vá a uma livraria ou biblioteca, pergunte para os psicólogos sobre os temas mais presentes em seus consultórios. Em todos esses casos os temas "amor" e "sexo" estarão fortemente presentes.

O ser humano é um animal que forma parcerias amorosas duradouras. Existem estimativas de que cerca de 90% das pessoas de todos os locais do nosso planeta se casam pelo menos uma vez. Os antropólogos e historiadores nunca encontraram uma cultura que não praticasse alguma forma de casamento. A parceria duradoura também acontece em várias outras espécies de animais, como a arara azul, por exemplo. Nesta espécie, a parceria muitas vezes dura a vida toda. Obviamente, existem mecanismos biológicos que são responsáveis pela constituição e pela durabilidade das parcerias conjugais. Ninguém alegaria, por exemplo, que as araras formam casais e não se separam devido à opinião pública ou por motivos legais e religiosos. Segundo os psicobiólogos, muitos animais formam parcerias duradouras como uma estratégia para aumentar a eficiência procriativa. Tais parcerias ocorrem em espécies cujos filhos dependem de cuidados prolongados que seriam demasiadamente custosos para apenas um dos pais.

Na nossa espécie, além de mecanismos biológicos, também são conhecidos mecanismos psicológicos, sociais e institucionais que contribuem para a formação e manutenção das associações amorosas.

Vamos ver alguns exemplos.

Mecanismos psicológicos

Admiração pelo parceiro, apego, amor, ciúme, planos em comum, compartilhamento de responsabilidades e a inclusão do outro e da parceria na definição do "eu". Outros mecanismos psicológicos também atuam na ausência de um relacionamento amoroso, motivando quem está nessa condição a procurar um novo relacionamento. Por exemplo:

- *Carência afetiva*
- *Solidão*
- *Depressão*
- *Necessidades sexuais*

Mecanismos sociais

Aqueles que não se casam vão perdendo o convívio com os seus pares – os amigos vão se casando e tendo filhos. Nesses casos, os assuntos que aparecem nas conversas vão ficando diferentes, os programas vão ficando incompatíveis. Em certas áreas profissionais, as pessoas casadas são mais valorizadas. Existe uma pressuposição de que os casados são mais responsáveis, uma vez que seus atos também gerarão consequências para os filhos e para o cônjuge. Além disso, aqueles que são solteiros também são vistos como suspeitos de portarem algum tipo de problema psicológico.

Mecanismos institucionais

A sociedade possui vários mecanismos que regulam as uniões conjugais e regulamentam e fiscalizam os papéis, direitos e deveres diferentes aos solteiros e casados.

São exemplos:

- *Leis* Os casados possuem vários tipos de direitos e obrigações em relação ao cônjuge. Por exemplo, um estrangeiro adquire o direito à nacionalidade brasileira quando se casa e tem filhos com uma brasileira.
- *Responsabilidades econômicas* Por exemplo, no casamento civil padrão, aquele com a comunhão parcial de bens, os cônjuges são sócios do patrimônio que vier a ser formado na vigência desse compromisso.
- *Regulação religiosa* As religiões geralmente possuem normas e preceitos para regular as práticas românticas e sexuais.

Amor e felicidade

Um estudo científico verificou que, dentre vários outros fatores (nível educacional, nível econômico, estado civil etc.), apenas o casamento era associado com a felicidade. Outros estudos mostraram que o relacionamento amoroso também está associado com a saúde física e psicológica. Por exemplo, homens que se separam e não voltam a se casar têm uma expectativa de vida menor do que aqueles que permanecem casados. O mesmo não acontece com as mulheres. Elas se apoiam mais nos seus relacionamentos sociais e sofrem menos do que eles quando estão sós e mais quando estão em um mau relacionamento. Estar casado e a qualidade desse relacionamento também afetam os filhos, os parentes, os amigos e o trabalho.

E então?

Todas essas evidências atestam sobre a importância do relacionamento amoroso. Neste livro, vamos tentar compreender melhor esse tipo de relacionamento e as medidas que podem ser tomadas para melhorá-lo. Não se contente com pouco. O seu relacionamento pode ser maravilhoso.

Mãos à obra!

1

QUAL É A SUA SITUAÇÃO AMOROSA ATUAL?

Qual a sua situação amorosa atual? Em qual das seguintes fases você está: aproveitando a vida amorosa ("ficando" ou namorando diferentes parceiros)? Desesperada para iniciar um namoro? Separou-se, após passar um bom tempo comprometida e agora está tentando voltar à vida amorosa? Está pensando em terminar um relacionamento? Acabou de levar um fora? Você tem sonhos difíceis de realizar que estão atrapalhando o estabelecimento de um novo relacionamento?

Falaremos de tudo isto neste capítulo.

As três estações do amor

As mulheres que estão querendo iniciar ou reiniciar relacionamentos amorosos podem ser classificadas em três grupos. Em cada um deles é perceptível um "clima psicológico" específico, decorrente de um conjunto de expectativas, necessidades, urgências e senso de facilidades e dificuldades. Daí o nome que uso: "estações do amor". Para começar, vamos examinar aqui três estações que apresentam diferenças bem marcadas entre si. Para ajudar a caracterizá-las, vamos lhes dar os seguintes nomes: "A vida é uma festa", "É agora ou nunca" e "Olha nós aqui outra vez". Esses nomes já sugerem o que ocorre em cada uma das estações.

Vamos falar aqui apenas das estações do amor que podem ocorrer na vida das mulheres. Um dos motivos de não tratar aqui desse tema para homens é que, para eles, tais estações são menos marcadas. Para muitos deles o sol brilha mais nesse campo e sempre sopra uma brisa refrescante. Alguns deles, é claro, também enfrentam tempestades. Trataremos deles em outro texto deste livro. No entanto, desde já, os homens podem se beneficiar muito se entenderem o que ocorre com as mulheres.

Vamos examinar agora apenas os relacionamentos amorosos amplos e duradouros. As mulheres geralmente não têm problemas quando só querem relacionamentos mais superficiais, como "ficar" e buscar sexo sem compromisso. A maioria delas, no entanto, geralmente também não quer só isso.

Estações do amor

Para cada uma das três estações, será apresentada uma história típica e algumas considerações sobre as suas principais características.

Primeira estação: "A vida é uma festa"

Juliana tem 21 anos. Está cursando a faculdade, ainda se dá muito bem com os ex-colegas de colégio e tem vários amigos de infância que moravam perto da sua casa. Está sempre em contato com esses conhecidos, colegas e amigos. Além de ver uma parcela deles na faculdade, ainda mantém contato intenso com quase todos: a internet, o telefone, as festas e os diversos tipos de programas estão aí para isso. Os programas são constantes: sempre alguém está fazendo aniversário, outro está convidando para assistir a um vídeo, as idas aos barzinhos acontecem todas as semanas e as baladas são sempre uma opção. Em cada um desses programas sempre pode rolar alguma "ficada". Sempre, também, tem alguém na fila de espera para outros tipos de relacionamento. O amor está na ordem do dia: as opções e oportunidades são múltiplas.

As duas principais características dessa primeira estação são as seguintes: grande disponibilidade de parceiros para relacionamentos amorosos e grande quantidade de oportunidades de encontros amorosos. Nessa época, quase todos ainda não estão seriamente comprometidos: são raros aqueles que estão casados ou que moram juntos. Os jovens vivem em bandos: estudam juntos, viajam juntos, se falam constantemente pela internet, frequentam muitas festas e baladas. Essas duas características, aliadas à grande liberdade no campo amoroso que existe atualmente, propiciam muitas experiências amorosas. O casamento não é uma preocupação muito importante nessa estação. Os relacionamentos amorosos acontecem ou se desfazem em função da atração e da agradabilidade da convivência, e não das preocupações com o casamento. As dificuldades amorosas nessa época são vistas, principalmente, como decorrentes de deficiências pessoais (timidez, aparência etc.) e não das características do mercado amoroso.

Um estudo que publiquei recentemente revelou que estudantes universitários paulistanos, com cerca de 24 anos, já tiveram, em média, as seguintes quantidades de experiências amorosas: "ficar" – 26 parceiros diferentes; relações sexuais – cinco parceiros diferentes; paixões – três; namorados – quatro; amores – um. Além disso, 64% deles se declararam apaixonados na época em que a pesquisa foi realizada. Trata-se, portanto, de uma época bem intensa no campo amoroso, uma verdadeira festa amorosa.

Segunda estação: "É agora ou nunca"

Eliana é muito bonita, se veste bem, tem uma boa formação acadêmica e está bem na profissão. Durante a vida teve vários relacionamentos breves e dois mais longos. Atualmente está sem namorado. Ela está começando a ficar aflita com a sua vida amorosa. Percebeu que o seu tempo está curto e que não tem muito espaço para errar nessa área. Quer muito constituir a sua própria família e gostaria de ter pelo menos um filho. Fez as contas: está com 32 anos. Se encontrasse um namorado nos próximos meses e se casasse com ele daqui a um ano e meio, já teria quase 34 nessa época. Caso engravidasse depois de um ano de casada, o filho nasceria quando ela teria perto dos 36. Tudo isso na melhor das hipóteses. Devido a essas considerações, sente uma grande pressão para acertar logo. É agora ou nunca.

Essa sua grande motivação para casar e ter filho está se virando contra ela. Mal ela começa a sair com um rapaz, já fica muito atenta à natureza das suas intenções amorosas e, por isso, nem aproveita direito os encontros. Fica à caça de pistas que indiquem se ele seria um bom esposo e sobre a "seriedade" de suas intenções. Os rapazes sentem-se pressionados e ficam com a sensação de que ela não quer namorar, mas sim se casar, e que vai fazer isso com qualquer um que se ajuste razoavelmente às suas necessidades. Eles não sentem que são pessoalmente muito importantes para ela. Isso geralmente "quebra o clima" e faz o relacionamento fracassar.

As principais características dessa estação são a urgência para se casar, a diminuição na quantidade de bons parceiros disponíveis e a diminuição das oportunidades naturais de encontros com esses parceiros. Depois dos 30, as chances de as mulheres se envolverem em um relacionamento começam a diminuir. Motivos: (1) A maioria dos parceiros compatíveis está casada ou morando junto. (2) Muitos dos disponíveis remanescentes não são compatíveis, não querem ou são incapazes de se compromissarem ou só querem sexo. (3) Os contatos com parceiros compatíveis no dia a dia começam a rarear. (4) A ansiedade para se casar atrapalha o andamento dos relacionamentos.

Terceira estação: "Olha nós aqui outra vez"

Carol é uma mulher madura e realizada em vários sentidos. Tem 45 anos, é advogada de uma grande empresa e ganha relativamente bem. Tem dois filhos já crescidos: uma terminando o ensino médio e o outro na faculdade.

Ela separou-se aos 39 anos. Após a separação, passou dois anos sem querer novos relacionamentos amorosos. Depois disso, começou a sentir interesse em reiniciar a sua vida amorosa. Uma das primeiras coisas que fez foi examinar as suas possibilidades atuais. Foi aí que ela tomou consciência de que muita coisa havia mudado desde a sua época de solteira. As principais mudanças foram as seguintes: antes de se casar, a grande maioria dos homens que despertava o seu interesse não estava seriamente comprometida (poucos moravam com alguém ou estavam casados). Agora, a grande maioria dos homens da sua faixa etária está casada. Por exemplo, no prédio onde ela mora e no local onde ela trabalha quase todos os homens do seu nível socioeconômico e da sua faixa etária estão casados. Os homens disponíveis remanescentes estão dispersos por aí. Não existem locais onde eles podem ser encontrados naturalmente. Por exemplo, não existem locais com tabuletas dizendo: "Prédio exclusivo para disponíveis", "Emprego só para disponíveis", "Disponível, venha morar e trabalhar aqui", "Condomínio da paquera" ou "Só é permitida a entrada e permanência de disponíveis". Os poucos locais onde é possível encontrar homens com estas qualificações são os bares e clubes noturnos. Nesses locais, no entanto, os frequentadores estão mais à procura de sexo imediato do que de relacionamentos mais duradouros.

As principais características de quem se encontra nessa estação são a necessidade de companhia para aliviar a solidão e as necessidades sexuais. O ser humano se sente incompleto sem uma união amorosa. Outra característica é a sensação de que os homens compatíveis para essa finalidade são uma raridade. Isso pode levar quem já está há muito tempo nessa situação a abrir mão de muitas exigências sobre o parceiro. Quando isso acontece, a pessoa já não está mais à procura de um príncipe encantado e de um grande romance. Um bom companheiro, que seja amigo, confiável, realizado economicamente e bom de cama já seria bom demais. Talvez ela não sinta nem a necessidade de casar-se formalmente ou de morar na mesma casa. O que mais importa é o envolvimento, a fidelidade e a estabilidade do relacionamento. Também não há tanta urgência para realizar esse projeto, como na estação anterior. Quem está nessa estação já realizou o seu sonho de casar-se e ter filhos. Agora o que mais importa é ter um bom companheiro.

Não é fácil encontrar parceiros adequados nessa fase. Os homens mais desejáveis querem namorar mulheres bem mais jovens do que eles (no Brasil, o homem, em média, é cerca de três anos mais velho do que a mulher na época do seu primeiro casamento e cerca de nove anos mais velho do que ela quando se recasa). Muitos da mesma faixa só querem sexo. Outros, que aparentemente seriam adequados, têm problemas sérios (vícios, problemas psicológicos, incapacidade para se envolverem e para se comprometerem, sérios problemas econômicos – desempregados crônicos, endividados etc.). Os homens que poderiam atender a essas exigências mínimas estão espalhados por aí. Nos bares e boates, a proposta é sexo sem compromisso. A internet, bem utilizada, é muito útil nessas circunstâncias.

E então?

Cada uma dessas três estações é típica de cada faixa etária, mas nenhuma delas é definida somente pela idade. Cada uma delas é caracterizada por um conjunto de especificidades psicológicas e externas. Por exemplo, é possível que uma mulher de 42 anos esteja na estação "É agora ou nunca" ao passo que uma de 37 esteja na estação "Olha nós aqui outra vez". Basta que a primeira ainda não tenha se casado ou morado junto, não tenha filhos e esteja ansiosa para realizar tudo isso e que a segunda seja separada, tenha filhos e, por isso, não tenha tanta urgência em iniciar um novo relacionamento.

Embora nessas duas últimas estações o quadro seja um tanto desanimador, é perfeitamente possível ser bem-sucedida. O sucesso depende da disposição e dos recursos para localizar os parceiros adequados e dar início e continuidade a um bom relacionamento amoroso. Já vi muitas vezes isso acontecer e, por isso, é justamente às mulheres dessas duas últimas estações que me dirigirei durante a maior parte deste livro.

Por que estou só?

Marina tem quase 40 anos. Ela tem um ótimo nível cultural, é bem-sucedida na profissão, frequenta muitas festas, sai bastante com as amigas, é uma mulher bonita e está em ótima forma física. Onde quer que vá sempre atrai os olhares e desperta os interesses dos homens. Apesar de todas estas qualidades, ela está só. Nos últimos dois anos só teve alguns relacionamentos rápidos. Nenhum deles passou de um mês. Ela não se interessa por quase ninguém do meio que frequenta. É muito exigente. Além disso, é muito desconfiada sobre as intenções dos seus pretendentes. Atualmente está com muito medo de ficar só. Gostaria de se casar e ter filhos.Esse medo está fazendo com que ela atropele o desenvolvimento natural daqueles raros relacionamentos amorosos que inicia, com aqueles raros pretendentes que satisfizeram as suas exigências.

Esse é um caso real, embora eu tenha alterado alguns dados para não permitir a identificação da personagem. Recebo em meu consultório muitas pessoas que estão com dificuldades para iniciar ou reiniciar relacionamentos amorosos. Existem diversas causas para essas dificuldades. É comum que as pessoas tenham mais que uma delas, o que implica em diferentes tipos de tratamentos. Vamos examinar essas causas agora.

Dificuldade ou facilidade excessiva para sentir atração e/ou se apaixonar

Pense em todas as pessoas com quem você se relaciona atualmente e responda à seguinte questão:

- *Por quantas dessas pessoas você sente um grau de atração que seria, pelo menos, suficiente para iniciar um relacionamento amoroso?* Para respondê-la, desconsidere todos os tipos de impedimentos. Por exemplo, não leve em conta se você namora ou é casada. Ao computar a quantidade de atrações, não conte o seu parceiro atual.

Apresentei a pergunta acima para 51 pessoas. As respostas variaram entre zero e dezenas de pessoas (mas esses extremos eram raros). As quantidades médias de pessoas atraentes citadas foram 1,8 para aqueles que estavam namorando e 2,6 para os que estavam sós.

Também investigo se os pacientes têm dificuldades para se apaixonar, amar e sentir afeto por amigos e parentes. Um estudo que realizei recentemente mostrou que, aos 24 anos, os participantes já tinham, em média, se apaixonado quatro vezes e amado uma vez. A maioria deles também declarou que estava amando no momento em que respondeu à pesquisa. Nessa idade, são raras as pessoas que nunca se apaixonaram e nunca amaram (4,2% e 12,6%, respectivamente).

Quem se apaixona ou ama com facilidade excessiva também pode ter problemas. Por exemplo, pode se apaixonar antes de conhecer bem o parceiro e se meter em encrencas por isso ou atropelar o desenvolvimento natural de seu relacionamento amoroso.

Dificuldades de mercado

Aquela história que afirma que existem sete mulheres para cada homem é uma balela. No Brasil, as quantidades de homens e mulheres ativos na área amorosa são semelhantes. A sensação de que é difícil iniciar um relacionamento amoroso depois de uma certa idade é legítima, mas ela tem outras causas. As principais são as seguintes:

- *Existem dificuldades naturais para se iniciar um relacionamento* São duas pessoas diferentes, com necessidades diferentes, que vão conviver intensamente e compartilhar muita coisa. Até para comprar uma roupa, um carro ou uma casa pode haver dúvidas. Iniciar um relacionamento amoroso é bem mais complexo e tem consequências bem mais graves que outras decisões.
- *Próximo dos 20 anos quase todo mundo está solteiro* É a "época do acasalamento". Depois dos 30, uma boa parte das pessoas já está seriamente comprometida. Os desimpedidos remanescentes que são compatíveis entre si estão espalhados e, por isso, é mais difícil se encontrarem (isso afeta homens e mulheres).
- *As mulheres preferem homens com idades próximas às delas* Quando vão ficando mais velhos, os homens vão preferindo mulheres cada vez mais jovens do que eles. As mulheres são menos rígidas nessa exigência. Por isso, eles têm mais facilidade que elas.
- *Muitos dos que se separam têm filhos* A guarda dos filhos, no entanto, afeta principalmente as chances de as mulheres iniciarem um novo relacionamento (90% dos filhos ficam com elas).

- *Depois dos 30 anos, as mulheres que estão sós e ainda não tiveram filhos, mas querem tê-los, podem começar a ficar ansiosas para iniciar um relacionamento amoroso* A ansiedade pode atrapalhar o início do relacionamento.

Dificuldades para frequentar locais facilitadores de inícios de relacionamentos amorosos

Certas pessoas raramente frequentam locais facilitadores de relacionamentos amorosos. Tais locais são aqueles que possuem regras ou atividades que facilitam e incentivam contatos que podem ser transformados em relacionamentos amorosos, além de serem frequentados por possíveis parceiros (compatíveis e disponíveis). Os locais de trabalho, as festas e os locais de paquera muitas vezes possuem essas propriedades. A internet também pode funcionar como uma espécie de ponto de encontro.

Os principais motivos para não frequentar locais com essas características são:

- *Permanência por muitas horas em atividades e locais desfavoráveis para essa finalidade* Certas pessoas trabalham ou estudam em locais onde a grande maioria é do seu próprio sexo – o que é ruim apenas para os heterossexuais, é claro.
- *Baixa sociabilidade* Algumas pessoas sentem pouco prazer em atividades sociais.
- *Timidez* Pode inibir a frequência de atividades sociais nesse tipo de local.
- *Falta de amigos que sirvam como companhia para frequentar tais locais.*

Dificuldades para usar os caminhos para iniciar relacionamentos amorosos

Não basta ir até os locais. É necessário tomar caminhos que

conduzam a um relacionamento amoroso. Muitas pessoas têm predileção por um desses caminhos e rejeitam outros. Por exemplo, certas pessoas não namoram colegas de trabalho ou clientes ("Onde se ganha o pão não se come a carne"). Outras pessoas não gostam de balada. Outras, ainda, não veem nenhuma graça em transformar amizades em relacionamentos amorosos. A exclusão de cada um desses caminhos implica a perda de uma fonte muito importante de possíveis parceiros amorosos. É claro que cada um deve respeitar suas próprias características, mas, ao mesmo tempo, deve se esforçar um pouco para usar todos os caminhos propícios para iniciar um relacionamento amoroso.

Problema na seleção de parceiros

Exigir mais do que oferece. A seguinte anedota capta bem esse problema. Dois amigos se encontram. Um deles pergunta para o outro que está sempre sem namorada:

— Por que você não namora?

O solitário responde:

— Porque estou procurando uma parceira perfeita.

Tempos depois eles se encontram novamente. O amigo pergunta para o solitário:

— E aí, está namorando?

O outro responde:

— Não.

O amigo volta a perguntar:

— Não achou a parceira perfeita?

O solitário responde:

— Achei. Mas ela também estava procurando o parceiro perfeito.

Outros possíveis problemas, mas não menos importantes, da seleção de parceiros são os seguintes:

- Parceiros com características muito diferentes.
- Parceiros com objetivos diferentes. Por exemplo, um só quer aventura e outro um relacionamento mais amplo.
- Parceiros que ainda estão envolvidos em outros relacionamentos.
- Parceiros que só serão aceitos depois que mudarem significativamente algumas das suas características.
- Parceiros que têm problemas para se ligarem afetivamente.
- Parceiros que têm problemas para se comprometerem.

Cada uma dessas características vai trazer problemas para o relacionamento.

Dificuldades para flertar

Certas pessoas têm todos os requisitos para se saírem bem nos relacionamentos amorosos, mas são pouco eficientes no flerte. Essas pessoas perdem inúmeras chances de começar ótimos relacionamentos amorosos. Existem dois motivos principais para essa ineficiência: a inibição e a inabilidade para flertar.

Creio que a inibição seja a razão mais comum, e ela é provocada por três motivos principais:

- *Timidez* Quase 50% das pessoas são tímidas.
- *Baixa autoestima* Induz à subestimação dos próprios méritos, à ampliação dos próprios defeitos e à excessiva sensibilidade às rejeições.
- *Concepções errôneas sobre o que é correto no flerte* Por exemplo, algumas mulheres acham que não devem tomar a iniciativa quando estão interessadas em alguém.

A falta de habilidade para flertar é mais rara. A maioria daquelas pessoas que acha que não sabe flertar de fato está sendo atrapalhada pelo medo da rejeição. Geralmente, treino todos os meus pacientes nas habilidades não-verbais e verbais para flertar. Faço isso mais para diminuir as suas inseguranças do que para ensiná-los a fazer isso.

E então?

Você não tem nenhum desses problemas? Parabéns, provavelmente não terá dificuldades para iniciar relacionamentos amorosos! Você se identificou com um ou mais que um deles? Agora que você sabe do que se trata, fica mais fácil atacá-lo. Se for algo duradouro e muito perturbador, provavelmente você terá que procurar a ajuda de um psicólogo.

Quando os seus antigos sonhos não cabem na nova realidade

O relacionamento amoroso é regulado por modelos. Esses modelos refletem as expectativas sobre o relacionamento e estipulam os requisitos, os direitos e os deveres dos parceiros. Para que um relacionamento seja possível, os envolvidos devem ter modelos semelhantes de relacionamento. Por exemplo, um homem que espera que a sua esposa seja "a rainha do lar" pode ter dificuldades para se relacionar com uma mulher que quer se realizar profissionalmente.

Aquilo que é considerado um modelo desejável de relacionamento amoroso pode variar entre as culturas, de uma época para outra, entre pessoas de uma mesma cultura e durante a vida de uma mesma pessoa. Esse é o tema que vamos abordar agora.

Modelos e estágios do relacionamento amoroso

Os relacionamentos amorosos geralmente começam com pouca intimidade e pouco compromisso e podem terminar, estagnar (por exemplo, "namorados para sempre"), regredir para um estágio anterior (o que é mais raro) ou evoluir para níveis em que esses dois ingredientes do amor sejam mais intensos. A evolução normalmente acontece através de estágios, e estes em geral são reconhecidos e aprovados pela sociedade (por exemplo, o namoro e o noivado). A aceitação para se relacionar em cada um dos estágios é uma espécie de aceitação de um contrato. Contrato este que estipula os requisitos (por exemplo, sentir atração pelo parceiro), os direitos (por exemplo, ter certos tipos de intimidades afetivas e sexuais com o parceiro) e as obrigações (por exemplo, só ter relacionamento sexual com esse parceiro). Muitas das cláusulas desses contratos não estão escritas em nenhum lugar, não são tratadas expressamente e nem são muito conscientes. Só quando elas não são cumpridas é que os envolvidos tomam consciência de que algo incorreto está ocorrendo (por exemplo, uma pessoa sabe que um namoro está com problemas quando, após cada encontro, o parceiro nunca quer combinar quando vão se ver de novo).

Mudanças nos modelos de relacionamento amoroso aprovados socialmente

Os modelos que determinam quais são os estágios que podem ser percorridos em um relacionamento amoroso e quais são os conteúdos de cada um deles podem variar de uma cultura para outra ou de uma época para outra em uma mesma cultura. Recentemente, na nossa cultura, esses modelos sofreram várias mudanças, que aconteceram tanto nos tipos de estágios, como nos conteúdos de cada um deles. Há estágios que já existiam antes e que agora existem com outros conteúdos. Há uns 30 anos, os estágios progressivos de um relacionamento amoroso eram: flerte, namoro, noivado e casamento. Atualmente, esses estágios são: flerte, "ficar", rolo, namoro, noivado, morar junto ("união consensual"), casamento e recasamento. Alguns destes são optativos. Por exemplo, muita gente não fica ou não mora junto. Vários desses estágios já existem há muitas décadas ou até mesmo são universais como, por exemplo, o flerte e o casamento (existem evidências de que esses dois estágios existem em todas as culturas e em todas as épocas). Outros estágios foram inventados recentemente (o "ficar", por exemplo).

O conteúdo de alguns dos estágios que já existiam antes e continuam a existir agora também mudou. Por exemplo, há três décadas, pegar na mão do parceiro no primeiro encontro era um acontecimento comemorado, e as relações sexuais geralmente só aconteciam no final do noivado ou após o casamento. Agora, o beijo pode ser trocado logo no início do primeiro encontro, tal como ocorre no "ficar". As relações sexuais também podem acontecer logo nos primeiros estágios do relacionamento e, às vezes, até mesmo no primeiro encontro. O noivado atual perdeu parte da sua importância em relação ao noivado que existia anteriormente.

Fase de transição dos modelos amorosos

Vivemos em uma época em que vários aspectos do modelo anterior de relacionamento amoroso foram rejeitados. No modelo anterior, por exemplo, o homem era o "provedor" e a mulher era a "rainha do lar". Agora é esperado que homens e mulheres sejam provedores e que cooperem nas tarefas caseiras. Embora tal rejeição já tenha acontecido, os novos modelos de relacionamento – que sejam amplamente aceitos – ainda não foram estabelecidos e, talvez, nunca mais sejam. Podemos ter entrado na era dos "modelos personalizados" de relacionamento amoroso – aquela que permite que cada casal defina o próprio modelo. Estamos, portanto, em uma fase de transição na qual estão sendo experimentados novos modelos, tais como morar em casas separadas e aceitar a liberdade sexual dos parceiros. Nesse tipo de fase, aumentam as possibilidades de escolha e fica mais fácil estabelecer modelos personalizados para cada relacionamento.

Mudanças nos modelos de relacionamento amoroso devido a alterações nas situações pessoais

Algumas pessoas continuam a buscar o mesmo tipo de relacionamento amoroso durante toda a vida, até mesmo quando a sua situação pessoal mudou. Outras pessoas, mais sábias e flexíveis, adaptam, tanto quanto possível, aquilo que querem àquilo que podem e que é mais adequado para as circunstâncias presentes.

Marina, personagem da história a seguir, não adaptou o tipo de relacionamento amoroso que buscava desde a adolescência às suas condições atuais e, por isso, estava ficando sozinha.

Quando os antigos sonhos não cabem na nova realidade

Aos 18 anos, o sonho romântico de Marina era morar com o amado, dormir abraçada com ele todas as noites, fazer muito amor, acordar e tomar café com ele. No final do dia, na volta do trabalho, queria esperá-lo para jantar com uma comidinha gostosa, preparada por ela mesma, e, em seguida, novamente, horas de namoro, horas de amor.

Agora, com 46 anos, separada e com dois filhos adolescentes, Marina continua querendo realizar, pela segunda vez, esse mesmo sonho amoroso, o qual ela já realizou uma vez, com o seu ex-marido, antes que o relacionamento entre eles se deteriorasse. O obstáculo para realizar novamente esse sonho é que agora ele não cabe nas suas condições de vida: muitas solicitações por parte dos seus dois filhos, presença constante dos filhos dificultando os momentos de intimidade que poderia ter com o parceiro amoroso, contas a pagar, obrigações profissionais, mil atribuições de dona de casa e, além de tudo isso, as dificuldades para conseguir um parceiro que aceite compartilhar com ela todas essas condições. Para aumentar as suas chances de se envolver em um novo relacionamento amoroso, Marina terá que adaptar os seus sonhos à sua nova realidade.

Modelos personalizados de relacionamento amoroso

As pessoas são muito diferentes e possuem condições de vida muito diferentes. Obrigá-las a adotar o mesmo modelo de relacionamento amoroso equivale a obrigar todas elas a usar sapatos número 37, porque este é o tamanho médio dos pés da população feminina. Só algumas pessoas ficarão satisfeitas com essa numeração. Os sapatos ficariam grandes para muitas e pequenos para outras.

Atualmente existe cada vez menos interferência da sociedade na determinação dos modelos de relacionamento amoroso que podem ser adotados. Isso permite um grande aumento na diversidade de modelos, o que é muito bem-vindo. A maior diversidade permite que cada casal adote aquela forma de relacionamento que lhe é mais adequada: aquela que combina melhor com seus valores, com as suas condições psicológicas, com o momento atual de suas vidas e com as suas necessidades. Por exemplo, quem tem filhos pequenos, é muito ciumento, gosta de dormir e acordar com o parceiro e deseja compartilhar todos os momentos possíveis com ele, ficará mais bem servido se morar com ele. Morar em casas separadas, nesse caso, poderia sobrecarregar quem ficou morando com os filhos e privá-los da convivência com aquele que mora em outra casa. Aquelas pessoas que não querem filhos, ou cujos filhos já se tornaram independentes, e que necessitam de uma grande dose de privacidade, poderão se sentir melhor morando em casas separadas.

A desvantagem desse maior grau de liberdade para definir os modelos de relacionamento é que, cada vez mais, cabe ao casal negociar as características dos seus relacionamentos, sem o auxílio, a proteção e, até mesmo, a imposição social que havia na época do modelo único. Isso aumenta o grau de insegurança e exige mais maturidade e dedicação para modelar um tipo de relacionamento que seja satisfatório para ambos.

Limites para a invenção de modelos de relacionamento

Existem certos limites para a invenção de modelos de relacionamento amoroso. Vamos mencionar aqui dois tipos de limites: os requisitos para haver um relacionamento amoroso significativo e as propensões biológicas.

Para haver quaisquer tipos de relacionamento amoroso significativo e duradouro, creio que sejam necessários os seguintes requisitos:

- Confiança mútua.
- Uma certa dose de unificação das identidades (deixarmos de ser "eu" e "você" e nos tornarmos "nós").
- Atração romântica e amorosa.

Existem evidências de que possuímos propensões biológicas que limitam as modalidades de relacionamentos amorosos que funcionam para a nossa espécie, ou seja, o ser humano não se adapta a qualquer tipo de relacionamento amoroso. Por exemplo, parece que os homens sempre serão mais propensos para o sexo sem compromisso do que as mulheres. O motivo biológico para isso é que, para elas, o sexo sempre teve um custo maior do que para eles: elas podiam engravidar e "eles só tinham a perder uns míseros espermatozoides", como afirmou um afiliado dessa teoria. Mesmo agora, quando já foram inventados anticoncepcionais eficientes, essa tendência vai demorar muito para ser anulada porque ela está registrada nos nossos genes.

Modelo personalizado de relacionamento amoroso

Vamos apresentar aqui um caso frequente de adoção, um tanto forçada, de um modelo de relacionamento amoroso apenas porque ele é o único possível para manter uma determinada relação.

Redefinindo um modelo de relacionamento para torná-lo aceitável para o parceiro: "Mal com ele, pior sem ele"

Muitos relacionamentos terminam apenas porque os parceiros têm diferentes expectativas sobre o seu conteúdo como, por exemplo, quantas vezes se encontrar durante a semana, quem dorme na casa de quem, liberdade para sair com os amigos sem a companhia do outro e quem deve pagar as contas durante os encontros.

Quando está havendo esse tipo de desacordo entre parceiros é muito comum que aquele que está mais interessado em manter o relacionamento abra mão daquilo que deseja e adote o modelo que melhor satisfaça o outro.

Essa adoção é realizada a contragosto, é encarada como provisória e é realizada sob duas motivações:

- Devido à esperança de que futuramente o parceiro aceite um modelo mais satisfatório de relacionamento.
- Para não ficar só enquanto procura outra pessoa que aceite um modelo de relacionamento que lhe seja mais satisfatório.

A história de Marina, relatada a seguir, ilustra esse tipo de opção.

Ele não queria estabelecer um relacionamento regular com ela. Nada de apresentações do outro para amigos e familiares, nada de encontros regulares e nem compromisso de exclusividade. Não era isso que ela queria. O que ela tinha em mente era um namoro. Mas resolveu aceitar as condições dele. Encontros agradáveis, conversas interessantes, jantares e, é claro, noites intensas de sexo. Depois, um novo encontro só Deus sabe quando. Ela toleraria aquela situação temporariamente. Ela tinha esperanças de que o conquistaria e que ele acabaria assumindo um namoro com ela, "com tudo a que tinha direito". Ou, quem sabe, conheceria outra pessoa de que ela gostasse e que realmente quisesse um compromisso com ela. Mas não estava fácil: após cada encontro, iniciava-se um período de espera. Sempre que o telefone tocava, havia a esperança de que fosse ele ligando para propor um novo encontro. Mil vezes por dia ela abria o e-mail à espera de uma mensagem. Até quando ela aguentaria essa situação?

E então?

Pense nisto: o seu modelo de relacionamento amoroso cabe na sua realidade atual?

Você se confundiu com a paisagem?

Algumas pessoas brilham, chamam a atenção onde quer que estejam ou pelo que quer que façam. Outras são apagadas e passam despercebidas. A maioria se encontra em algum lugar entre esses dois extremos. Quais são as principais maneiras de se destacar e de se esconder? Quais são os custos e benefícios de se destacar para fins de um relacionamento amoroso? Estas são algumas das questões que abordaremos aqui.

Maneiras de se destacar

Existem várias maneiras de se destacar socialmente:

- Através da aparência.

- Através da reputação.
- Através da ostentação de posses materiais.
- Através de proezas.
- Através da forma de se comportar em situações sociais.

Vamos abordar aqui esta última forma.

Manual da camuflagem social

Uma vez vi uma entrevista com um ex-espião russo, da época da Guerra Fria, que passou vários anos infiltrado nos Estados Unidos à espera de uma missão (era uma "toupeira", na linguagem da espionagem da época). Ele relatou que grande parte do treinamento que recebeu na ex-União Soviética tratava das maneiras de não atrair a atenção e de se fazer passar por um cidadão comum daquele país. Esse treinamento era realizado em certos locais da Rússia onde eram criadas vilas típicas dos países onde os espiões seriam implantados.

Veja os procedimentos utilizados pelos espiões russos, adaptados para casos amorosos. Tudo isso, obviamente, deve ser invertido por aqueles que querem se destacar:

- Não adote a última moda nem a moda antiga.
  Produza-se como a maioria.
- Quando for participar de uma reunião, nunca se sente nos locais mais visíveis e de maior prestígio nem nos locais menos prestigiados. Por exemplo, evite a cabeceira da mesa e o lugar ao lado do anfitrião. Estes são os locais de maior visibilidade nesse tipo de ambiente.
- Quando for a um bar ou a uma boate, sente-se em um lugar discreto, longe das passagens. Se você é mulher, nem pense em dançar sozinha. É isso o que provoca o maior número de abordagens.

- Não cruze olhares com desconhecidos. Eles poderão abordá-lo (a).
- Não diga nada que destoe daquilo que seria esperado nas circunstâncias presentes. Isto chama a atenção.
- Nunca expresse antes das outras pessoas o que você pensa e deseja. Isso pode contrariar os pensamentos e desejos alheios. Espere que os outros se expressem e aí concorde com eles.
- Não escolha os assuntos nem a forma de conversar. É mais seguro pegar carona no tema que algum corajoso se arriscou a propor.
- Quando perguntarem o que você pensa de um assunto polêmico, pergunte: "O que você quer que eu pense?" e, em seguida, afirme aquilo que o outro declarou.
- Nos momentos românticos e sexuais, não expresse nenhum desejo ou falta de desejo que saia do roteiro que deu certo anteriormente. Para que arriscar?
- Quando entrar em um lugar público, como um restaurante ou uma festa, procure ser o mais discreto possível. Não chame a atenção de ninguém.

Desvantagens de ser apagado: "É preferível ser um mau original do que uma ótima cópia"

Se, por um lado, é perigoso se expor socialmente, por outro lado pode ser mais perigoso ainda deixar de se expor na dose adequada. Quem não expressa uma dose razoável daquilo que pensa e sente está se abstendo de viver, está se anulando e optando por desempenhar um papel apenas porque acredita que dessa forma será aprovado ou, pelo menos, não-reprovado socialmente. Na vida precisamos de mais do que isso.

Quem se confunde com a paisagem provavelmente:

- Tem menos vitalidade.
- Está menos envolvido com os acontecimentos.
- É mais reprimido.

- É menos interessante.
- Tem autoestima mais baixa.
- Engole mais sapos.
- Corre o risco de ser rotulado negativamente.
- É menos eficiente para iniciar relacionamentos amorosos.
- É menos eficiente para desenvolver e manter relacionamentos amorosos.

Vamos destacar nos parágrafos a seguir estas três últimas consequências.

Riscos de ser rotulado negativamente

O tímido teme a rejeição e a humilhação social que poderiam lhes ser impostas caso falhasse em certas situações. Por isso, ele opta por não se expor a essas situações. Certa vez, atendi um paciente muito tímido. Ele me relatou a sua estratégia para evitar problemas sociais: evitava fazer perguntas nas aulas da sua faculdade; nos intervalos das aulas, evitava os grupos de conversa; quando participava de uma conversa, evitava propor assuntos e se limitava a participar de assuntos que os outros propunham; vestia-se de uma maneira discreta.

Quando lhe perguntei por que ele se portava daquela forma, ele declarou que assim evitava chamar a atenção dos colegas para si e para as suas ações, que podiam ser reprovadas por eles. Ledo engano. Perguntei para ele como era visto pelos colegas. Ele respondeu que já tinha ouvido comentários de que era retraído, chato, esquisito etc. Portanto, ele atraía a atenção negativamente. A forma mais eficiente de passar despercebido não é a omissão. É ser médio em tudo.

Destacar-se positivamente ajuda a iniciar um relacionamento amoroso

Circula no mundo inteiro uma charge de três quadros que

mostra uma cena de praia. O primeiro quadro mostra um homem e uma mulher, em trajes de praia, que caminham por uma calçada em direções opostas e que dali a pouco vão se cruzar. Suas costas estão curvadas, suas barrigas estão projetadas para frente e suas caras mostram desânimo. Quando estão a uma distância próxima um do outro, faltando apenas alguns metros para se cruzarem, seus corpos se transformam: queixos para cima, caras animadas, peitos estufados, barrigas para dentro. O terceiro quadro mostra a dupla momentos após se cruzar: as suas posturas corporais voltam a ser como no primeiro quadro, deselegantes e desleixadas.

As alterações corporais dos dois personagens que aparecem nessa charge são algumas daquelas identificadas por Albert Scheflen, um famoso pesquisador da linguagem corporal, em pessoas que estão na presença de alguém por quem sentem atração amorosa: aumentam o tônus muscular, tornam suas costas mais eretas, encolhem a barriga, diminuem ou fazem desaparecer pequenas rugas e bolsas subcutâneas do rosto devido ao aumento no tônus muscular etc. Scheflen denominou esse conjunto de transformações de "prontidão para o cortejamento". Essas alterações ajudam a chamar a atenção e tornam aqueles que as apresentam mais atraentes e mais bonitos.

E então?

Como diz o ditado popular: "Cresça e apareça".

Levei um fora. E agora?

Levar e dar foras são acontecimentos muito comuns para aqueles que estão em busca de um bom relacionamento amoroso. Por isso, quem tem muito medo de foras corre o risco de ficar só ou ficar com o primeiro parceiro que aparecer. Os inconvenientes de ficar só são claros e, por isso, não há necessidade de serem apontados aqui. Existem vários incon-venientes em ficar com o primeiro parceiro que aparecer. Nessa área, como em muitas outras, a experiência ajuda a escolher melhor.

Por exemplo, uma pessoa que só teve um parceiro amoroso, com o qual se relacionou durante 12 anos, contou-me que só descobriu que a sua vida sexual com ele não era boa depois que se separou e teve outras experiências. Ela declarou: "Antes não tinha como saber, porque até então ele tinha sido o meu único parceiro sexual".

Levar um fora obviamente não é agradável e pode provocar diversos tipos de problemas. No entanto, temer levar foras a ponto de prejudicar a eficácia para iniciar bons relacionamentos é uma limitação altamente prejudicial. Por outro lado, é admirável quem aceita correr os riscos necessários para verificar se o seu interesse amoroso é correspondido e para se envolver em novos relacionamentos. Para essas pessoas, quando o fora acontece, o que resta é seguir a prescrição de Paulo Vanzolini, expressa na letra da sua famosa música "Volta por Cima": "Reconhece a queda e não desanima./ Levanta, sacode a poeira/ E dá a volta por cima".

No texto a seguir, vamos examinar por que muita gente tem tanto medo de levar foras e o que pode ser feito para aliviar esse temor. Os foras serão abordados da perspectiva daqueles que os receberam. A perspectiva daqueles que dão o fora será abordada em outro texto.

Danos produzidos pelo fora e maneiras de aliviá-los

Quanto maior a duração de um relacionamento amoroso, quanto mais intenso é o envolvimento emocional com o parceiro, quanto mais áreas da vida estão integradas com a vida do parceiro e quanto mais incorreta é a compreensão dos motivos do fora, maiores são os problemas causados por esse acontecimento.

Veja os principais danos produzidos pelo fora e algumas medidas para lidar com eles:

Desconfortos provocados pelo amor não correspondido

Quanto mais apaixonado está quem recebe o fora, maior a sua sensação de perda. Quase ninguém se satisfaz apenas por estar apaixonado, independentemente da retribuição do parceiro. Pelo contrário, a satisfação do apaixonado depende fortemente da reciprocidade do sentimento. A falta de reciprocidade, nesse caso, é como estar com sede e não ter água para beber. Segundo alguns teóricos do amor, a falta de correspondência cria uma espécie de síndrome da abstinência – o apaixonado não correspondido apresenta reações semelhantes àquelas exibidas por um drogado que parou recentemente de tomar a droga: mostra sofrimento intenso, alterações fisiológicas, alterações no sono, alterações motivacionais e tem pensamentos intrusivos e obsessivos sobre o amado. Todas essas manifestações podem durar um bom tempo após um fora. Elas, no entanto, podem ser aliviadas por meio das seguintes medidas:

Associar as boas lembranças com lembranças ruins

Sempre que tiver boas lembranças sobre o amado, logo em seguida lembrar algo ruim que ele fez. Por exemplo, lembrar nitidamente de acontecimentos onde ele estava se comportando de forma muito desagradável, tal como ofendendo você. Repassar na sua imaginação os acontecimentos negativos, tal como se você estivesse assistindo a filmes desagradáveis. Essas associações das boas lembranças do parceiro com as ruins vão ajudar a diminuir a conotação positiva que ele tem para você.

Desidealizar o parceiro

Um dos ingredientes essenciais do amor é a admiração pelo amado. Por isso, uma forma de desapaixonar é diminuir a admiração. A admiração pode ser diminuída por meio da dissolução da idealização do parceiro. Existem várias evidências de que boa parte da admiração é fruto da idealização. Por exemplo:

- Existem estimativas de que os esposos que convivem há muito tempo só conhecem cerca de 50% das características mútuas.
- Todos nós tendemos a cuidar da imagem que projetamos para os outros: tentamos ocultar nossos defeitos e ressaltar nossas qualidades. Por isso, tal imagem é uma versão melhorada daquilo que somos realmente.
- Quem ama tende a exagerar as qualidades do amado e a minimizar ou a não focalizar seus defeitos – uma evidência nesse sentido foi apresentada por uma pesquisa que verificou que quem ama avalia o amado muito melhor do que os amigos o avaliam.

O conjunto de achados desse tipo de estudo indica, portanto, que uma boa parte da admiração pelo amado pode ser baseada na falta de conhecimento das características "verdadeiras" dele ou em uma distorção otimista delas. Uma forma de diminuir o apaixonamento é "corrigir" essas distorções otimistas da percepção do amado rejeitador. Uma forma de fazer isso é questionar a percepção das suas qualidades e dedicar tempo para pensar e conversar sobre os seus defeitos. Pouco a pouco esse procedimento produz a "correção" dos seus méritos e a ampliação dos seus defeitos e vai minando os seus sentimentos amorosos em relação a ele.

Amor com amor se cura

Nada melhor do que se envolver com outra pessoa para esquecer um antigo amor e melhorar a autoestima. Por outro lado, esse remédio pode ter efeitos colaterais piores do que a doença: quem ainda não está curado de um amor frustrado tem mais chances de se envolver com outro parceiro que também seja inadequado.

Pôr a esperança à prova

Caso ainda haja esperança sobre a volta do parceiro, o que resta fazer ao rejeitado é ir atrás do rejeitador e conferir se tal esperança tem fundamento. Caso tenha, o relacionamento é reassumido. Caso fique claro que a esperança é ilusória, haverá uma dor intensa, mas de curta duração e, então, o amor se extinguirá.

Queimar pontes para acabar com a esperança

Caso o parceiro continue a dar esperança, mas não assuma o relacionamento, é possível fazer algo que impeça a continuidade dessa situação mal resolvida. Por exemplo, "dizer todas as verdades" para ele ou fazer com que ele veja tudo o que está fazendo de ruim com a sua forma de proceder.

Baixa na autoestima provocada pelo fora

Geralmente quem leva um fora tem um rebaixamento temporário na sua autoestima. Esse rebaixamento é mais intenso quando o fora é visto como uma espécie de atestado de falta de condições do rejeitado para ser parceiro amoroso do rejeitador. Para lidar com o rebaixamento da autoestima, é importante distinguir a falta de condições devido às incompatibilidades entre os parceiros da falta de qualidades ou de habilidades do rejeitado. Geralmente, o fora acontece sobretudo devido à falta de compatibilidades, o que não é nenhum demérito, e só em menor proporção devido à falta de qualidades ou habilidades do rejeitado. O fora também costuma acontecer por problemas daquele que dá o fora e não daquele que o recebe.

A maneira correta de perceber os significados e os motivos do fora contribuem para que os danos à autoestima não sejam exagerados e possam ser recuperados mais rapidamente. Uma parte dessa "maneira correta" é ver como natural e esperado que várias tentativas de inícios de relacionamentos sejam realizadas e que vários relacionamentos já iniciados não durem muito, antes que um relacionamento satisfatório e duradouro seja estabelecido. Aqueles que atribuem significados profundos ao fora e acreditam que ele foi motivado exclusivamente pelos seus deméritos geralmente sofrem mais do que aqueles que são mais realistas na interpretação. Trata-se de uma distorção bastante pessimista atribuir todos os foras aos defeitos pessoais e esquecer os problemas de quem deu o fora (por exemplo, o parceiro pode ter dado o fora porque não consegue assumir compromissos) e as circunstâncias que podem ter contribuído para esse acontecimento (por exemplo, o parceiro pode estar dando mais uma oportunidade para uma pessoa de quem ele gosta menos do que de você simplesmente porque tem filho com ela e está pensando mais no interesse deste).

Desintegração de setores da vida de quem se separa

O fora pode acontecer a qualquer momento quando um relacionamento está sendo iniciado, desde as primeiras tentativas de flerte que podem não ser correspondidas ou nas primeiras tentativas de iniciar conversas que não são bem recebidas, até durante um namoro ou noivado. À medida que o tempo de relacionamento vai aumentando, existe uma tendência de os parceiros amorosos irem integrando vários setores de suas vidas: lazer, compromissos, atividades econômicas, apoio psicológico, atividades sexuais e planos para o futuro. Quanto maior o grau de integração nesses setores, maiores os problemas que terão que ser enfrentados em decorrência da separação. Muitos dos desconfortos produzidos por esses danos próprios da separação são confundidos com a rejeição amorosa e a "falta" do amado.

A reparação dos danos da separação consiste em refazer, o mais rápido e eficientemente possível, aquilo que foi prejudicado por ela.

Desintegrações na vida social de quem se separa

Quando o fora acontece logo no início do relacionamento, é mais provável que os parceiros ainda não tenham integrado os seus círculos de relações. Além disso, quando eles não têm outros tipos de relacionamento entre si (por exemplo, não têm relações comerciais entre si), os danos ocasionados pelo fora ficam mais restritos à autoestima, à heteroimagem e à visão das dificuldades para iniciar um relacionamento amoroso (por exemplo, o fora pode aumentar a sensação de que iniciar um relacionamento amoroso é difícil).

Quando já há alguma integração nos círculos sociais dos parceiros, o término de um relacionamento amoroso geralmente implica a perda total ou a perda de qualidade e frequência daqueles relacionamentos que eram compartilhados. Por exemplo, geralmente os amigos originais de cada um dos parceiros que se separaram manterão as amizades com ele e se afastarão do outro. O que pode ser feito para diminuir esse tipo de dano é preservar o máximo possível os relacionamentos que forem valiosos e criar o mais rapidamente possível outro círculo de relações.

Danos para a heteroimagem

É possível que o fora provoque algum dano para a imagem social daquele que o recebeu: aqueles que tomem conhecimento desse acontecimento podem passar a valorizar menos quem foi rejeitado. É por isso que muita gente se sente desconfortável quando leva um fora em público ou evita responder quando alguém pergunta sobre quem terminou o relacionamento.

Desintegração de uma parte da identidade de quem se separa

Quanto mais o parceiro que recebeu o fora incluiu o parceiro rejeitador na sua identidade pessoal e pública ("Deixamos de ser eu e você e nos tornamos nós"), maior vai ser o dano provocado pelo fora. Aquele que desfez o relacionamento vai ter que refazer o mais rapidamente possível o seu autoconceito de "eu sozinho". O auxílio de um psicólogo pode ajudar muito a acelerar esse processo.

Perda dos investimentos na relação

Uma boa parte dos esforços e tempo despendidos para atrair o parceiro e para iniciar e desenvolver o relacionamento são perdidos quando a ligação termina. Quando esses esforços foram muito grandes, aqueles que o realizaram podem ficar desanimados para recomeçar com um novo parceiro. Esse tipo de perda é real. "Não adianta chorar o leite derramado."

E então?

Não desanime. Levanta, sacode a poeira e dá a volta por cima!

Está na hora de terminar e partir para outra?

A eficácia para terminar relacionamentos insatisfatórios é tão importante para o estabelecimento de um bom relacionamento amoroso quanto as capacidades para atrair parceiros, iniciar relacionamentos e desenvolver bons relacionamentos.

Está na hora de terminar o relacionamento?

É importante não prolongar desnecessariamente um relacionamento que não tem chance de dar certo. Esse prolongamento implica perda de tempo, criação de outros compromissos e estabelecimento de vínculos que dificultarão ainda mais a separação e aumentarão os danos, tanto para aqueles que permanecem no relacionamento insatisfatório como para aqueles que o romperão no futuro. Por isso, o término de relacionamentos inviáveis, embora possa ser difícil e dolorido no momento em que acontece, é vantajoso para ambos os parceiros em médio e longo prazo.

Critérios para avaliar o relacionamento

Os graus de satisfação ou insatisfação com o parceiro e com o relacionamento dependem dos critérios e das expectativas que são utilizados para julgá-los. Alguns desses critérios são compartilhados por quase todo mundo (por exemplo, quase ninguém gosta de ser maltratado pelo parceiro). Outros variam entre as pessoas (por exemplo, algumas pessoas ficarão mais satisfeitas do que outras pelo fato de o parceiro dedicar muito do seu tempo aos amigos).

Os graus de satisfação ou de insatisfação são resultantes da comparação entre aquilo que é esperado e aquilo que o relacionamento está oferecendo ou pode oferecer. Algumas pessoas são pouco exigentes e acabam envolvidas em relacionamentos pouco satisfatórios. Outras são exigentes demais. Certas pessoas têm expectativas irrealistas quanto ao que um relacionamento pode oferecer. Uma delas é, por exemplo, a expectativa de que o casamento vai trazer a felicidade ("E foram felizes para sempre!"). Esta expectativa é irrealista porque existem evidências de que as pessoas tendem a ser tão felizes ou infelizes durante o casamento quanto já eram antes dele (portanto, não acredite no ditado: "Quando casar sara!"). Quando as exigências são irrealistas, o psicólogo vai sugerir uma terapia e não a separação. Outra expectativa irrealista é esperar receber mais do que oferece para o parceiro. Quem é superexigente nessa área deve pensar se estaria à altura do parceiro e do relacionamento que procura. O problema da pessoa irrealista está nela própria e não no parceiro.

Motivos para terminar um relacionamento

Vamos apresentar aqui alguns dos principais problemas que são mais frequentes nos inícios de relacionamentos amorosos. Leia a descrição de cada um deles, pense no seu relacionamento e responda as seguintes questões:

- Quão frequentemente o problema aparece?
- Quanto ele dificulta o relacionamento?
- Quanto o problema me incomoda?
- Qual a chance de solucioná-lo?

Refletir sobre a presença e a gravidade de obstáculos ajudará você a decidir se deve terminar o relacionamento. Por outro lado, para tomar essa decisão, também leve em conta tudo de bom que esse relacionamento oferece para você.

Principais problemas que podem surgir no início dos relacionamentos amorosos

Pouca atração sexual e romântica pelo parceiro

Por exemplo, logo nos primeiros encontros você verifica que "não houve química" com o parceiro: ele não despertou quase nada do seu romantismo ou do seu desejo.

Incompatibilidades de objetivos para o relacionamento

O parceiro apresentou indícios de que aquilo que ele quer no relacionamento está muito longe daquilo que você quer. Por exemplo, você quer namorar, e ele não quer assumir nenhum compromisso. Para ele, cada encontro vale por si. Ele sempre se esquiva de marcar qualquer compromisso futuro; o próximo encontro sempre tem que ser tratado em outra ocasião e de acordo com as conveniências dos dois.

Incompatibilidades em características pessoais que são muito importantes para o relacionamento

Essas incompatibilidades podem estar presentes em várias áreas como, por exemplo, nas características pessoais, na forma de lidar com o dinheiro, nos valores, nos objetivos de vida e graus de escolaridade. Por isso, você sente que "habitam mundos diferentes" e terão muitas dificuldades para se compreenderem e se apreciarem em áreas importantes da vida.

Falta de confiança

A falta de confiança pode ter surgido porque o parceiro já traiu a sua confiança ou você ficou sabendo de coisas que ele fez em outros relacionamentos que indicam que ele não é confiável. Por exemplo, você descobriu que ele contou algumas mentiras graves para você ou que ele já traiu outras parceiras anteriores.

O parceiro age de forma abusiva ou desrespeitosa

Por exemplo, ele quer sempre impor a vontade dele, é agressivo com palavras e tenta tirar vantagens de você sempre que pode.

Falta de admiração

Um dos dois ou ambos não têm admiração pelo outro. Por exemplo, você fica constrangida e envergonhada na hora de apresentá-lo para seus amigos ou para a sua família. A admiração é um dos requisitos do amor e, por isso, não pode ser dispensada.

O relacionamento está proporcionando muitos custos e poucos benefícios

Os momentos ruins entre vocês são mais frequentes e duradouros do que os bons momentos. Por exemplo, você ou ele ficam aliviados quando os fins de semana terminam porque durante a semana não tem que conviver por tanto tempo com o outro.

Você sente que o relacionamento não tem chance de dar certo

Você já está convencida de que o relacionamento não tem chance e está simplesmente adiando o inevitável, porque ainda não tem condições para terminá-lo.

Crise não é sinônimo de término

É claro que nem sempre a presença de problemas indica a necessidade de separação. Um estudo sobre as crises entre os casais verificou que quase todos os relacionamentos duradouros passam por crises sérias. Esse estudo verificou também que quase todos aqueles que estão passando por essas crises pensam que a separação é inevitável. No entanto, a maioria dos relacionamentos sobrevive a essas crises e volta a se firmar. Portanto, quem está vivendo uma crise desse tipo deve se perguntar: será que isso que estou vivendo é apenas uma crise ou realmente está acontecendo algo mais sério?

Fatores que dificultam o término do relacionamento

Nem sempre é fácil terminar um relacionamento amoroso. Existem vários motivos que dificultam a separação, mesmo quando já está claro que o relacionamento é inviável e que o melhor seria terminá-lo. Alguns dos principais motivos que dificultam o término dos relacionamentos são os seguintes:

- *Ainda há atração romântica e sexual* Em certos casos, embora o relacionamento seja inviável por diversos motivos ainda assim há atração romântica e sexual entre os parceiros.
- *Perdas secundárias causadas pelo término* Quanto mais estabelecido está o relacionamento e quanto mais áreas da vida de cada um dos parceiros já foram integradas com a do outro, maiores são os danos provocados pela separação.
- *Baixa autoestima, baixa autoconfiança e pouca assertividade* Quanto mais estas características psicológicas estiverem presentes, mais difícil será terminar um relacionamento insatisfatório.
- *Sentir pena do parceiro* Quase sempre quem quer se separar fica aliviado quando o outro não fica muito mal ou, melhor ainda, quando ele também quer a separação.

- *Medo de ficar só* Você está mantendo o relacionamento só porque tem medo de não encontrar outro parceiro? Você está seguindo a regra: "Mal com ele, pior sem ele"?

Maneiras de terminar um relacionamento amoroso

Os procedimentos para iniciar a separação podem variar. Existem desde aqueles que são diretos e sumários até aqueles que são indiretos e complexos. Leslie A. Baxter, professora da Universidade de Iowa, identificou 15 estratégias para terminar um relacionamento amoroso. Para catalogá-las, a pesquisadora levou em conta *quem iniciou a separação* (você, o seu parceiro ou ambos) e a *forma de iniciar a separação* (direta ou indireta).

As maneiras diretas e unilaterais são as mais utilizadas nos inícios dos relacionamentos amorosos. Nesse estágio do relacionamento, os envolvidos estão cientes de que se encontram em uma espécie de período de experiência e, por isso, eles já estão razoavelmente preparados para essa possibilidade. Outro fato que facilita o término dos relacionamentos que estão se iniciando é que os parceiros ainda não integraram uma boa parte das suas vidas e das suas individualidades e, por isso, eles não ficarão tão desamparados e desestruturados quanto ficariam caso isso já tivesse acontecido.

Maneiras diretas de terminar um relacionamento

Essa maneira consiste simplesmente no anúncio do término do relacionamento e no fornecimento de algumas explicações. Essas explicações podem ser simples ou elaboradas, honestas ou manipuladoras. A ausência de explicações é muito impolida e trata-se de uma desconsideração intolerável com o parceiro. Alguns tipos de procedimentos diretos são deploráveis e devem ser evitados como, por exemplo, terminar por e-mail ou por telefone. Também é muito rude enumerar todos os defeitos do parceiro e imputar-lhe os motivos do término do relacionamento. O mais provável é que o motivo do término seja mais uma questão de incompatibilidade mútua do que a presença de defeitos de uma das partes.

Maneiras indiretas de terminar o relacionamento

As maneiras indiretas são mais utilizadas para terminar relacionamentos que já existem há um bom tempo e quando as vidas dos parceiros já se entrelaçaram de várias formas. Nesse caso, aquele que quer terminar pode começar a tomar medidas que tornem o relacionamento menos importante para si e para o parceiro. A diminuição da importância facilita a separação. Essas medidas podem ser tomadas consciente ou inconscientemente. Por exemplo, um dos parceiros começa a investir menos no relacionamento, a reconstruir uma vida independente para si e até mesmo a sabotar o relacionamento atual, tanto para diminuir o interesse do companheiro em permanecer nele e facilitar a separação como para fazer o parceiro sofrer menos. Algumas das principais dessas maneiras são as seguintes:

- *Aumentar custos e diminuir benefícios do relacionamento para o parceiro* Por exemplo, deixar de ser atencioso e romântico com o parceiro, deixar de apoiá-lo e aumentar as críticas.
- *Criar um clima ruim com o parceiro para dificultar a continuidade do relacionamento e diminuir as chances de uma reconciliação* Por exemplo, comentar que não suporta as reclamações diárias do parceiro e que vai manter aqueles hábitos que o parceiro vem criticando.
- *Provocar raiva e ressentimentos do parceiro contra si* Esses sentimentos ajudam o parceiro a focalizar os defeitos daquele que os provocou e aumenta a sua coragem e motivação para tomar uma atitude contra quem os provocou.

- *Deteriorar a própria imagem que foi projetada para o parceiro* Este tipo de medida visa passar a mensagem: "O problema sou eu e não você".
- *Dizer que não ama mais o parceiro, que sente o relacionamento como obrigação* Esta medida tem o efeito de liquidar as suas esperanças ("Você não é a pessoa por quem me apaixonei").
- *Aumentar a independência em relação ao parceiro* Exemplos: começar a desenvolver atividades independentes do parceiro e incentivá-lo a fazer o mesmo. Adotar a seguinte política: "De agora em diante vou agir assim, independentemente de você gostar ou não". Voltar a realizar programas de lazer sozinho e começar a desenvolver círculos de amizade que não incluam o parceiro.
- *Cometer atos que o parceiro considera imperdoáveis* Exemplos: traí-lo e fazer com que ele saiba disso; dizer que não o ama mais.

E então?

Se você está segura de que o seu relacionamento não tem chance, é melhor terminá-lo logo. Prolongar a situação provavelmente vai aumentar os prejuízos para você e para o seu parceiro.

2

LOCAIS, ATIVIDADES E CAMINHOS QUE AJUDAM A INICIAR UM RELACIONAMENTO AMOROSO

Quais são os tipos de locais e de atividades mais propícios para encontrar um parceiro amoroso compatível? Quais são os caminhos mais usados para iniciar um relacionamento amoroso?

Locais e caminhos para iniciar um relacionamento amoroso

Inícios e reinícios de relacionamentos amorosos são acontecimentos comuns na vida de muita gente. Paquerar diversas pessoas, namorar algumas e morar junto ou casar mais que uma vez são acontecimentos corriqueiros da vida amorosa atual.

Algumas pessoas percorrem esses caminhos sem a menor dificuldade. Saem de um relacionamento para outro sem se deparar com grandes problemas. Outras, no entanto, não têm essa facilidade. De um modo geral, iniciar um novo relacionamento depois de uma certa idade é mais difícil para todos.

Todos já ouvimos falar que temos que sair de casa para encontrar um parceiro, porque é muito improvável que ele vá bater na nossa porta e propor um encontro. É verdade. Mas aonde ir e o que fazer são perguntas bastante comuns nessa situação. Um estudo que realizei ajuda a respondê-las. Embora as conclusões desse estudo possam variar um pouco, dependendo do local e da idade das pessoas, de uma forma geral elas são úteis para responder a essas questões. No estudo, realizado com cinco grupos de pessoas de quatro cidades, identifiquei nove características dos locais que favorecem o início de um relacionamento amoroso e cinco caminhos mais utilizados para iniciá-los. As duas principais dessas nove características são:

- Tais locais devem ser frequentados por diversos parceiros compatíveis.
- Tais locais devem favorecer os contatos (neles devem existir regras e situações que permitam e estimulem os contatos interpessoais).

No entanto, não basta ir a tais locais e esperar que as coisas aconteçam. Existem cinco caminhos que geralmente são utilizados para dar início a relacionamentos. Estes caminhos são os seguintes:

- Transformação de um relacionamento extra-amoroso (amizade, relacionamento profissional, colega de atividades etc.) em amoroso.
- Apresentação por um conhecido em comum.
- Paquera de desconhecido seguida de abordagem.
- Encontros acidentais (iniciar um contato com alguém que acidentalmente permaneceu na nossa proximidade como, por exemplo, sentou-se no banco ao lado em uma viagem ou estava próximo em uma fila).
- Usos de serviços (internet, agências de casamentos e anúncios na mídia).

A internet é o caminho mais moderno para iniciar namoros. O seu uso é crescente. Nada mais cômodo do que ligar o computador e acessar um site onde é fácil encontrar pessoas que são compatíveis comigo para essa finalidade. Já ajudei vários pacientes a iniciar bons namoros por essa via. Esse caminho é especialmente útil para aqueles que:

- São tímidos e, por isso, têm dificuldades nas fases iniciais do relacionamento.
- Não impressionam instantaneamente o parceiro, mas têm qualidades que se fazem notar após um certo tempo de contato com ele.
- Não frequentam locais nos quais é possível encontrar e conviver com um bom número de possíveis parceiros disponíveis. Esse último caso ocorre mais frequentemente com aquelas pessoas que já passaram dos 30 e tantos anos.

Quando as pessoas que já passaram dos 30 olham em volta, a maioria dos possíveis parceiros já está comprometida. Nesse caso, a internet vira uma espécie de ponto de encontro que é frequentado por possíveis parceiros disponíveis e compatíveis que querem iniciar um relacionamento, mas que dificilmente se encontrariam espontaneamente no dia a dia.

Esse estudo que realizei e um outro estudo, muito amplo, realizado nos Estados Unidos, indicaram que os locais de uso mais restritos (trabalho, escolas, festas, clubes) e os namoros iniciados entre conhecidos ou pessoas que foram apresentadas (o primeiro e o segundo caminho mencionados anteriormente) favorecem namoros mais duradouros e que têm mais chance de avançar para graus maiores de compromisso (morar junto e casar). Os locais menos restritos e frequentados por desconhecidos (baladas, boates e outros) favorecem relacionamentos mais superficiais e relacionamentos sexuais mais precoces. As razões para isso são bastante intuitivas: quando inicio um relacionamento amoroso com alguém que já conheço ou que faz parte do meu círculo de relações (apresentação), tenho mais informações sobre tal pessoa e aumentam as chances de que eu só inicie tal relacionamento se realmente achar que vale a pena, uma vez que vou continuar a encontrá-la por muito tempo nos locais que frequento, mesmo se o relacionamento terminar. Conhecer a pessoa também diminui as chances de que eu tenha más surpresas sobre suas características pessoais.

E então?

Cada um desses locais e caminhos tem vantagens e desvantagens. O mais importante é a disposição para frequentá-los e utilizá-los. Aqueles que têm essa disposição têm uma chance muito maior de estarem sempre bem acompanhados.

Iniciar um relacionamento amoroso é mais fácil do que você imagina

Sempre que ouço alguém dizer que está com dificuldades para iniciar um relacionamento amoroso, lembro-me de um estudo americano e de entrevistas que realizei com pessoas que tinham muita facilidade para iniciar relacionamentos. O estudo e as entrevistas indicaram exatamente o oposto: *Iniciar um relacionamento amoroso pode ser muito fácil!*

Basta verificar com habilidade e polidez se aquelas pessoas pelas quais tenho interesse amoroso também têm esse tipo de interesse por mim. Vamos examinar agora mais detalhadamente esse estudo americano e as duas entrevistas que realizei.

Convites amorosos diretos apresentados por estudantes americanos

Um estudo sobre as taxas de sucessos de convites diretos para encontros amorosos foi realizado por Russell D. Clark e Elaine Hatfield, em duas ocasiões, na Universidade Estadual da Flórida.

Nele, nove estudantes (cinco mulheres e quatro homens), que eram médios em beleza, abordavam estranhos do sexo oposto, que lhes pareciam atraentes e, após uma breve introdução, os convidavam para um encontro amoroso. O sucesso do convite dependeu do tipo de encontro proposto e podia depender do sexo de quem convidava: cerca de 50% das mulheres e homens aceitaram o convite para um encontro (*date*); cerca de 3% das mulheres e 69% dos homens aceitaram o convite para ir ao apartamento de quem convidava e 0% das mulheres e 72% dos homens aceitaram o convite para dormirem juntos.

Caso os resultados da pesquisa pudessem ser confirmados aqui no Brasil, só ficaria desacompanhado quem não convidasse. Aqui no nosso país, no entanto, provavelmente não é tão fácil arranjar um encontro como o relatado nessa pesquisa. Alguns dos motivos dessa menor facilidade são os seguintes:

- Os convites da pesquisa americana foram apresentados no campus de uma universidade. Esse local e a aparência de estudante daqueles que convidavam dava um grau de segurança para os convidados muito maior do que se tal convite tivesse sido apresentado, por exemplo, no Parque do Ibirapuera, em São Paulo.
- A idade dos universitários. Nessa idade, quase todo mundo ainda não está muito comprometido: um estudo que realizei com universitários da cidade de São Paulo mostrou que por volta dos 24 anos apenas 18,5% deles moravam juntos ou eram casados.

Vamos examinar agora um resumo de duas entrevistas realizadas em São Paulo que também ilustram o uso de abordagens diretas de desconhecidos e a facilidade para iniciar relacionamentos amorosos.

Entrevistas com pessoas que tinham muita facilidade para iniciar relacionamentos amorosos

Entrevista 1: É muito fácil "ficar"

Uma vez entrevistei uma adolescente que só no ano anterior havia ficado com 87 pessoas diferentes. Ela não era nem muito bonita e nem muito charmosa, o que aumentava a curiosidade sobre a sua eficiência. A prima dela, que a acompanhou nas entrevistas, me revelou que em todos os lugares que a adolescente aparecia, logo os rapazes começavam a rodeá-la. A uma certa altura da entrevista, perguntei para a adolescente como ela fazia para ficar com tanta gente. Ela falou:

É muito simples. Encaro diretamente os rapazes. Em seguida, ou eles me abordam ou eu os abordo. Após a abordagem, vou logo perguntando: "O que você acha de mim?". Geralmente eles fazem algum comentário elogioso. Então eu volto a perguntar: "E daí...?". Geralmente eles respondem a esta pergunta com alguma iniciativa física: pegam na minha mão, me abraçam etc. Começou a ficada...

Entrevista 2: É fácil estar sempre bem acompanhado

Conheci um rapaz que era excepcionalmente bem-sucedido para arranjar companhia feminina. Ele se ofereceu para explicar como agia. Deu um exemplo:

Geralmente vou sozinho à praia, com uma cadeira de armar debaixo do braço. Assim que vejo uma moça interessante e desacompanhada de parceiro amoroso, a abordo e peço para sentar ao lado. Apresento esse convite até mesmo quando elas estão acompanhadas pela família ou amigos. Após umas poucas recusas, lá estou eu bem acompanhado.

Essa abordagem direta muitas vezes resultava em um namoro. Na pior das hipóteses, ele fazia uma nova amizade ou uma nova conhecida. Portanto, o seu segredo era simplesmente tentar, não se perturbar com algumas rejeições e achar tudo isso muito natural.

Porque é fácil iniciar um relacionamento

Os relatos acima deixam uma forte impressão que *arranjar um encontro amoroso é muito mais fácil do que pensamos.* Mesmo que o sucesso dos convites diretos para um encontro, aqui no nosso país, fosse a metade daquele encontrado no estudo dos americanos, o resultado já seria muito animador: bastaria convidar desconhecidos atraentes para encontros que cerca de um em cada quatro desses convites seria aceito. Quanto aos outros dois tipos de convite apresentados na pesquisa, os homens teriam muito pouco sucesso e muita encrenca caso os apresentassem: convidar uma estranha para ir ao apartamento ou para dormir juntos, nem pensar. As mulheres, além de não os aceitarem, geralmente ficam muito bravas quando os recebem. Elas, por outro lado, teriam um sucesso retumbante caso os apresentassem. No entanto, elas raramente querem esses tipos de encontros. Como diz um ditado caipira: "Deus dá rapadura para quem não tem dentes".

Os dois principais motivos da facilidade para iniciar relacionamentos amorosos são os seguintes:

- As pessoas já têm uma grande necessidade desse tipo de relacionamento. Quando estamos sem um relacionamento amoroso nos sentimos carentes e solitários. Além disso, podemos sentir que há algo de errado conosco: por que os outros conseguem e nós não?
- Não é necessário ser um príncipe encantado para ser aceito como parceiro. No estudo americano que citei, por exemplo, as pessoas que apresentavam os convites eram medianamente atraentes.

Principais fatores que dificultam os inícios de relacionamentos amorosos

Temos muitos temores, sensibilidades e melindres que nos impedem de revelar a atração amorosa que sentimos por alguém com quem não temos um relacionamento amoroso. A comunicação de interesses desse tipo é evitada devido a possíveis consequências práticas (por exemplo, danos ao relacionamento já existente e danos à imagem de quem revela e é rejeitado para aqueles que souberem do acontecimento) e consequências psicológicas (frustração de expectativas e rebaixamento na autoestima, por exemplo).

Não creio que seja adequado ficar em um lugar movimentado e começar a convidar os passantes desconhecidos para um encontro. Esse tipo de convite pode ter vários tipos de consequências indesejáveis. Muitos daqueles que convidam e que aceitam esse tipo de convite podem ser vistos como esquisitos – (pessoas que não agem normalmente) e, por isso, um tanto perigosos. Quem formula ou aceita esse tipo de convite também pode ser visto como alguém "avançado demais", "fácil" e "carente". Essas percepções negativas dificultam o estabelecimento de um relacionamento mais profundo que exija confiança e entrega ao parceiro.

Também evitamos comunicar nosso interesse porque existe uma crença difundida por aí de que é mais meritório receber uma declaração do que declarar um interesse amoroso. Para quem acredita nisso, mostrar-se interessado pode ser humilhante. Eu, pelo contrário, sempre admiro aqueles que expressam habilmente seus sentimentos e verificam se são correspondidos.

Como ser eficiente para iniciar relacionamentos amorosos

Quando sentimos atração por uma pessoa e gostaríamos de iniciar um relacionamento amoroso com ela, *a determinação para descobrir rapidamente se há interesse recíproco e as habilidades para fazer isso de uma boa forma são essenciais* para a eficiência do empreendimento. Para agir com eficiência é necessário perseguir habilmente a resposta até ela ficar suficientemente clara. Estar suficiente clara não é conseguir uma declaração verbal taxativa da outra pessoa como "Aceito um encontro com você" ou "Não estou interessado em você". A melhor forma de agir com eficiência é ir conseguindo pistas, cada vez mais esclarecedoras, do interesse ou do desinteresse da outra pessoa. Por exemplo, conversar sobre um assunto leve e começar a tocar a mão da pessoa. O toque deve ser cada vez mais frequente, mais demorado e mais carinhoso. Se a outra pessoa corresponder, os parceiros acabarão de mãos dadas, o que na nossa cultura geralmente caracteriza um relacionamento amoroso. Outra forma de obter uma resposta é criar um contexto que justifique um convite para um programa e apresentá-lo. Por exemplo, começar a falar de comida e convidar para um restaurante. Essa forma gradual de convites contextualizados permite que ambos salvem a cara no caso de uma rejeição e não contaminem as chances futuras de desenvolverem um relacionamento de outra natureza.

E então?

Seja eficiente e ache mais rapidamente a sua metade ideal!

O amor na internet

A internet é o meio mais moderno de iniciar, desenvolver e manter relacionamentos amorosos. Desde a Idade da Pedra, é a maior inovação nesse setor. Pela internet, é possível flertar instantaneamente com pessoas de qualquer lugar do planeta. Esse flerte pode transcorrer por meio da escrita, da voz e da comunicação através das câmeras.

Vamos abordar os usos da internet com a finalidade de iniciar relacionamentos amorosos. Lembramos aqui, no entanto, que quanto mais caminhos são usados com essa finalidade, maiores são as chances de iniciar bons relacionamentos amorosos.

A internet pode ser usada para iniciar relacionamentos amorosos entre conhecidos ou desconhecidos

O início do relacionamento através da internet pode acontecer entre pessoas desconhecidas ou entre pessoas conhecidas ou que, pelo menos, já conversaram anteriormente.

Início de relacionamentos entre desconhecidos

Existem vários tipos de sites que facilitam os primeiros contatos entre pessoas desconhecidas: sites de namoro, salas de bate-papo, sites pessoais que permitem visitas e troca de mensagens com estranhos. Cada um deles oferece várias ferramentas de contato.

Início de relacionamentos entre conhecidos

Nada melhor para iniciar um namoro entre conhecidos do que usar a conversa através da internet para seduzir, cativar e criar oportunidades para marcar encontros face a face. A internet tornou muito mais fácil a conversa entre as pessoas porque ela as coloca sempre ao alcance, independentemente das distâncias, e isso pode ser feito em qualquer momento disponível. A história a seguir é verdadeira e mostra como alguém pode usar a rede com essa finalidade.

Conheci um rapaz que era especialista em usar o bate-papo na internet para convidar conhecidas que o atraíam para jantar. Assim que ele conhecia uma moça que o atraía, logo achava uma maneira de trocar os endereços das suas ferramentas de bate-papo e logo encontrava lá a recém-conhecida. Ele desenvolveu a habilidade de criar contextos, na conversa, que facilitavam a apresentação de convites. Ele conduzia a conversa para um tema relacionado com o convite que pretendia apresentar. Induzia, assim, na parceira o desejo para o programa e criava um contexto para formular um convite que parecesse leve e que pudesse ser aceito sem que isso significasse um compromisso amoroso explícito para ambas as partes. Por exemplo, após os cumprimentos iniciais, ele puxava a conversa para o frio que estava fazendo lá fora, mencionava que estava bom para comer um *fondue* e, se ela se mostrasse animada com a ideia, logo a convidava. Raramente o seu convite era recusado. Ele só o apresentava se ela se mostrasse animada com a ideia. Já era uma pré-aceitação.

Quando a internet é o melhor caminho para iniciar namoros

A internet é um dos melhores caminhos para iniciar relacionamentos amorosos para as pessoas que estão nas seguintes situações:

- Têm poucas chances de encontrar parceiros compatíveis e disponíveis nos locais e situações que frequentam.
- São tímidas.
- Não gostam ou se sentem desconfortáveis em outros caminhos que poderiam ser usados para iniciar relacionamentos amorosos, como as baladas e festas.
- Não atraem parceiros à primeira vista devido à sua aparência ou pouca desenvoltura.
- Já foram apresentadas para o parceiro e sabem usar a internet para desenvolver o relacionamento amoroso.
- Gostam de paquerar na internet. Algumas pessoas sentem prazer em namorar pela rede mesmo quando são bem-sucedidas através de outros caminhos.

Porque é mais fácil iniciar namoros na internet do que face a face

As principais facilidades da internet são as seguintes:

Os sites de namoro e certas salas de bate-papo funcionam como um ponto de encontro para interessados em iniciar namoros

Um site de namoro na internet é parecido com um bar de paquera: concentra pessoas semelhantes, que estão disponíveis e dispostas a iniciar um relacionamento amoroso, e oferece oportunidades e meios para conversar. Outra semelhança: quem entra em uma sala sente uma certa pressão para cumprimentar e conversar com aqueles que já estavam presentes. As diferenças com as paqueras face a face é que na internet é mais fácil entrar em contato com os presentes na sala e, quando não existem trocas de imagens, a aparência não é o mais importante.

Certos sites de namoro funcionam como um ponto de encontro para pessoas que precisam de parceiros especiais e/ou raros

Por exemplo, certas pessoas possuem características diferenciadas (por exemplo, são hiperqualificadas) ou estão em uma faixa etária na qual os possíveis parceiros são raros ou estão dispersos. Os programas de busca dos sites de namoro e as salas de bate-papo específicas facilitam o encontro entre pessoas que tenham qualificações semelhantes ou complementares.

Na internet existe menos inibição para expressar o interesse amoroso

A quantidade de intimidade que é experimentada em uma situação varia em função dos tipos de informações que estão sendo enviadas e recebidas através de cada uma das modalidades de comunicação não-verbal e verbal. Quando a intimidade é baixa em uma dessas modalidades, ela pode ser aumentada nas outras e, mesmo assim, manter constante o grau de intimidade. Isso explica por que as pessoas em geral são mais desinibidas na internet do que nos encontros face a face. Na rede que só usa a escrita, muitos dos tipos de comunicações não-verbais que afetariam o grau de intimidade estão zerados (por exemplo, não há percepção da distância física, não são enviados nem recebidos olhares, contato físico e odores). Assim sendo, o grau de intimidade do conteúdo verbal pode ser grande: podemos ficar mais falantes e ousados. Aqueles que temem a revelação de seus interesses amorosos, como os tímidos, são os mais beneficiados: conseguem conversar com mais desenvoltura na internet.

Certos sites oferecem ferramentas para ajudar a selecionar parceiros com as características desejadas e para manifestar interesse

Por exemplo, os sites de namoro oferecem questionários que permitem especificar as características desejadas em um parceiro e efetuam buscas daqueles que as possuem em seus bancos de dados. Esses parceiros podem ser informados do interesse por parte de quem fez a busca.

Certos sites oferecem ferramentas para bate-papo online

Os bate-papos permitem a continuação da seleção de parceiros, ajudam nos nascimentos do apego e do amor, na verificação do interesse mútuo e na criação de condições que favoreçam encontros face a face.

Questionários, fotos e bate-papo: os principais recursos da seleção de parceiros nos sites de namoro

Questionários

Os sites de namoro geralmente pedem aos usuários que respondam a dois questionários. No primeiro deles, o usuário informa suas próprias características, que são relevantes para a formação de uma parceria amorosa. No segundo, o usuário informa as características que espera, exige ou não quer em um parceiro. Os programas de computador usam essas informações para selecionar, nos seus bancos de dados, aqueles parceiros que atendam às expectativas mútuas.

Fotografias

A grande vantagem da inclusão de fotografias é o aumento notável na quantidade de parceiros interessados que farão contato. Muita gente nem toma conhecimento de um candidato que não incluiu sua foto. Alguns sites possuem a opção de buscas "só com fotos". Quem não exibe fotos já fica excluído da busca. Um dos maiores medos de quem coloca fotos é ser visto por pessoas que não gostaria que soubessem que ele está inscrito em um site desse tipo. Quando esse medo é causado por fantasias descabidas ajudo os meus pacientes a reduzi-lo. As vantagens e desvantagens reais de divulgar fotos nesses sites, no entanto, devem ser consideradas.

Para aqueles que optaram por anexar fotos, valem as seguintes sugestões:

- *Vale a pena investir para que elas sejam bem produzidas* Diz o ditado que "uma imagem vale mais do que mil palavras". E é verdade.
- *A foto deve ajudar a captar o interesse de parceiros para o tipo de relacionamento que você deseja* Se ela for sensual,aparecerão parceiros interessados em sexo; se for esportiva, aparecerão parceiros interessados em esporte; e assim por diante.

Bate-papo online

Para desenvolver um bom bate-papo, é necessário funcionar como um bom ouvinte e como um bom falante. Saber adotar um nível razoável de intimidade é essencial. É sempre bom começar as conversas com temas leves e pouco pessoais e só ir aprofundando à medida que a confiança mútua vai crescendo. É imprescindível mostrar gentileza, consideração, interesse e iniciativa pelo parceiro. Quem quer desenvolver um relacionamento mais amplo e compromissado deve evitar, logo no início, conversas eróticas e, mais ainda, deve fugir da prática de sexo online ou pelo telefone. Quando tais conversas acontecem precocemente, o relacionamento fica centrado nesse tipo de interesse. Também fica muito difícil adiar a primeira transa quando começam os encontros face a face.

E então?

Além dessas dicas, vale ser, além de tudo, honesto e sincero. Seja quem você realmente é. Isso vai fazer grande diferença.

Como encontrar o seu grande amor

Parabéns! Se você está aqui lendo este texto é porque tomou a decisão de agir para aumentar as suas chances de encontrar o seu grande amor. Você não é daquele tipo que acredita que o destino colocará o parceiro ideal no seu caminho. Pelo contrário, você é daqueles que concordam com a letra da música "Para não dizer que não falei das flores", de Geraldo Vandré: "Quem sabe faz a hora, não espera acontecer".

Muito bem, agora vamos examinar algumas das muitas maneiras de iniciar o relacionamento da sua vida.

A internet oferece pontos de encontro de pessoas disponíveis e dispostas a iniciar relacionamentos

A internet oferece ambientes que facilitam o encontro entre pessoas *disponíveis* e *dispostas* a iniciar relacionamentos amorosos. Ainda mais quando essas pessoas se reúnem em um único site voltado para relacionamentos sérios. Basta selecionar aquelas que combinam melhor com você, iniciar e dar prosseguimento aos relacionamentos.

Existem poucas circunstâncias ou lugares cujos frequentadores preenchem essas duas condições. Normalmente, em casas noturnas e outros ambientes externos, a disponibilidade de parceiros compatíveis só é abundante para aqueles que têm idade próxima dos 20 anos, quando quase todos ainda não estão seriamente comprometidos, e nesses locais é mais provável encontrar pessoas que só estão interessadas em flertar e em relacionamentos instantâneos ("ficar", sexo sem compromisso etc.).

Somos seletivos em nossos relacionamentos amorosos. Geralmente não queremos nos relacionar com qualquer um. Vamos examinar aqui como acontecem as escolhas mútuas de parceiros amorosos que dão certo.

Ferramentas utilizadas para iniciar a escolha de parceiros

A escolha de parceiros amorosos geralmente é realizada de maneira gradual: o selecionador vai submetendo os seus pretendentes a vários filtros, cada um dos quais é mais fino do que os anteriores. A escolha funciona como as seleções de candidatos para empregos, em várias etapas. A primeira etapa é uma espécie de filtro grosso que serve apenas para excluir aqueles candidatos que não atendem às exigências mínimas do emprego. Nas etapas seguintes, vão sendo aplicados filtros cada vez mais finos, vai diminuindo cada vez mais a quantidade de candidatos que continua no páreo, até que se chegue àqueles mais capacitados para a função. Uma diferença entre esses dois tipos de seleção é que a seleção amorosa geralmente acontece simultaneamente por parte dos dois parceiros, embora, muitas vezes, um deles termine a sua seleção antes do outro.

Para facilitar a escolha de seu parceiro nos sites de namoro, é importante que você informe corretamente todas as suas características e as de quem você procura

Dois dos principais determinantes dos graus de compatibilidades são os objetivos do relacionamento (namoro, ter filhos etc.) e os graus de similaridades nas características pessoais dos pretendentes. As similaridades são mais importantes naquelas características que afetam fortemente o entendimento entre os parceiros (grau de escolaridade, religião, valores, atitudes etc.) do que em características secundá rias ou pouco atuantes no dia a dia (por exemplo, gostar de participar do Carnaval). Algumas diferenças também são desejadas como, por exemplo, o homem ser um pouco mais alto e mais velho do que a mulher. As ferramentas utilizadas no site para selecionar parceiros solicitam que os graus de importâncias da maioria dessas características sejam especificados por quem está fazendo as escolhas (pouco, médio, muito ou essencial). Algumas características podem ser consideradas essenciais em um parceiro como, por exemplo, grande diferença de idade, certas características físicas e mentais e ter filhos, ao passo que outras podem ser consideradas pouco importantes, como a cor dos olhos. Geralmente as pessoas também buscam alguém que more perto.

Conversa: uma ótima ferramenta para aperfeiçoar a escolha de parceiros e provocar o envolvimento afetivo

Uma seleção mais fina de parceiros exige *conversas*. Por meio de conversas é possível extrair muitas outras informações sobre o parceiro: a maneira como ele fala, o seu nível cultural, a sua facilidade ou dificuldade de entrosamento, o seu interesse por certos assuntos, o seu grau de gentileza e o grau de interesse que ele está sentindo por você. Quando se sentir confiante use sua *webcam*. Assim, você poderá ver como seu parceiro sorri, como olha na sua direção e como se porta enquanto você fala. As conversas também ajudam a aumentar a confiança mútua e a começar a se ligar na outra pessoa.

Medidas de segurança

Sua busca por um parceiro amoroso deve ser feita de maneira segura. Fique atento para alguns pontos importantes quando estiver conhecendo pessoas em um site de namoro.

Se você ainda não está bem seguro sobre a identidade do parceiro:

- Não apresente informações muito íntimas ou de interesse econômico.

Certifique-se de que a pessoa é quem diz ser. Por exemplo, procure ver o seu nome em listas telefônicas, o nome e localização da empresa em que ela diz trabalhar, se outra pessoa também atende ao telefone e confirme algumas informações que ela ofereceu.

No primeiro encontro:

- Marque-o em um local público: shopping center, restaurante.
- Não aceite nem dê carona.
- Combine a duração. Deve durar pouco tempo e acontecer durante o dia. Isso ajuda a evitar constrangimentos caso não haja afinidades. E dá um gostinho de quero mais caso haja afinidades.

- Avise alguém conhecido sobre o encontro e dê detalhes de segurança: quem vai encontrar e onde.

E então?

Teste todos esses recursos por você mesmo. Dessa maneira, sua busca por uma metade ideal será muito mais proveitosa.

3

SINAIS DE INTERESSE AMOROSO

Como manifestar o interesse amoroso e como saber se esse interesse é correspondido? Quais são os sinais verbais e não-verbais de interesse amoroso? Quando uma mulher está interessada em um homem e ele não toma iniciativas amorosas em relação a ela, o que ela deve fazer: esperar convites, insinuar ou convidar? As inibições e a falta de habilidades são os maiores inimigos das manifestações de sinais de interesse.

Ele está a fim de você

Pois bem, o detector de perfis compatíveis selecionou alguém para você, vocês trocaram mensagens escritas e começaram a conversar através do vídeo. Daí para frente, pode surgir uma porção de dúvidas sobre o que o parceiro está sentindo e pretendendo em relação a você.

Em certa quantidade de casos, há poucas dúvidas sobre o interesse amoroso por parte do parceiro. Essa ausência de dúvidas ocorre quando estão presentes três condições:

- O parceiro rapidamente fica entusiasmado e está decido a iniciar um relacionamento com você.
- Ele é assertivo, ou seja, expressa aquilo que sente, pretende e quer saber.
- As pistas amorosas que ele apresenta são interpretadas corretamente por você. Por exemplo, você tem poucas dúvidas sobre as intenções do parceiro quando ele parte para o ataque: convida, fala de amor e quer marcar encontros com você. Nesse

caso, as dúvidas que ainda permanecem são aquelas referentes à sinceridade das suas declarações e sobre a duração daquilo que ele declara.

Em muitos casos, infelizmente, surgem muitas dúvidas. Essas dúvidas podem ocorrer devido a um ou mais que um dos seguintes motivos:

- Aquilo que um parceiro sente e quer em relação a você ainda não está claro nem mesmo para ele. As pistas que ele está apresentando refletem esse momento de transição em que ele se encontra. Isso é muito comum, pois as pessoas demoram um certo tempo para se ligarem afetivamente às outras e ficarem seguras sobre o que querem com elas.
- O parceiro tem algum motivo para não querer mostrar claramente o que se sente e quer com você. Isso pode acontecer, por exemplo, quando ele é tímido, quando quer deixar a situação ambígua para tirar algum tipo de proveito ou quando teme defini-la e mudar de ideia depois.
- O parceiro apresenta pistas razoavelmente claras sobre o que sente e quer com você, mas você não as interpreta corretamente. Três dos motivos geralmente impedem a interpretação correta das pista: (a) a sua grande necessidade de que esse relacionamento dê certo (nesse caso, você pode ver sinais positivos que não existem); (b) os temores excessivos e infundados que são provocados pela sua baixa autoestima, que podem provocar a sensação de que o parceiro não vai gostar de você (nesse caso, você deixa de ver sinais positivos que existem); e (c) a sua inabilidade para ler os sinais.

Quando os sinais de interesse amoroso não são muito claros ou são pouco intensos, é fácil confundi-los com os sinais de outros tipos de relacionamentos positivos como a amizade e polidez. Muitos dos sinais desses três tipos de relacionamentos são os mesmos. Por exemplo, quando você está conversando com alguém que sente amizade por você, essa pessoa vai prestar atenção em você, vai tratar você com consideração e vai mostrar prazer com a sua companhia. Isso também poderá acontecer quando a pessoa está apenas sendo polida ou quando ela está amorosamente interessada em você.

As principais dúvidas que surgem quando os sinais de interesse do parceiro são ambíguos são as seguintes:

- Como identificar se o parceiro está mostrando sinais de interesse ou está mostrando sinais de desinteresse em você?
- Como distinguir os sinais de interesse amoroso dos sinais de interesse apenas amistoso ou da polidez?
- Como identificar um parceiro que está apresentando apenas sinais de interesse sexual de um parceiro que está apresentando sinais de interesse romântico?

Vamos examinar agora algumas pistas verbais e não-verbais que ajudam a resolver essas dúvidas.

Sinais de interesse amoroso

Os sinais diretos de interesse amoroso são óbvios e claros e, por isso, não necessitam que seus significados sejam interpretados. Por exemplo, se uma pessoa declara que está interessada em você, que quer sair com você e que quer namorar você, restam poucas dúvidas sobre as suas intenções. As únicas dúvidas remanescentes, nesse caso, são aquelas que dizem respeito à sinceridade e estabilidade dessas declarações. Por isso, vamos nos concentrar aqui naqueles sinais indiretos do interesse amoroso. Sinais que são um tanto indefinidos e , por isso, precisam ser interpretados.

Um parceiro provavelmente está interessado em você quando ele:

- Dá prioridade a você. Por exemplo, ele muitas vezes sacrifica outros compromissos para conversar com você e perde a hora quando está com você. Quando vocês estão conversando ele só tem olhos para você. Coloca tudo que estava fazendo de lado e não fica olhando para outras pessoas que estão passando.
- Geralmente não é o primeiro a querer terminar os encontros (a não ser que tenha motivos específicos para isso, como, por exemplo, ir fazer um exame médico que foi marcado há muito tempo).
- Apresenta sinais que está batendo papo só com você, nas conversas que acontecem na internet. Ele responde rápido, puxa assunto e não se limita apenas a responder brevemente às suas perguntas – suas respostas são compridas e elaboradas.
- Sempre tenta marcar uma nova conversa com você quando o papo vai terminando.
- É efusivo: mostra alegria por ter encontrado você novamente e por estar iniciando um novo bate-papo com você.
- Assume o encargo de manter a conversa animada: puxa assuntos, reage ao que você diz, faz perguntas etc.
- Busca e ressalta as semelhanças entre vocês dois ("Temos algo em comum").
- Tenta marcar encontros ao vivo. Por exemplo, sugere um programa, convida para almoçar, fica mencionando coisas que poderiam fazer juntos.

Sinais de interesse por sexo casual

Caso haja sinais de interesse amoroso, como identificar se eles indicam apenas interesse em sexo casual ou se eles também indicam interesse romântico e desejo por um relacionamento?

Alguns desses sinais já aparecem no bate-papo na internet. Outros só aparecem durante os encontros ao vivo.

Os principais sinais de interesse em sexo casual são os seguintes:

- O parceiro é comprometido com outra pessoa. Ele declara que está saindo do relacionamento ou que se dá pessimamente com o parceiro atual. Isso pode ser verdade ou pode ser a desculpa padrão que é fornecida para tranquilizar você. Antes de tudo, certifique-se de que ele está falando a verdade.
- Ele rapidamente dirige o papo para assuntos sexuais mesmo antes de tentar conhecer a parceira e verificar se há compatibilidades entre eles para um outro tipo de relacionamento.

Nos encontros ao vivo, o parceiro:

- Tenta marcar o encontro em um lugar onde seria possível haver uma relação sexual. Ele também pode marcar um encontro em outro tipo de local, mas em seguida dar uma desculpa para levar você para outro local mais reservado.
- Não mostra sinais de romantismo. Apenas sinais de interesse sexual. Por exemplo, o beijo na boca é sempre erótico e não romântico desde o início.
- Olha direto para o seu corpo e para o seu decote.
- Rapidamente tenta pôr a mão no seu corpo.

Alguns sinais de que ele não quer compromisso são apresentados após algum tempo que vocês já estão saindo juntos:

- Nunca diz que ama você. Quando é você que diz isso ele só responde "Eu também".
- Depois do sexo, nada de carinhos ou conversas. Ele só dá o tempo regulamentar para ir embora (ou pior, se vocês estão na casa dele, ele quer que você vá embora).
- Evita ser visto com você por pessoas conhecidas. Evita apresentar

você para as pessoas que são importantes para ele: amigos, parentes, colegas de trabalho.

- Não faz planos para o futuro. Nem para o futuro próximo, muito menos para o distante.
- Não tem muita curiosidade de saber das coisas importantes da sua vida. Por exemplo, não se interessa em saber se você está com algum problema, como é seu trabalho ou se você pretende ter filhos.

Após identificar as intenções do parceiro, a decisão é sua. Aja de acordo com aquilo que você quer e que tem condições psicológicas para encarar.

Observações

- Só a presença ou ausência de um ou de alguns desses sinais é pouco conclusiva. Quanto mais sinais, maior a segurança para tirar conclusões.
- A ausência dos sinais positivos não é uma prova conclusiva de que o parceiro não está interessado em você. Por exemplo, os tímidos podem deixar de manifestar sinais mais nítidos de interesse porque têm medo de ser rejeitados e de estar assediando você.
- Na dúvida, compre informações: mostre um pouco mais de interesse e veja como o parceiro reage. Só tentar raciocinar com os sinais e adivinhar o que se passa geralmente não dá certo.

E então?

Espero que agora você perceba melhor se seu parceiro está a fim de você. Boa sorte!

O flerte

Em uma certa época, estudei os comportamentos de flerte. Nesse estudo, observei muitos flertes em praças públicas, saídas de colégio e shoppings. Apresento em seguida o relato de um desses episódios que registrei naquela ocasião (essa descrição foi apresentada mais detalhadamente no meu livro *O Mapa do Amor*).

Ambos estão em pé. A distância entre eles é pequena. Estão posicionados frente a frente. Eles só têm olhos um para o outro: quase não dão atenção ao que está acontecendo ao redor. Falam alto e continuamente. Suas vozes são cheias de vibrações e são entremeadas por muitos risos e sorrisos. Cada um deles parece estar bastante envolvido com a própria fala: acompanha o que está dizendo com largos movimentos dos braços, da cabeça e do corpo. Eles também parecem estar bastante envolvidos com o que o outro está falando: apresentam muitas expressões faciais em reação ao que o outro está dizendo (usam frequentemente o riso de boca aberta), reagem com o corpo todo ao que o outro está dizendo (arqueiam e contorcem o corpo enquanto riem em reação ao que o outro disse; anuem bastante com a cabeça etc.). De vez em quando, o rapaz tenta abraçar a moça pela cintura. Essas tentativas não deixam dúvida quanto às suas intenções amorosas. Os abraços, no entanto, duram pouco tempo porque ela logo se desvencilha deles. Parece que ela considera o gesto ousado demais para o estágio atual do flerte. Ela, no entanto, mostra que está sentindo prazer com essas tentativas de abraço. As tentativas, portanto, são uma fonte de conflito para ela: por um lado são ousadas demais e, por outro, são lisonjeiras, prazerosas e excitantes.

Vamos examinar agora as principais características do flerte.

Tipos de flerte

O flerte pode ocorrer à distância ou durante uma conversa. O flerte à distância geralmente ocorre entre desconhecidos. Após alguns episódios de flerte à distância pode acontecer uma abordagem por uma das partes e, em seguida, o flerte também passa a ocorrer durante a conversa. Quando duas pessoas já conversaram anteriormente, o mais usual é que, ao se avistarem, se aproximem, iniciem uma conversa e paquerem enquanto conversam.

Flerte à distância seguido de abordagem

Esse tipo de flerte geralmente ocorre em "paqueródromos" (locais especializados em paqueras: boates, danceterias e outros pontos de encontro de pessoas interessadas nessa atividade). Ao contrário do que muita gente acredita, esse tipo de flerte raramente ocorre em lugares não especializados como supermercados, ruas da cidade, restaurantes e cinemas. O que muitas vezes ocorre nesses lugares é um flerte leve, sem a abordagem subsequente.

O sucesso do flerte em um paqueródromo depende da aparência pessoal, do uso do local e das iniciativas de contato. A aparência é muito importante nessas circunstâncias porque é quase tudo que pessoas desconhecidas entre si, que lá se encontram, possuem para se avaliar. Saber como usar esses locais é decisivo. Quem passa a noite em uma mesa escondida lá no canto do salão e senta-se de costas para a região onde as coisas acontecem vai ter muito menos chance de flertar do que aqueles que se postam perto das passagens para o toalete, bar e pista de dança e têm visibilidade desses locais. A maneira de se portar, principalmente as iniciativas de contato, talvez seja o fator mais importante do sucesso para iniciar um relacionamento amoroso nesse tipo de local. Aqueles que circulam observando, fazendo contatos de olhos, sorrindo e cumprimentando outras pessoas que dão sinais de receptividade têm muito mais chances de iniciar um relacionamento amoroso.

Flerte durante a conversa

Esse tipo de flerte é um estágio praticamente obrigatório para iniciar relacionamentos amorosos. Ele ocorre em três circunstâncias:

- Entre as pessoas que já se conhecem.
- Entre pessoas que estão em uma situação que permite e até estimula a conversa entre desconhecidos (após uma apresentação ou autoapresentação, quando elas permanecem próximas por um tempo em uma fila, durante viagens etc.).
- Na internet. Este tipo de flerte ocorre através da comunicação não-verbal e da comunicação verbal. Na internet, a comunicação não-verbal quase não aparece na troca de mensagens escritas, mas tem um papel importante nas conversas em viva voz e muito importante quando são usadas as *webcams*.

Funções do flerte

O flerte desempenha três funções principais:

- *Expressiva*
- *Sedutora*
- *Negociadora*

Função expressiva do flerte

O flerte pode ser encarado como uma expressão de sentimentos por parte de quem flerta. Esses sentimentos causam mudanças corporais (o tronco fica mais ereto, aumenta o tônus muscular, somem pequenas rugas etc.) e comportamentais. Algumas dessas mudanças são captadas por expressões populares do tipo: "derreter-se", "miar no telefone", "ficar bobo", "ficar babando", "só ter olhos para fulano".

Função sedutora do flerte

Quem flerta dá esperança para aquele a quem ele é dirigido sobre a possibilidade de um relacionamento amoroso. A esperança é um dos requisitos do apaixonamento. O flerte, portanto, pode contribuir para a conquista ao preencher esse requisito.

As pessoas que flertam também ficam mais atraentes. Isso acontece porque, em primeiro lugar, elas se produzem de forma mais elegante quando vão flertar. Em segundo lugar, as posturas corporais e os comportamentos de flerte tornam quem flerta mais bonito. Um estudo conduzido por Charlene L. Muehlenhard, da Universidade do Kansas, nos Estados Unidos, mostrou que as mesmas pessoas eram avaliadas como mais bonitas quando estavam flertando do que quando não estavam flertando.

Função negociadora do flerte

O flerte é a principal forma de negociar o início de um relacionamento amoroso. As perguntas e afirmações diretas não são muito apropriadas para essa finalidade. Muitos dos comportamentos de flerte também aparecem em outros contextos, como na amizade ou na atenção. Por isso, sempre existe uma margem de dúvida se os comportamentos que estão sendo apresentados realmente podem ser interpretados como flerte. Essa dúvida só pode ser sanada através da compra de mais informações. Uma maneira de comprar essas informações é flertar de uma forma mais intensa ou mais clara.

Como acontece o flerte

Comportamentos não-verbais de flerte

Os principais comportamentos não-verbais que ocorrem no flerte durante a conversa são aqueles que aparecem no relato apresentado no início deste capítulo: olhares, sorrisos, distância curta, orientação frontal, contato físico e voz carinhosa, entre outros.

Outros sinais de interesse amoroso que precedem, acompanham ou fazem parte do flerte são:

- *Arrumar-se* Quem sai para flertar apresenta uma maior preocupação com a aparência: usa roupas mais elegantes, corta os cabelos, faz regime.
- *Prontidão para o cortejamento* O corpo sofre grandes transformações na presença do parceiro desejado: aumenta o tônus muscular, as costas ficam mais eretas, somem pequenas rugas, o peito é projetado, a barriga é contraída.
- *Rodear* Quem flerta fica por ali rodeando e usa qualquer pretexto para se aproximar e fazer contato. Por exemplo, fica olhando livros na mesma estante de uma livraria, lê todos os impressos que existem em um quadro de avisos enquanto o outro estiver fazendo o mesmo, pega a fila do restaurante logo atrás da outra pessoa, tenta pegar a mesma condução e sentar-se ao lado da outra pessoa, se voluntaria para participar da mesma equipe da outra pessoa.
- *Prolongar e animar conversas* A prioridade é ficar na companhia da outra pessoa. Quase todas as outras atividades podem ser adiadas. Uma forma de prolongar e animar conversas é funcionar como bom ouvinte e bom falante: adotar comportamentos não-verbais de atenção, reagir ao que o outro está dizendo, evitar o laconismo e a monopolização dos temas, do tempo e da forma da conversa etc. Quem tiver que terminar uma conversa deve citar o motivo específico da decisão para não ficar parecendo desmotivação para conversar com o parceiro.
- *Derreter-se na presença do parceiro* Durante o flerte as pessoas mostram uma grande sensibilidade com os comportamentos do parceiro. Muitas vezes hiperreagem ao que ele está dizendo: riem exageradamente das suas graças, ficam muito indignadas quando ele relata uma ofensa que sofreu etc.
- *Acentuar os sinais de gênero* Quem flerta acentua os sinais de gênero (as mulheres se tornam mais femininas, e os homens, mais masculinos em suas formas de falar e se comportar).

- *Tentar agradar* Durante o flerte as pessoas ficam gentis, receptivas e empáticas. Evitam críticas ao parceiro.
- *Usar a estratégia dos convites* Uma das táticas mais empregadas para transformar um relacionamento não-amoroso em amoroso é a tática dos convites: ir apresentando convites para programas cada vez mais típicos de um relacionamento amoroso à medida que os convites anteriores vão sendo aceitos e correspondidos com novos convites.

E então?

Pois bem, agora que já sabemos de tudo isso é só começar a flertar. Boa sorte!

Esperar convite, insinuar ou convidar?

Por que, no início dos relacionamentos amorosos, tememos revelar a nossa atração pelo parceiro e os programas que queremos fazer com ele? Muitas vezes tudo o que fazemos quando ficamos encantados com alguém é torcer para que ele sinta o mesmo e tome esse tipo de iniciativa. Enquanto isso não acontece, ficamos "subindo pelas paredes". Existem três tipos principais de causas para esse tipo de inibição:

- *Temer ser rejeitado* Por exemplo, ter medo de que o parceiro rejeite um convite porque não está interessado amorosamente em quem o apresenta.
- *Temer incomodar* Por exemplo, ter medo de telefonar para o parceiro e ele atender de má vontade ou só dar alguma atenção por polidez.
- *Temer perder a importância* Por exemplo, ter medo de piorar a imagem que projetou para o parceiro caso manifeste interesse amoroso por ele. Esse tipo de temor é captado por expressões

populares depreciativas do tipo: "Correr atrás", "Entregar-se de bandeja", "Dar uma de oferecido".

Uma pesquisa publicada na década de 1980, realizada por Charlene Muehlenhard e Richard Macfall, dois pesquisadores americanos, dá uma ideia das dimensões da inibição para revelar o interesse pelo parceiro no início de um relacionamento amoroso. Esses pesquisadores perguntaram para 431 homens e 148 mulheres de um curso introdutório de psicologia (idade média de 19 anos) o que uma mulher interessada em sair com um rapaz deveria fazer caso ele não tomasse a iniciativa de convidá-la para isso. Os pesquisadores ofereceram três alternativas de resposta para os participantes: esperar o convite, insinuar e convidar. As percentagens de escolhas, apresentadas pelos participantes, para cada uma dessas três alternativas foram as seguintes:

o que fazer quando há interesse por alguém	**respostas das mulheres**	**respostas dos homens**
Esperar que ele(a) tome a iniciativa	34,7%	4,3%
Insinuar	69,2%	62,7%
Convidar	2,7%	26,5%

Estes resultados mostram que os homens gostariam que as mulheres fossem mais explícitas e ativas nas manifestações dos seus interesses amorosos. No entanto, um estudo que realizei indicou que, quando uma mulher é muito mais explícita do que o usual, quem recebe a iniciativa geralmente pensa que ela é fácil para sexo e encaminha o relacionamento para esta finalidade.

As vantagens de ser eficaz e indireto

Admiro as pessoas que são eficazes para manifestar seus interesses amorosos sem ser explícitas demais quando estão negociando o início de um relacionamento. A forma de agir deixa espaço para que ambos os parceiros manifestem sutilmente o que querem do outro sem criar uma situação desagradável. Quando um deles expõe claramente o que sente pelo outro, este fica pressionado a se declarar também. Essa forma explícita de agir pode deixar marcas difíceis de serem apagadas quando acontece uma rejeição.

Dois pesos e duas medidas

O que complica ainda mais esta questão das revelações do interesse amoroso é que a avaliação do quanto está sendo revelado é bastante subjetiva. Por exemplo: as pessoas que temem a revelação dos seus sentimentos geralmente apresentam uma distorção da percepção do quanto estão revelando. Uma pesquisa que realizei mostrou isto claramente: os tímidos geralmente superestimam aquilo que estão revelando e subestimam as revelações que estão recebendo dos seus possíveis parceiros amorosos. Nessa pesquisa pedi para dois grupos equivalentes de tímidos avaliarem 15 tipos de convites. A tarefa era estimar quanto cada um desses convites podia ser interpretado como manifestação de amizade ou como interesse amoroso. Os tímidos de um dos dois grupos deveriam imaginar que estavam apresentando os convites, e os tímidos do outro grupo, que estavam recebendo os convites de uma pessoa pela qual sentiam muito interesse amoroso. Eles deveriam utilizar uma escala, como a do exemplo a seguir, para avaliar quanto cada convite era amistoso ou amoroso:

Avalie quanto o convite abaixo é amistoso ou amoroso

Durante o intervalo de uma aula, vocês estavam conversando sobre um filme e o colega o convidou para assisti-lo após a aula.

Convite totalmente Amistoso	-3	-2	-1	0	1	2	3	Convite totalmente Amoroso

O resultado mais interessante dessa pesquisa é a constatação de que *os tímidos percebem um grau muito maior de revelação de interesse amoroso quando apresentam os convites do que quando os recebem.* Por exemplo, quando imaginavam que estavam recebendo um convite para tomar um café durante o intervalo de uma aula, acreditavam que esse era um convite quase que totalmente amistoso. Quando eles imaginam que estavam apresentando o mesmo convite, acreditavam que estavam mostrando um alto grau de interesse amoroso. (Se você é tímido pense nisto: você pode estar mostrando muito menos interesse amoroso do que imagina que está!)

O que é moderadamente difícil é mais valorizado

Quase todo mundo já assistiu a um daqueles filmes americanos que mostram que as moças daquele país evitam aceitar um convite de última hora para sair com um pretendente. Por exemplo, uma mulher prefere recusar um convite para sair no mesmo dia, mesmo quando desejaria muito sair com quem a está convidando e não tem mais nada para fazer. Esse tipo de convite é interpretado como uma espécie de "tapa-buraco" ou "quebra-galhos" que é apresentado por aqueles que ficaram sem programa na última hora. Quem aceita este tipo de convite passa um atestado de que está disponível, de que não tem outro programa, de que está "jogada às traças", que "está no grito" e que é muito mal cotada no mercado amoroso.

Tudo o que é difícil demais é interpretado como rejeição

Na outra ponta da facilidade extrema está a dificuldade extrema. Na área amorosa, um grau muito grande de dificuldade para obter sinais de interesse por parte do parceiro é visto como rejeição.

Isso acontece, por exemplo, quando o outro já recusou vários convites para sair. Mesmo quando ele apresenta desculpas para as suas recusas, mas elas não são muito convincentes, isso indica que ele não quer um relacionamento amoroso com quem o está convidando. Quem realmente gostaria de aceitar um convite, mas tem motivos sérios que o obrigam a recusá-lo e não quer passar a mensagem de rejeição, *deve mencionar o motivo explícito da recusa e apresentar uma contraproposta.* Por exemplo, deve dizer algo do tipo: "Hoje não posso sair porque vou viajar para o Rio para visitar um cliente. Que tal na sexta-feira?".

Motivos reais para "não parecer fácil"

Existem evidências de que o medo de revelar muito interesse no início de um relacionamento amoroso não é descabido. Por exemplo, a teoria do apaixonamento de Stendhal afirma que, no início de um relacionamento amoroso, uma certa dose de insegurança sobre o interesse do parceiro funciona como uma espécie de "catalisador do amor" para quem está inseguro: ajuda a provocar o apaixonamento. Outro exemplo: uma pesquisa indicou que as pessoas valorizam mais os parceiros quando têm que lutar um pouco por eles. Nesse estudo, uma pessoa foi instruída a apresentar para os seus pretendentes todas as combinações possíveis entre ser fácil e ser difícil em dois momentos: no início e depois de algum tempo de relacionamento. Aqueles parceiros que se relacionaram com essa pessoa a valorizavam mais quando ela mostrava uma certa dificuldade no início e depois ficava mais fácil, em comparação às ocasiões em que ela se mostrava sempre fácil, quando se mostrava fácil no início e depois difícil e quando se mostrava sempre difícil.

Esse estudo mostrou também que as pessoas que são seletivamente fáceis ("Só é fácil para mim") também são valorizadas. Por exemplo, o sexo no primeiro encontro é valioso quando representa uma exceção: anteriormente a pessoa com quem você saiu só aceitou sexo mais tarde, quando havia um bom grau de envolvimento afetivo e algum compromisso!

E então?

Você está sendo muito fácil ou muito difícil para mostrar interesse amoroso? Pense nisso!

A iniciativa de contato

"Se a montanha não vai a Maomé, Maomé vai à montanha." "Por que eu é que tenho que procurá-lo e não o contrário? A distância é a mesma." Os dois ditados populares sugerem duas atitudes opostas em relação à iniciativa de contatos. O primeiro deles sugere que é bom, e o segundo que é ruim tomar a iniciativa. Nesta seção, vamos examinar evidências que indicam que as iniciativas de contatos positivamente motivadas, se bem utilizadas, são um ótimo recurso para *iniciar novas relações* e para *fortalecer as relações já existentes.*

Imagine que está em um lugar e uma pessoa, logo que avista você, caminha animadamente na sua direção e lhe cumprimenta com gosto. Além disso, existem indícios que sugerem que a sua intenção principal era o cumprimento. O autor da iniciativa até pode dar mostras de que poderia conversar, mas está pronto para não fazer isso, caso você não o estimule. Muito agradável, não é? Você se sentirá importante e querido com a abordagem e com o cumprimento amistoso e tenderá a gostar mais do autor da iniciativa.

No dia a dia, todos nós fazemos bastantes esforços para demonstrar que gostamos e sentimos atração por diversas pessoas com as quais nos relacionamos. Existem duas formas de demonstrar esses sentimentos com mais eficiência e com menos esforço:

tomar iniciativas de contatos e *incrementar os contatos já existentes*. Estas duas medidas contribuem bastante para estabelecer e fortalecer relacionamentos. A pessoa que recebeu a iniciativa, ao constatar que é querida e importante, também tenderá a se portar de uma forma mais agradável e positiva com o autor das iniciativas. Pronto! Um círculo virtuoso foi estabelecido.

A iniciativa de contato também é muito útil para *abrir as vias de comunicação* com aquelas pessoas que já estão motivadas para se aproximar, mas que, por não terem esse tipo de iniciativa, estavam esperando um "sinal verde" para fazerem isso.

Como uma iniciativa de contatos produziu novas esperanças e um convite

Veja a seguir como Kelen usou a iniciativa de contatos para iniciar um relacionamento amoroso com Júlio.

Hoje Júlio estava feliz. Kelen finalmente aceitou o seu convite para ir ao cinema. A sua alegria era grande porque anteriormente ela já havia recusado várias vezes os seus convites.

Esse novo convite foi apresentado porque, após tantas recusas, ela tomou a iniciativa de procurá-lo, o que funcionou como um sinal muito positivo para ele e o encorajou a fazer uma nova tentativa. A iniciativa de contato por parte de Kelen ocorreu da seguinte forma: eles se encontraram, casualmente, no restaurante da empresa onde trabalhavam. Ele tinha terminado a refeição, mas ainda estava sentado sozinho à mesa. Kelen chegou ao restaurante, acompanhada por um grupo de amigos, avistou-o de longe e, rapidamente, deixou o grupo que a acompanhava, foi até o local onde Júlio se encontrava, cumprimentou-o alegremente, pediu para sentar à sua mesa e começou a puxar conversa com ele.

Júlio ficou muito feliz com todas essas iniciativas por parte de Kelen. A forma de ela proceder indicava que os seus convites insistentes anteriores não a haviam molestado, como ele temia. Talvez ela até tivesse gostando da sua insistência delicada e, quem sabe, poderia até aceitar o seu próximo convite.

Dias depois desse encontro no restaurante, ele resolveu convidá-la para ir ao cinema. Ela aceitou prontamente este convite. Júlio ficou radiante. Ele estava tendo a chance que esperava havia muito tempo.

As iniciativas de Kelen foram decisivas para que Júlio percebesse o seu interesse e tentasse novamente marcar um encontro com ela. Esse tipo de iniciativa utilizado por Kelen é uma ótima maneira de mandar mensagens não-verbais que indicam: "Você me agrada", "Estou interessado em você", ou "Gosto de você".

A iniciativa de contato pode ser tão ou mais importante do que seu conteúdo

A iniciativa de contato é importante por si mesma, principalmente quando existem boas indicações de que ela foi motivada pelo prazer de cumprimentar, pelo desejo de expressar o reconhecimento da importância da pessoa a quem ela é dirigida ou pelo interesse amoroso por esta pessoa.

Por exemplo, a importância e os significados da abordagem são eloquentes em um local de paquera. Muita gente me pergunta o que deve falar ao abordar uma pessoa desconhecida após um flerte a distância (na maioria das vezes quem faz esse tipo de pergunta são os homens tímidos). Eu sempre digo que o mais importante já foi feito: *a iniciativa de caminhar até a outra pessoa e dirigir-lhe a palavra.* Nesse contexto, o conteúdo do que é dito não é tão importante. Pelo contrário, o conteúdo da conversa deve ser ameno e delicado. É importante apenas evitar dizer coisas absurdas ou ofensivas. As pessoas se convencem disso quando eu lhes apresento a seguinte situação hipotética:

Imagine que, após um flerte a distância, uma mulher tome a iniciativa de se aproximar de você e, então, lhe diga uma das seguintes frases:

— Oi! Tudo bem?
— Posso me sentar aqui com você?
— Fiquei interessada em falar com você.

E, em seguida, ela diga:
— Você vem sempre aqui?
— Você parece ser uma pessoa alegre.
— Você está aqui sozinho?

Pergunto então para eles:
— O que você acha mais importante, o fato de aquela mulher ter tomado a iniciativa de se aproximar e puxar conversa ou o fato de ela ter dito uma das frases acima?

Sem exceção, os homens respondem:
— O fato de ela ter tomado a iniciativa de se aproximar e puxar conversa. Após a iniciativa, não importa muito o que disserem.

Então acrescento para eles:
— As mulheres pensam da mesma forma: o mais importante é ser abordada e não o conteúdo específico do que é dito — dentro de um limite razoável, é claro.

Uso das iniciativas de contato para fortalecer as relações já existentes

As maneiras de usar as iniciativas de contato para fortalecer as relações já existentes são as seguintes: aumentar a frequência dos contatos (ligar mais vezes, mandar mais e-mails etc.) e intensificar os contatos já existentes (cumprimentar com um aperto de mão aquelas pessoas que você só cumprimentava com palavras, falar mais calorosamente com as pessoas com quem você já fala com menos animação etc.).

O que faz a iniciativa de contato ter boa qualidade

Algumas das medidas que fazem um contato ter boa qualidade são as seguintes:

- *Não hesitar na hora de fazer o contato* Assim que avistar a pessoa-alvo, tomar a iniciativa de se aproximar. Caminhar em sua direção com energia, rapidez, sorriso nos lábios e falando coisas alegres.
- *Falar coisas positivas* "Sempre em forma, hein?", "Você parece cada vez mais moço! Precisa me ensinar o seu segredo", "Me lembrei de você [....]", "Grande fulano!". Se a pessoa que está tomando esta iniciativa está acompanhada por desconhecidos, ela deve apresentá-los para a pessoa-alvo do contato com grandes elogios: "Este é um grande especialista em....".
- *Adotar os seguintes comportamentos não-verbais durante o contato* Orientar a frente do corpo na direção da pessoa. Dar atenção total para a pessoa, por exemplo, guardar os papéis que estava examinando ou não olhar para outras pessoas ou acontecimentos ao redor. Sorrir muito: mostrar o prazer de ter encontrado a outra pessoa. Mostrar animação na voz.
- *Ouvir atentamente o que a pessoa tem a dizer* Não a apresse. Reagir simpaticamente ao que ela está dizendo. Perguntar

detalhes caso ela tenha apresentado apenas um resumo e mostrar disposição para desenvolvê-lo.

Enfrentando o medo de iniciar ou incrementar contatos

Uma das grandes dificuldades para tomar iniciativas de contato ou melhorar a qualidade dos contatos já existentes é o medo de parecer estranho para si e para o outro. Mas mesmo parecendo um pouco estranho, o resultado final será uma sensação de estranhamento agradável. Para tornar essa percepção um pouco mais clara, peço para a pessoa que estou treinando que imagine que foi o outro que tomou tais iniciativas. Pergunto então o que ele sentiria frente a tal iniciativa. Quase todo mundo afirma que estranharia um pouco, mas que sentiria que essa iniciativa é agradável e simpática.

Uma forma de alterar o padrão de contato sem chamar a atenção e parecer estranho é fazer isso de forma gradual. O que é mudado gradualmente não desperta a atenção. Por exemplo, sugiro para aqueles que já cumprimentam com a voz, cumprimentar com um pouco mais de entusiasmo. Para aqueles que já cumprimentam com um aperto de mão, que passem a usar um pouco mais de energia e demorem um pouco mais no cumprimento.

E então?

Estou bastante convencido de que as iniciativas de contato e melhoria da qualidade dos contatos já existentes podem transformar a sua vida social e amorosa. Teste isso!

4

ESCOLHA DE PARCEIROS

A escolha de um parceiro atraente e compatível é fundamental para um relacionamento dar certo. Neste capítulo, serão apresentados os princípios que regem a escolha de parceiros amorosos, as principais características que tornam um parceiro atraente e os principais cuidados que devem ser tomados neste tipo de escolha.

O parceiro amoroso ideal

"Eles são farinha do mesmo saco." Quando participamos de uma conversa sobre "quem combina com quem" na área amorosa, frequentemente ouvimos frases como "os opostos se atraem", "os complementares é que dão certo" ou "os similares é que funcionam bem".

De fato, existem várias qualidades que apreciamos (beleza, honestidade, saúde etc.) e vários defeitos que não queremos (desrespeito, desânimo etc.) em um parceiro amoroso, independentemente de eles serem complementares, opostos ou semelhantes aos nossos.

Embora as complementações sejam bem-vindas e algumas oposições possam ajudar a despertar interesses iniciais, os estudos nessa área indicam que similaridade é a regra geral que guia a formação e facilita a estabilidade das parcerias amorosas. A importância da similaridade é maior naquelas características que influenciam ações importantes do dia a dia, como a confiabilidade, a gentileza e os critérios para gastar o dinheiro do casal. Um estudo muito amplo a esse respeito foi realizado no Estados

Unidos por Robert T. Michael e associados. Esse estudo mostrou que os casamentos naquele país geralmente acontecem entre pessoas que têm idades e níveis de escolaridade semelhantes e são da mesma raça e religião.

A complementaridade é bem-vinda em alguns setores. Existem muitas vantagens quando o casal funciona como uma equipe: cada um dos seus dois membros se encarrega daquelas atividades que tem mais condições de realizar. Por exemplo, se um dos dois tem mais facilidade para tarefas que exijam esforço físico, é mais proveitoso que ele se encarregue delas. Outro exemplo: no modelo tradicional de casamento, a mulher era a "rainha do lar" e o homem era o "provedor". Robert Sternberg, famoso pesquisador da Universidade de Yale, apresentou uma teoria fascinante que afirma que as pessoas que se apaixonam e são bem-sucedidas em seus relacionamentos amorosos são as que desempenham papéis românticos complementares.

Sternberg identificou 26 tipos de papéis complementares ("histórias de amor"), tais como:

- *Viagem* Os parceiros têm a sensação de que o relacionamento é uma grande jornada conjunta e planejam em conjunto o amanhã.
- *Governo* Trata-se de um relacionamento no qual há um parceiro que controla e outro que é controlado. Existem pensamentos do tipo "nessa relação, eu deveria tomar as decisões" ou "nessa relação, meu parceiro deveria tomar as decisões".
- *Horror* É um relacionamento que se torna interessante quando existe um pouco de medo do parceiro. Existem pensamentos do tipo "ele está com receio de mim e gosto que seja assim" ou "Estou com receio dele e sinto um gostinho bom nisso".

É muito fácil constatar que os opostos raramente se atraem. Caso se atraíssem, altos se interessariam por baixos, ricos por pobres, jovens por velhos, cultos por ignorantes etc. Em cada um desses casos, sentir atração é mais provável apenas por parte daqueles que estão no polo menos desejável da característica: o feio se interessa pelo bonito, o descontrolado pelo controlado, o inseguro pelo seguro etc. O inverso é raro.

Outros caminhos para o amor

O amor possui outros caminhos. Duas pessoas podem ser bonitas, inteligentes, ricas, gentis, terem o mesmo nível educacional e econômico, terem as idades e alturas compatíveis e, ainda assim, não sentirem muita atração uma pela outra ("não terem química").

Embora suas qualidades e compatibilidades contribuam positivamente para que essa química exista, outras características muito importantes para o apaixonamento só aparecem no momento em que elas entram em contato ou até mesmo após um longo período de convivência.

Muitas vezes nos apaixonamos por alguém que o nosso lado racional diz que é inadequado, mas que nos cativa pela via afetiva. O caminho afetivo leva mais em conta aquilo que nos afeta de imediato – por exemplo, a beleza física, os comportamentos sedutores e a forma como somos tratados – do que as conveniências e inconveniências dessa parceria, que no momento só são conhecidas racionalmente e só se manifestarão em médio e longo prazo.

Qualidades e defeitos se compensam?

Até certo ponto sim. Ninguém é perfeito. Assim sendo, como computamos os defeitos e as qualidades de um possível parceiro? A teoria mais útil para responder a essa pergunta é a Teoria das Médias Algébricas Ponderadas de Defeitos e Qualidades. Esta teoria afirma que a atração de um possível parceiro é resultado da subtração da média ponderada dos seus defeitos da média ponderada das suas qualidades.

Essa "ponderação" é a maneira de levar em conta a importância de cada um dos defeitos e qualidades. Por exemplo, imagine que uma pessoa atribuiu nota 8 no quesito "confiabilidade" para um possível parceiro e atribuiu uma nota 9 para a importância desse quesito.

Logo, o valor ponderado dessa qualidade será 72 (8 x 9) para fins do cálculo da média das qualidades do parceiro. Alguns defeitos, no entanto, podem ser tão intoleráveis que impedirão o apaixonamento mesmo quando a pessoa que está sendo avaliada tem inúmeras outras qualidades.

Falaremos mais dessa Teoria das Médias Algébricas Ponderadas de Defeitos e Qualidades na próxima seção, "Ninguém É Perfeito".

E então?

A escolha de parceiros, portanto, é uma atividade complexa. A ciência já desvendou uma parte dessa complexidade. Cabe a você descobrir os outros atrativos do seu parceiro. Essa pode ser uma tarefa muito agradável.

Ninguém é perfeito

Creio que todos já ouvimos frases do tipo: "Este cara feio deve ser muito rico para conseguir namorar uma mulher tão bonita como aquela".

Todos nós possuímos qualidades e defeitos. O mais importante para um relacionamento dar certo não é a ausência de defeitos, mas sim encontrar um parceiro que aprecie as nossas qualidades e que não se incomode muito com os nossos defeitos.

Qualidades e defeitos

Inúmeras características podem ser consideradas defeitos ou qualidades em um parceiro amoroso. Essas características podem estar situadas na área pessoal (por exemplo, beleza, inteligência e personalidade), na situação (por exemplo, dinheiro, emprego, amizades) ou no relacionamento (por exemplo, gentileza, dedicação ao parceiro e comprometimento). Algumas dessas características são consideradas qualidades ou defeitos por quase todo mundo. Outras são consideradas qualidades por algumas pessoas e defeitos por outras.

Os graus de importância das qualidades e dos defeitos podem variar muito dependendo daqueles que as estão avaliando. Algumas características podem ser consideradas muito importantes em quase todas as culturas. É o caso, por exemplo, da confiabilidade e da boa saúde. Os valores atribuídos a outras características dependem da cultura e da história de vida de quem está fazendo a avaliação. Uma determinada religião e uma determinada idade de um pretendente podem ser consideradas desejáveis ou indesejáveis, dependendo das características nesses mesmos setores de quem esteja fazendo a escolha.

Os defeitos e as qualidades também podem ter diferentes graus de importância para diferentes pessoas ou em diferentes momentos da vida de uma mesma pessoa. A capacidade para ganhar dinheiro de um pretendente pode ter mais importância quando quem está fazendo a avaliação tem 30 anos do que na época em que ele tinha 18 anos, por exemplo.

Vamos analisar agora como uma pessoa avalia os valores médios de seus pretendentes.

A teoria algébrica das médias ponderadas de defeitos e qualidades

Todos nós temos um "valor de mercado" como parceiros amorosos. Algumas pessoas têm uma cotação mais alta do que outras nesse setor. Como começamos a tratar na seção anterior, "O Parceiro Amoroso Ideal", a teoria que explica melhor como é formado o valor de um parceiro amoroso é a Teoria Algébrica das Médias Ponderadas de Defeitos e Qualidades – essa teoria ainda deve ser aperfeiçoada, mas é uma das melhores dentre as que existem até agora.

Essa Teoria afirma que o valor de um possível parceiro é determinado pelas suas qualidades e defeitos ponderados pelas suas respectivas importâncias. O termo "algébrica" foi incluído porque os escores dos defeitos ponderados são subtraídos dos escores das qualidades ponderadas para obter o valor global daquele que está sendo avaliado.

Vamos apresentar agora um exemplo que vai ajudar a entender essa teoria. Veja a seguir a tabela que Cecília preencheu para avaliar o valor de cada um dos seus dois melhores pretendentes, Carlos e Gil.

Para realizar o cálculo, ela levou em conta *14 atributos positivos* que considera importantes em um parceiro amoroso. Ela também levou em conta os *pesos* (graus de importância) que cada um desses atributos tem para sua escolha. No final desses cálculos, ela obtém um *valor médio* para cada um dos seus dois pretendentes. As instruções para você fazer as avaliações dos seus pretendentes, apresentadas depois desta tabela, também ajudarão a entender como esta teoria funciona.

TABELA 1: ESCOLHA DE UM PARCEIRO AMOROSO SEGUNDO A TEORIA DAS MÉDIAS ALGÉBRICAS PONDERADAS DE DEFEITOS E QUALIDADES

(1) Atributos*	(2) Pesos dos atributos (variam de 0 a 10)	(3) Quanto os pretendentes possuem os atributos da coluna (1) (notas entre 0 e 10)		(4) Notas ponderadas (multiplicação dos atributos pelos seus pesos)	
		Pretendente 1 (Carlos)	Pretendente 2 (Gil)	Pretendente 1 x pesos	Pretendente 2 x pesos
1-Confiabilidade	9	7	7	63	63
2-Estabilidade emocional	8	5	7	40	56

(1) Atributos*	(2) Pesos dos atributos (variam de 0 a 10)	(3) Quanto os pretendentes possuem os atributos da coluna (1) (notas entre 0 e 10)		(4) Notas ponderadas (multiplicação dos atributos pelos seus pesos)	
		Pretendente 1 (Carlos)	Pretendente 2 (Gil)	Pretendente 1 x pesos	Pretendente 2 x pesos
3- Disposição para agradar	6	3	4	18	24
4- Boa saúde	7	8	8	56	56
5- Educação e inteligência	5	6	9	30	45
6- Boa aparência	4	8	4	32	16
7- Requinte e elegância	3	7	5	21	15
8- Sociabilidade	4	8	4	32	16
9- Desejo por um lar e filho	5	2	7	10	35
10- Ambição e dedicação ao trabalho	10	6	10	60	100
11- Boa cozinheira(o) e boa dona(o) de casa	3	3	4	9	12
12- Boa perspectiva financeira	5	9	6	45	30
13- Educação semelhante	5	7	9	35	45
14- Boa posição social	4	6	9	24	36
SOMA	•	•	•	475	549

* Esses 14 atributos foram utilizados em uma pesquisa internacional realizada por David Buss e colaboradores sobre a escolha de parceiros.

Na vida real, quase ninguém usa esse procedimento para calcular os valores dos pretendentes. Só as pessoas muito racionais e pragmáticas é que se dão ao trabalho de usar uma tabela como essa para tentar calcular os valores dos seus pretendentes. No entanto, um cálculo semelhante é realizado automática e inconscientemente por todos nós, e os seus resultados são percebidos intuitivamente com base na quantidade de atração, indiferença ou repulsão que os pretendentes despertam em nós.

Cálculo das médias ponderadas de seus pretendentes

Para calcular o valor de dois dos seus principais pretendentes, siga este procedimento:

- Faça uma tabela como a anterior e apague todos os nomes e valores atribuídos por Cecília.
- Coloque os nomes dos seus pretendentes.
- Preencha o item "(2) Pesos dos atributos": atribua valores de 0 a 10 que reflitam a importância que você dá para cada um dos atributos da coluna "(1) Atributos" para a escolha de um cônjuge. (Você também poderá escolher atributos diferentes e outras finalidades para o relacionamento.)
- Preencha o item "(3) Quanto cada um dos pretendentes possui". Atribua notas de 0 a 10 a seus pretendentes em cada um dos atributos listados na primeira colunada tabela.
- Preencha o item "4) Notas ponderadas". Multiplique cada um dos pesos (coluna 2) pelas notas de cadaum dos pretendentes em todos os atributos (item 3). Coloque cada um dos resultados dessas multiplicações nas respectivas caselas de cada um dos seus dois pretendentes.
- Some as 14 notas ponderadas de cada um dos dois pretendentes.

Resultado: O pretendente que obteve a maior nota ponderada é aquele que tem mais atributos positivos que você deseja em um cônjuge.

Cálculo das médias ponderadas dos defeitos dos seus pretendentes

- Use o procedimento anterior para construir uma tabela dos *defeitos* que você acha mais importantes em um parceiro, para esse mesmo tipo de compromisso.
- Preencha a tabela da mesma maneira que você preencheu a tabela das qualidades.
- Resultado: o pretendente que obteve a maior nota ponderada é aquele que tem mais atributos negativos que você considera indesejáveis em um cônjuge.

Avaliações finais dos seus pretendentes

- Subtraia a soma dos defeitos ponderados de cada um dos seus dois pretendentes das somas respectivas das qualidades ponderadas de cada um deles.

Resultado

- O pretendente que obteve a maior média após a subtração é aquele que tem mais valor para você, após serem consideradas as qualidades e os defeitos ponderados de ambos os pretendentes.

Os valores dos parceiros que dão certo

Os parceiros que têm mais chance de dar certo são aqueles que têm valores médios ponderados de defeitos e qualidades semelhantes. Vale a pena repetir, em outras palavras, a seguinte anedota que utilizei de passagem no Capítulo 1. É uma boa ilustração da importância desse tipo de semelhança.

Artur e Tiago são dois amigos que se encontraram depois de um tempo sem se ver. Artur pergunta para Tiago:

— E aí, você está com alguém?

Tiago responde:

— Ainda não. Estou procurando a parceira perfeita.

Tempos depois, os dois voltam a se encontrar. Após alguma conversa, Artur, com certa ironia na voz, volta a perguntar:

— E a mulher perfeita? Já encontrou?

Tiago, um pouco triste com o assunto e com a ironia, responde:

— Já, mas não estou com ela. Não fui aceito. Ela também estava procurando o homem perfeito.

A importância da similaridade dos valores dos parceiros foi confirmada por vários estudos que mostraram que parceiros com graus de atração muito diferentes geralmente não iniciam relacionamentos amorosos e, quando iniciam, os relacionamentos tendem a ter má qualidade e não durar muito tempo. Um desses estudos, por exemplo, constatou que aquele parceiro que é menos atraente tem mais medo de o outro trocá-lo por alguém "melhor" e, por isso, sente mais ciúme e tem menos autoestima, o que acaba prejudicando o relacionamento.

Os defeitos e qualidades ponderados são importantes; a química é imprescindível

É fácil encontrar listas de defeitos e qualidades de um parceiro amoroso em livros e revistas. No meu livro *O Mapa do Amor*, cataloguei 32 características que várias pesquisas mostraram serem importantes em um cônjuge.

Essas listas podem ajudar a escolher bem um parceiro. No entanto, elas sempre parecem frias e incompletas. Realmente são ambas as coisas. O correto é considerar tais listas apenas como um primeiro filtro para escolher o parceiro. Outros atributos dos parceiros, outras características das suas situações e a forma como eles se portam no relacionamento não constam nessas listas e por isso ainda deverão ser avaliados na convivência com eles.

E então?

Use a teoria para fazer uma avaliação inicial dos seus pretendentes. Depois conviva com quem você escolheu e namore bastante antes de se comprometer seriamente.

Boa sorte!

O médio é atraente

Boas notícias! Muita gente pensa que é necessário ter qualidades excepcionais para atrair bons parceiros amorosos. Isso não é verdade. De fato, as pessoas com um nível de atratividade médio possuem recursos que são mais do que suficientes para atrair parceiros, despertar paixões e desenvolver ótimos relacionamentos amorosos.

Base científica? Bronisław Kasper Malinowski, um dos mais famosos antropólogos do século passado, já havia observado que na Melanésia, onde viveu um bom tempo com os nativos, aquelas pessoas que tinham atributos médios (cor média, nariz de tamanho médio, corpo médio etc.) em relação à população local eram considerados mais bonitos do que aqueles que tinham atributos mais discrepantes da média da população local. Isso foi relatado em seu livro *A Vida Sexual dos Selvagens*.

Vamos examinar agora várias evidências de que o médio é atraente.

O rosto médio é o mais atraente

Estudos verificaram que fotos de rostos artificiais, montadas a partir da média de vários outros rostos reais, eram mais belas do que esses rostos individualmente. Por exemplo, um estudo desenvolveu programas de computador para criar fotografias de rostos artificiais que eram médios em relação aos rostos reais em que foram baseados.

O computador era programado para medir a largura das testas de várias pessoas. Em seguida calculava a média destas larguras e montava uma testa que tinha esta média. Fazia algo semelhante com outros componentes faciais tais como, boca, nariz, olhos, sobrancelhas. Os rostos artificiais foram julgados por diversos tipos de pessoas, em diversas culturas, como mais bonitos do que os rostos reais que lhes deram origem.

Pessoas medianamente atraentes conseguem facilmente marcar encontros com desconhecidos

Sempre que alguém manifesta o temor de não ter qualidades suficientes para atrair parceiros amorosos, me lembro da pesquisa realizada por Russel D. Clark e Elaine Hatfield, na Universidade Estadual da Flórida. Nessa pesquisa, nove estudantes abordaram desconhecidos do sexo oposto e, após uma breve introdução, apresentaram um dos três seguintes convites:

- "Você quer sair comigo hoje à noite?"
- "Você quer ir ao meu apartamento?"
- "Você quer dormir comigo?"

Aqueles que convidavam eram medianamente atraentes e os convidados eram atraentes para aqueles que os convidavam. O que mais chama a atenção nos resultados dessa pesquisa é a grande percentagem de aceitações do primeiro dos três convites acima: 50% dos homens e 53% das mulheres o aceitaram! Ou seja, em média, para cada dois convites, pelo menos um foi aceito. É bom lembrar que quem convidava era medianamente atraente e os convidados eram atraentes para aqueles que os convidavam. Provavelmente, muitos daqueles que não aceitaram o convite já eram comprometidos ou ficaram desconfiados dessa forma de abordagem. Incrível, não é?

Se essa percentagem de aceitação também fosse verificada aqui no Brasil só ficaria sozinho quem não apresentasse convites. Mesmo que as percentagens de aceitação aqui fossem metade das americanas já estaria bom demais!

Um levantamento informal que fiz nas minhas aulas de faculdade confirma os resultados da pesquisa americana. Perguntei para os meus alunos:

— Se alguém medianamente atraente, do seu nível socioeconômico, convidasse você para sair e você não estivesse comprometido com outra pessoa, você aceitaria?

Quase todo mundo respondeu que sim.

Preferimos ter um encontro com alguém do nosso nível

Um estudo revelou que as pessoas ficam mais à vontade para sair com parceiros que tenham níveis de atração semelhantes aos delas próprias do que com parceiros muito mais ou muito menos atraente. Nele, em primeiro lugar, foi avaliado o grau de atração de cada participante. Em seguida, foi pedido para que eles ordenassem uma série de fotografias de pessoas do sexo oposto, de acordo com seus graus de atração (havia uma boa dose de acordo entre os participantes nessa ordenação).

Depois, foi solicitado aos participantes que escolhessem alguém dessa lista para um encontro real que ocorreria naquela noite. Nessa tarefa, os participantes geralmente escolheram alguém que tinha um grau de atração semelhante aos deles próprios, em vez de escolher alguém muito mais ou muito menos atraente do que eles próprios. Ou seja, podemos até saber quem é muito atraente, mas tendemos a ser realistas na hora de um encontro e escolhemos alguém que "podemos encarar".

A aceitação de sexo casual depende mais de o parceiro não ser pouco atraente do que de ele ser muito atraente

Donald Symons, famoso psicobiólogo americano, e seu colaborador, Bruce J. Ellis realizaram uma pesquisa para verificar quais seriam os graus de influência de diversos fatores na aceitação do sexo casual. Essa pesquisa foi realizada com estudantes universitários americanos (a maioria deles tinha entre 17 e 24 anos e 89,4% deles nunca haviam se casado).

Os autores queriam verificar a influência de *ter um compromisso* (opções: ter um parceiro firme ou não ter um parceiro firme), da *atração física* (opções: o parceiro para sexo casual é atraente como você/seu parceiro; é um pouco menos atraente do que você/seu parceiro; e é um pouco mais atraente do que você/seu parceiro) e da *possibilidade de compromisso* (ter ou não ter a oportunidade de desenvolver um relacionamento durável com a pessoa com quem praticaria o sexo casual) na aceitação de sexo casual com uma pessoa desconhecida.

Tomando como base de comparação as percentagens de pessoas que afirmaram que aceitariam sexo casual com alguém do nível de atração semelhante ao seu/seu parceiro, observou-se uma grande queda nas percentagens de aceitação quando o parceiro casual era menos atraente do que elas próprias ou do que seus parceiros atuais. No entanto, quando os estudantes eram informados de que o parceiro casual era mais atraente do que eles próprios ou do que os seus parceiros atuais (para aqueles que tinham parceiros fixos), as percentagens de aceitação do sexo casual aumentavam pouco (veja as percentagens na tabela a seguir). Ou seja, para essa finalidade, faz uma grande diferença o parceiro casual ser menos atraente do que nós próprios ou do que o nosso parceiro atual. No entanto, não altera muito as chances de aceitarmos esse tipo de sexo quando o parceiro casual tem um grau de atração superior ao nosso ou ao do nosso parceiro fixo.

Logo, para essa finalidade, é mais importante não ser muito menos atraente do que o parceiro que pretendemos do que ser muito mais atraente que ele!

Efeitos da atração física na aceitação de sexo casual com uma pessoa anônima e sem possibilidade de desenvolver um relacionamento durável posterior*

Nível de atratividade física do parceiro anônimo hipotético	Percentagens de aceitação de sexo casual	
Tipo de instrução apresentada - "O parceiro tem:	**Pelas mulheres**	**Pelos homens**
(1) atratividade física um pouco menor do que a sua."	8,2	37.9
(2) a mesma atratividade física que a sua."	31.2	64.6
(3) atratividade física um pouco maior do que a sua."	35.5	74.7

*Adaptado de Symons e Ellis, 1998.

Motivos da atração pelo médio

Como entender que admiremos o melhor e o mais atraente, mas optemos e nos apaixonemos por alguém mais semelhante a nós próprios? Vamos examinar dois possíveis motivos que se complementam.

A esperança de dar certo faz com que prefiramos os semelhantes

A esperança de reciprocidade e de viabilidade é o primeiro

grande motivo para preferirmos os semelhantes. Geralmente tememos iniciar um relacionamento com alguém para quem não tenhamos "cacife". Quando não podemos bancar a pessoa ou o relacionamento, existe uma grande chance de desgaste e humilhação e de fracasso do relacionamento. A seguinte história (real) ilustra bem esse fato.

Uma vez fiz uma palestra em uma agência de casamento. Após a palestra fui procurado por uma mulher muito bonita, segura e que visivelmente tinha "berço". Ela estava muito triste e me disse:

— Professor, você falou muitas coisas interessantes, mas que não se aplicam ao meu caso. Eu me apaixonei por um conhecido, de um nível socioeconômico mais baixo que o meu, mas que tem muitas qualidades pessoais que admiro muito. Durante um bom tempo tentei me aproximar dele e dar início a um relacionamento amoroso. Ele também dava sinais de que tinha atração por mim, mas nunca tomava iniciativas amorosas. Um dia me abri com ele. Disse que o admirava como homem e queria iniciar um relacionamento com ele. O que ele respondeu é que me surpreendeu muito. Disse que me achava uma mulher muito atraente e que tinha sentimentos profundos por mim. No entanto, não aceitaria ter nada comigo porque previa que isso seria fonte de muitos sofrimentos para nós dois. Disse: "Se eu namorar você, não vou ter dinheiro para frequentar os locais que você frequenta; eu não poderia conversar naturalmente com as pessoas que frequentam os círculos que você frequenta; eu não teria dinheiro para me vestir como essas pessoas e para ir aos restaurantes aos quais você está acostumada. Se nos casássemos, nossos filhos não poderiam estudar nas escolas do mesmo nível que dos seus primos maternos e eles não poderiam viajar para os lugares que os primos viajariam durante as férias. Eu também não aceitaria a ajuda da sua família para isso tudo porque geraria um tipo de relação humilhante. Algumas pessoas diriam que eu deveria encarar todas essas diferenças como um desafio para batalhar e conquistar tudo isso. Pode ser verdade, mas eu já começaria um relacionamento com você como devedor desse tipo de esforço. Por tudo isso, não aceito iniciar um relacionamento com você".

Ela estava muito triste, mas tive que admitir que ele foi muito sensato. É uma história bem mais rara que a usual, em que geralmente quem é rejeitado é aquela pessoa que tem menos qualidades ou atributos socialmente desejáveis.

O médio é mais garantido contra defeitos de fabricação

Os psicobiólogos hipotetizam que o médio é atraente porque, na natureza, ele é o mais comum e, por isso, é o mais testado, em termos de adequação para sobreviver e procriar. Fazendo uma analogia: muitas vezes hesitamos em comprar um produto novo porque ele está mais sujeito a defeitos do que os produtos tradicionais. Isso acontece, por exemplo, com os programas para computador: quando são lançados podem dar mil problemas. Muitas vezes o raro e exótico podem ser mais bonitos ou mais atraentes. No entanto, tais extremos causam apreensão.

E então?

Podemos admirar coisas e pessoas excepcionalmente atraentes, mas nos amarramos mesmo naquelas mais próximas das nossas possibilidades.

Quando os objetivos são diferentes

Os homens não querem nada sério.
É namoro ou amizade?

A seguinte história mostra um caso de decepção, logo no início do relacionamento, devido a diferenças de objetivos entre os pretendentes:

Recentemente notei que Regina, uma conhecida, estava muito zangada. Quando mencionei isso, ela logo se pôs a contar a razão do seu aborrecimento. Ela estava se apaixonando por um colega de trabalho. Ele passou um bom tempo dando sinais de que estava interessado por ela. Tanta persistência por parte dele acabou despertando o interesse dela. Começaram então a almoçar juntos nos dias de trabalho. No último desses almoços, ele confidenciou para ela que tinha várias "amigas", com as quais tinha uma espécie de relacionamento amoroso no qual cada um deles tinha plena liberdade para desenvolver relacionamentos amorosos com outras pessoas. Era uma espécie de "amizade colorida". Ele insinuou que tinha um lugar para ela nesse grupo. Ela ficou muito zangada e sentiu-se enganada porque, àquela altura, já estava bastante envolvida emocionalmente com ele e nunca havia lhe passado pela cabeça que era isso o que ele queria com ela.

"Objetivo do relacionamento" é um assunto obrigatório para aqueles cujos relacionamentos estão sendo iniciados. Por exemplo, você pode estar querendo apenas "ficar" ou uma noitada de sexo casual, enquanto o seu parceiro pode estar querendo um relacionamento mais compromissado: namorar, morar junto e casar. Os desencontros também podem acontecer quando um relacionamento já em andamento está maduro para progredir para um grau maior de compromisso, por exemplo, quando um dos membros de um casal que está namorando há um bom tempo está querendo morar junto ou ficar noivo, enquanto o outro está hesitando bastante em dar esse passo. Caso a incompatibilidade seja constatada quando o relacionamento já está em andamento, isso dará margem a grandes decepções, raivas e sofrimentos. Para saber se você já teve um desencontro de objetivos nos seus relacionamentos amorosos, responda às seguintes perguntas:

- Você costuma perder muito tempo com parceiros que não querem nada sério?
- Você já "ficou" com alguém que depois não pediu o seu telefone e a deixou frustrada com isso?
- Você já transou com alguém no primeiro encontro e no dia seguinte a pessoa sumiu?
- Você já teve um relacionamento amoroso com alguém que se recusava a assumir um grau maior de compromisso?
- Você já foi acusado de confundir sinais de amizade e gentileza com sinais de interesse amoroso?
- Algum dos seus parceiros amorosos responderia "Sim" a uma ou mais das perguntas anteriores em relação a você (você é que fez o papel daquele que "fugia" do compromisso)?

Caso tenha respondido "Sim" a uma ou mais dessas questões, você já passou pela experiência de ter um objetivo diferente do de seu pretendente amoroso. Vamos tentar entender melhor o assunto.

Creio que os casos mais frequentes de desencontros de objetivos acontecem nas "ficadas" e no sexo casual. Nesses dois tipos de relacionamento, um dos parceiros, tanto o homem quanto a mulher, mesmo quando tem o mesmo objetivo inicial que o outro, pode se envolver afetivamente mais rapidamente do que o parceiro e passar a desejar uma progressão para um maior grau de compromisso, sem ser correspondido por ele. O sexo casual, principalmente, é uma fonte frequente de discórdia. Geralmente são os homens que querem esse tipo de relacionamento.

As mulheres frequentemente se deparam com "caçadores" disfarçados, que só querem sexo. Os homens raramente reclamam quando são elas que assumem esse papel. Um dos motivos pelos quais eles não explicitam seu objetivo logo no início do relacionamento é porque preveem que raramente elas o aceitariam. Por isso passam a dissimular seus objetivos. As mulheres também raramente declaram logo no início do relacionamento que não querem isso. Elas deixam de fazer a declaração por vários motivos, tais como pelo temor de quebrar o clima positivo que já foi criado e porque estão com esperança de que o relacionamento possa progredir.

Dois dos principais motivos das diferenças de objetivos são os seguintes:

- Um dos parceiros só preenche os requisitos mínimos do outro para um tipo de relacionamento, mas este está aquém do tipo de compromisso pretendido pelo outro. Por exemplo, uma pessoa só vê em um pretendente qualidades suficientes para "ficar", mas não para namorar. No entanto, o objetivo do pretendente é namorar e ficaria muito frustrado com menos do que isso.
- Um dos parceiros só está disponível para um nível de compromisso que está aquém daquele pretendido pelo outro. Por exemplo, um parceiro acabou de sair de um longo relacionamento e não quer começar a namorar imediatamente. Topa apenas sexo sem compromisso. O objetivo do outro parceiro é namorar.

O primeiro desses motivos, graus de exigências para cada nível de compromisso, foi pesquisado por um cientista americano da Universidade Estadual do Arizona, Douglas Kenrick, e seus associados. Os pesquisadores verificaram que, quanto maior o nível de compromisso envolvido em um tipo de relacionamento, maiores são as exigências sobre as qualificações que um pretendente deve atender para ser aceito como parceiro. Para realizar a pesquisa, os autores forneceram para os participantes uma lista com 23 qualidades indicadas por estudos anteriores como importantes em um parceiro amoroso (inteligência, nível educacional, nível econômico, boa aparência etc.) e pediram para que eles avaliassem o grau de qualificação mínima, em cada uma das 23 qualidades, que exigiriam dos pretendentes para cada um dos seguintes tipos de relacionamentos: encontro (*date*), uma noite de sexo, namorar e casar.

Os resultados deste estudo indicaram que os homens são muito menos exigentes do que as mulheres para se envolverem em relacionamentos com baixos graus de compromisso. No entanto, os seus graus de exigência vão ficando cada vez mais parecidos com os delas à medida que os graus de compromisso vão aumentando. Por exemplo, os homens são muito menos exigentes do que as mulheres para aceitarem um encontro ou sexo casual e são praticamente iguais a elas quando estão escolhendo um parceiro para fins de casamento.

Alguns sinais que indicam os graus de compromisso que o parceiro está propenso a aceitar

Como muitas vezes não dá para perguntar diretamente ao pretendente quais são as suas intenções (o que pode soar como ansiedade e insegurança ou funcionar como pressão sobre ele) e, mesmo quando isso é possível, não dá para confiar plenamente no que ele diz, alguns autores realizaram uma pesquisa para tentar identificar quais são os principais sinais que diferenciam um homem que só quer sexo daquele que está aberto para um relacionamento mais amplo. Os principais desses sinais são os seguintes:

O homem que só quer sexo

- *Tenta transar o mais rapidamente possível* Quer obter sexo o mais rapidamente possível e não quer perder muito tempo com os desvios dessa meta. Vai logo tentando colocar as mãos no corpo da parceira, tenta discutir assuntos sexuais, tenta marcar o encontro em um local onde o sexo poderia rolar, tenta fazer a parceira ingerir bebidas alcoólicas, convida para ver um vídeo pornô.

- *Não fazer planos* Evita os planos de todos os tamanhos, desde um convite para passar o próximo feriado até quantos filhos quer ter.
- *Não é romântico* Ele não traz flores, não fica um tempo olhando nos olhos (olha mais para o corpo da parceira), evita declarações de amor.
- *Evita conversar sobre temas pessoais* Evita falar de vários setores da vida e não incentiva a parceira a abordar esses temas. Por exemplo, evita falar de si e não se interessa pela vida familiar e profissional dela.
- *Não apresenta a parceira para aqueles que fazem parte do seu círculo mais íntimo de relações* Não a apresenta para os amigos e parentes e evita conhecer as pessoas próximas da parceira.
- *Perde o interesse depois do sexo* Transa com a parceira e, logo em seguida, se levanta da cama (nada de conversa e carinhos) e logo quer ir embora. Não telefona nos dias seguintes.
- *Logo ele tenta se mostrar como um revolucionário dos costumes amorosos* Ele logo se revela um defensor radical do amor livre, do sexo saudável e se posiciona radicalmente contra as instituições e os rituais que marcam os compromissos amorosos ("O que altera assinar um papel?", "Sou contra cerimônias").

E então?

Preste bastante atenção para verificar se os objetivos de seus pretendentes são os mesmos que os seus. Procure confirmar também, durante as conversas, se realmente eles estão motivados para o tipo de relacionamento que se propuseram. Isso não significa que cada parceiro deva estar absolutamente seguro dos seus objetivos logo no início do relacionamento – os objetivos podem evoluir. Existe, no entanto, um grande risco de decepção quando, desde o início, ele é declaradamente diferente do seu. O risco de decepção é ainda muito maior quando uma das partes já tem um compromisso sério com outra pessoa e a parte descompromissada está livre e quer um compromisso sério.

A feminilidade e a masculinidade aumentam a atração

Quase tudo aquilo que uma pessoa é, tem, faz ou deixa de fazer pode afetar o seu valor como parceiro amoroso. Aqueles que querem atrair um parceiro amoroso muitas vezes se esforçam para melhorar esses recursos. Alguns dos que recebem mais atenção por parte daqueles que estão iniciando relacionamentos amorosos são os seguintes:

- Ser capaz de desenvolver um bom relacionamento.
- Ser boa companhia: ser gentil, atencioso e ter habilidades e motivações para conduzir boas conversas.
- Ser ambicioso e batalhador.
- Exibir sinais de prosperidade.
- Cuidar da aparência.

Se você já possui ou está desenvolvendo esses recursos, parabéns! Você é ou está se esforçando para ser uma pessoa atraente e interessante.

Recursos pouco flexíveis e recursos flexíveis

Muitos dos recursos mencionados acima são pouco flexíveis: eles não podem ser calibrados, aumentados ou diminuídos, de um momento para o outro, para produzir determinados efeitos durante um encontro. A beleza e o status social, por exemplo, criam uma moldura, uma aura e uma motivação que estão presentes durante um encontro, mas que não podem ser modulados para atender o que está se passando em cada momento – obviamente, ninguém pode se tornar mais ou menos rico, mais ou menos famoso, mais ou menos bonito durante uma conversa. Aqueles fatores que podem ser alterados a cada momento para tornar a conversa interessante são produzidos principalmente pela forma de se comportar.

O status social, a beleza e o modo de agir influenciam vários tipos de relacionamentos

Embora a importância que é atribuída a cada um dos recursos citados anteriormente varie entre os avaliadores, todos eles contribuem para aumentar a desejabilidade social de quem os possui ou dá sinais de que pode adquiri-los ou desenvolvê-los (por exemplo: ser inteligente, ser batalhador e ser ambicioso são características que aumentam as chances de progredir na vida).

Essa valoração acontece porque quase todo mundo gosta de bens materiais, poder, boa comida, comodidades e de se relacionar com pessoas agradáveis, criativas e respeitadoras – gostamos principalmente de quem tem as mesmas qualidades que nós, de quem tem qualidades que gostaríamos de ter e de quem nos trata bem.

Aqueles que possuem estes recursos têm mais chance de fazer sucesso em vários tipos de relacionamentos. Por exemplo, o nível econômico, o nível cultural e as habilidades para desenvolver uma conversa agradável afetam tanto as amizades como a escolha de parceiros amorosos. No entanto, o sucesso em relacionamentos depende também de outros fatores que são específicos para cada um deles. Vamos abordar aqui alguns desses fatores que são específicos para os relacionamentos amorosos.

Para iniciar um compromisso tem que haver atração e amor

Uma exigência muito comum para aceitar um cônjuge, além das condições materiais, educacionais e da aparência, citadas anteriormente, é haver atração ou amor entre os parceiros. Estes dois sentimentos foram considerados, em média, as características mais importantes na escolha de um cônjuge pelos participantes de uma pesquisa realizada por David Buss em 37 culturas localizadas em várias partes do nosso planeta (uma amostra brasileira participou do estudo).

Outra pesquisa, realizada em 12 culturas (o Brasil era uma delas), também constatou a importância do amor para a escolha de um parceiro. A grande maioria dos participantes das culturas ocidentais ("individualistas"), incluídas na pesquisa, declarou que não se casaria sem amor, mesmo se o parceiro tivesse todas as outras qualidades desejadas. A aceitação do casamento sem amor só foi admitida por uma parte dos participantes do estudo: aqueles participantes que viviam na Índia e Paquistão, culturas onde existia o casamento arranjado ("coletivistas"). Mesmo nessas culturas, aqueles intermediários que contratam os casamentos levam em conta a existência da atração entre os pretendentes, os quais, muitas vezes, podem exercer o poder de veto contra parceiros que julgarem nada atraentes.

Um levantamento que realizei mostrou que esses sentimentos são critérios importantes até mesmo para iniciar um relacionamento com menor grau de compromisso, como o namoro. Na pesquisa, cerca de metade dos namorados declarou que estavam apaixonados pelo parceiro quando o namoro foi iniciado. A grande maioria daqueles que pertenciam à outra metade, os que não estavam apaixonados desde o início, sentia atração amorosa pelo parceiro.

Esses três estudos indicam, portanto, que a atração e o amor são critérios extremamente importantes para a escolha de um namorado ou cônjuge. A maioria das pessoas das culturas pesquisadas também exige que esses sentimentos sejam recíprocos.

Para ser aceito como parceiro amoroso é importante ser atraente, romântico e sensual

Pedi para um cliente descrever porque estava tão fascinado por aquela mulher cujo nome ele repetia o tempo todo. Ele, inspirado pela oportunidade de falar sobre a sua musa, apresentou o seguinte relato.

Eva

"A sua companhia proporciona tanto prazer que, para compreender, só comparando: dava mais prazer do que assistir a um bom filme, ir a um bom restaurante, conversar com amigos queridos e viajar de férias para lugares maravilhosos. Ouvir a sua voz feminina, saborear o seu sorriso (ela tem um ligeiro trejeito que lembra o de Jennifer Aniston, artista da série televisiva *Friends*) e receber a sua atenção só é tão prazeroso quanto fazer amor com ela (nem vou dizer quanto isso é maravilhoso!). Aparecer em público na sua companhia é uma fonte de prestígio e satisfação; nunca fomos ignorados, em qualquer lugar que tenhamos estado — as pessoas desconhecidas parecem se perguntar: "Quem é mesmo essa mulher?". Creio que acham que ela é alguma artista conhecida, cujo nome não conseguem lembrar naquele momento. Ela tem um corpo e um porte que fazem com que qualquer roupa fique bem nela! Conversar com ela é tão bom quanto olhar para ela: tudo o que ela diz parece conter uma segunda mensagem subliminar: "SOU FEMININA, SOU MULHER". A fantasia que ela desperta em mim, quando conversamos, é que parte daquela feminilidade que ela está exibindo é uma reação à minha masculinidade! É muito lisonjeiro pensar dessa forma e é tentador testar essa hipótese. Pronto, a minha masculinidade tinha sido acionada e a minha autoestima firmada! É muito bom sentir tudo isso!"

Ao ouvir essa descrição apresentada sobre Eva, ficou muito fácil imaginar como devia ser maravilhoso e prazeroso estar com uma mulher como aquela. Se necessário, daria até para dispensar muitos dos recursos desejáveis em um parceiro, descritos no início deste texto, só para ficar com alguém assim! É claro que a vida a dois é mais complexa do que foi apresentada na descrição de Eva e, por isso, não pode ser baseada só na atração e amor – "Nem só de carne vive o homem!". Mas que dá vontade, dá!

Uma vez que a atração e o amor são tão importantes para a escolha do cônjuge, é natural que perguntemos quais são os fatores que podem despertar esses sentimentos. Vamos nos concentrar aqui na primeira parte dessa pergunta: a atração. O nascimento do amor será abordado em outro texto.

Quais são os fatores que tornam uma pessoa atraente?

Ainda não existe uma resposta completa para essa pergunta. Vamos apresentar aqui alguns dos principais achados científicos que ajudam a respondê-la. Embora muitos dos fatores apresentados a seguir também possam sinalizar outros fenômenos psicológicos (por exemplo: status, poder e profissão), a presença da maioria deles aumenta o poder de agradar e atrair parceiros amorosos.

Homens exibem recursos materiais e mulheres exibem beleza

Uma forma de aumentar a própria atração é exibir aqueles atributos que são considerados desejáveis pelo sexo oposto. Segundo David Buss, os homens, quando querem conquistar as mulheres, exibem sinais que indicam a sua capacidade para prover. As mulheres, quando querem conquistar os homens, exibem sinais que indicam a sua capacidade para procriar. As observações que realizei no meu consultório confirmam esses resultados: sempre que os homens sofrem pressão para melhorar suas eficiências para conquistar ou manter um amor (por exemplo, quando estão sendo rejeitados pelas namoradas), pensam logo em aumentar seus poderes, suas posses e a sua importância social ou, pelo menos, em mostrar potencial para isso (por exemplo, mostrar que têm planos, ambição e são batalhadores). As mulheres, na mesma situação, pensam em melhorar sua aparência (por exemplo, fazer regime e ginástica, e comprar roupas bonitas).

Sinais de gênero, juventude e saúde contribuem para a atração

Existem várias evidências de que a capacidade de atrair pode ser melhorada com acentuações dos sinais de *gênero* (aqueles sinais visíveis que distinguem os homens das mulheres), de *juventude* (sinais que indicam o ápice do desenvolvimento físico e a ausência de sinais de envelhecimento) e de *saúde* (sinais físicos que indicam o não sedentarismo e comportamentos que indicam disposição para trabalhar e se divertir).

Todos esses sinais podem ser apresentados e alterados por meio da aparência física (por exemplo, os ombros mais largos do que os quadris nos homens e a cintura mais fina do que os quadris nas mulheres), da produção (o vestuário, o tratamento da pilosidade e maquilagem que diminuem os sinais de idade e aumentam a feminilidade) e por meio de comportamentos (por exemplo, falar com uma voz mais feminina ou mais masculina).

A atração e o apaixonamento também podem ser disparados pelos comportamentos de flerte: quem flerta fica mais bonito e dá esperanças para o parceiro, o que contribui para despertar o seu amor.

Cuidados com a aparência e comportamentos característicos

Quando a palavra "atração" é ouvida, geralmente a primeira coisa que vem à cabeça da maioria das pessoas é a atração física. Esse tipo de atração é exaustivamente tratado pela mídia e também é frequentemente abordado nas conversas pessoais. Muita gente, no entanto, se descuida dos recursos que podem melhorar a atração que são manifestados por meio da forma de se comportar. A maior concentração de esforços para melhorar os sinais corporais em detrimento dos esforços para melhorar os sinais comportamentais acontece por dois motivos principais: os sinais comportamentais que melhoram a atração são mais desconhecidos (você saberia descrever em detalhes quais as formas de agir mais femininas ou mais masculinas?) e são mais difíceis de serem alterados (não podem ser comprados e só em parte podem ser simulados).

O caso de Eva, apresentado anteriormente, mostra como uma mulher pode usar simultaneamente os seus atributos físicos, sua produção e os seus comportamentos para produzir uma sensação fortíssima de feminilidade e ficar muito atraente.

Sem medo de mostrar feminilidade ou masculinidade

Boa parte da exibição dos sinais de gênero acontece na maneira de se comportar. Os homens e as mulheres apresentam naturalmente várias diferenças nas formas de se comportar devido a influências genéticas e a práticas culturais. No entanto, essas diferenças podem ser ampliadas ou atenuadas quando necessário: os homens podem se tornar mais masculinos e as mulheres mais femininas ou, o contrário, os sinais de gênero podem ser atenuados e até ficarem semelhantes a aqueles apresentados pelo sexo oposto quando se faz necessário (por exemplo, os homens "afinam" quando são intimidados e as mulheres também sabem "falar grosso").

Algumas pessoas, no entanto, têm vergonha de se mostrar totalmente femininas ou masculinas. Quem é assim deixa de usar um dos recursos mais poderosos dentre os disponíveis para aumentar suas atrações.

E então?

Não tenha medo de mostrar a sua feminilidade ou a sua masculinidade quando estiver com o homem ou a mulher dos seus sonhos.

Vai funcionar!

O que é belo é bom

Antes de falar sobre a beleza e a sua importância para a escolha de um parceiro amoroso, é necessário contextualizar a sua importância. Ela não é a qualidade mais importante para essa finalidade. A sua importância é maior entre pessoas desconhecidas, tal como nas paqueras que acontecem em baladas e em bares de paquera. Ela é apenas um dos ingredientes da boa aparência e este é apenas um dos ingredientes da atração. Esta também depende da produção (vestuário, tratamento da pilosidade, maquilagem etc.) e dos comportamentos.

Em um estudo que realizei, o "charme" foi considerado o atributo mais importante, dentre 12 qualidades, na escolha de um parceiro para fins de casamento. Embora a beleza seja um deles, ela não está nas primeiras posições na ordem de importância destes atributos.

Em uma pesquisa internacional, realizada por David Buss em 37 culturas, inclusive no Brasil, a "boa aparência" foi classificada, em média, em 10º lugar pelos homens e em 13º lugar pelas mulheres, em uma lista de 18 atributos considerados importantes em um futuro cônjuge.

Atualmente a beleza é supervalorizada. As quantidades de energia, de tempo e de dinheiro que são gastas para conservá-la e melhorá-la são fantásticas. Os dados estatísticos mostram que nos países desenvolvidos estes gastos superam aqueles com a comida. A quantidade de horas que as pessoas dedicam à melhoria da aparência, a quantidade de produtos que existe no mercado para melhorá-la, a procura por academias de ginástica para fins estéticos, a quantidade de cirurgias plásticas e o espaço que a mídia dedica a esse tema também atestam a importância da beleza.

A beleza é tão importante porque quem é belo vive em um mundo mais amigável e benevolente. O título desta seção resume as conclusões de muitos estudos realizados nesta área. Os estudos mostraram, por exemplo, que as pessoas associam a beleza com outras qualidades pessoais (honestidade, inteligência, capacidade e outras). Essas associações são infundadas. De fato, quem é belo não possui nem mais nem menos dessas outras qualidades. Outros estudos mostraram que as avaliações escolares, as chances de obter um emprego, as sentenças proferidas nos tribunais, as chances de obter privilégios sociais e, é claro, os sucessos nos relacionamentos amorosos são afetados pela beleza física.

Tendo em mente que a beleza não é o atributo mais importante para a escolha de um parceiro amoroso, vamos examinar agora alguns dos seus determinantes.

Quais são as propriedades ou atributos corporais que contribuem para a beleza física? Qual a importância relativa de cada uma dessas propriedades ou desses atributos? Temos mais respostas para a primeira pergunta do que para a segunda.

Existem evidências de que os seguintes atributos estão fortemente associados com a beleza física:

- *Índice de massa corporal* Peso dividido pela altura ao quadrado.
- *Sinais de juventude* Índice de infantilização da face, quantidade e cor natural dos cabelos etc.

- *Estado da pele e do tecido subcutâneo cujos efeitos são observáveis* Rugas, flacidez, manchas, estrias, varizes e outras.
- *Simetria corporal* Quando o lado direito do corpo e da face se parecem com o lado esquerdo.
- *Sinais de gênero* Tamanho dos seios, proporção cintura/quadril, proporção ombro/quadril, características faciais típicas de cada gênero, pilosidade etc.
- *Quanto os atributos físicos possuem formatos e dimensões que se aproximam da média da população* Por exemplo, alguns estudos mostraram que rostos criados pelo computador cujos componentes eram médios em relação a vários rostos reais eram julgados mais bonitos do que cada um desses rostos.

Algumas das características corporais citadas são impossíveis ou dificílimas de serem alteradas, mesmo por meio de cirurgias. Por exemplo, as proporções entre o comprimento das pernas em relação ao comprimento do tronco ou em relação ao tamanho da cabeça não podem ser alteradas. No rosto, a distância entre os olhos, a altura da testa, a distância entre a boca e as sobrancelhas e a profundidade dos olhos dificilmente podem ser alteradas, embora afetem fortemente a percepção da beleza.

Uma vez que várias características físicas dificilmente podem ser alteradas, o que fazer então? Duas das medidas que produzem mais impacto são as dietas e as ginásticas para diminuir o *índice de massa corporal* e *dar uma impressão de saúde.* A produção (vestuário, tratamento da pilosidade, maquilagem, acessórios etc.) é outra medida que tem efeitos mais imediatos e importantes. O vestuário e o corte de cabelos, além de produzirem efeitos na beleza, também apresentam mensagens sobre filiação grupal, valores pessoais e aspirações sociais. Outras medidas envolvem o tratamento da pele (visando, principalmente, combater os sinais de idade) e cuidados com a higiene. Medidas mais radicais, como operações para reduzir o tamanho do estômago e plásticas para alterar certas dimensões corporais também são cada vez mais frequentes.

E então?

Uma vez que a aparência afeta tantas áreas da nossa vida, vale a pena cuidar dela. Ignorar os seus impactos sociais e as suas influências na autoestima pode ter um preço demasiadamente alto. No entanto, não devemos ficar obsessivos com sua importância. Ela não tem tanto valor quanto os meios de comunicação apregoam.

Um importante cirurgião plástico certa vez reconheceu que seria mais proveitoso e lucrativo se todas aquelas horas que certas pessoas investem no desenvolvimento dos glúteos fossem investidas no desenvolvimento de seus cérebros. Ele tem toda a razão.

5

CUIDADOS PARA ESCOLHER BEM UM PARCEIRO AMOROSO

Embora uma grande atração inicial entre os parceiros contribua muito para que o relacionamento dê certo, ela não é suficiente. Muitas outras afinidades ainda terão que ser testadas no convívio e no namoro. Este capítulo enumera e enfatiza os principais cuidados que deverão ser tomados durante esses testes.

O amor é míope e o namoro, um bom par de óculos

Ao contrário do que muita gente pensa, o grau de sucesso para iniciar relacionamentos amorosos não se mede apenas pela quantidade de parceiros que são atraídos, pela quantidade de encontros que são marcados ou mesmo pela habilidade para desenvolver esse tipo de relacionamento. O sucesso também depende do grau de acerto na escolha de um parceiro atraente e compatível.

Condições necessárias para iniciar um bom relacionamento

Geralmente são necessárias várias tentativas para achar um parceiro compatível e é necessário um bom tempo para conhecer esse parceiro. As seguintes condições contribuem para realizar essas duas atividades com eficiência:

- Ser capaz de atrair parceiros atraentes e compatíveis.
- Estar apta para tomar iniciativas amorosas e responder eficientemente a essas iniciativas quando elas são tomadas por parte de possíveis parceiros interessantes.

- Estar disposto a conviver com o parceiro em diversos tipos de situações e por um tempo razoável para conhecê-lo melhor antes de assumir um compromisso sério.
- Ser capaz de absorver da melhor forma possível os términos de relacionamentos que aconteceram por iniciativa dos parceiros.
- Ser capaz de terminar na hora certa e com o menor desgaste possível os relacionamentos que se mostram inviáveis.
- Ter condições para desenvolver relacionamentos satisfatórios e duradouros.

Nesta seção, vamos nos concentrar na terceira dessas condições: namorar até conseguir "enxergar" bem o parceiro e, desta forma, fazer boas escolhas. As outras condições serão abordadas em outras partes deste livro.

O início de relacionamentos amorosos pode ser encarado como período de experiência. Os principais objetivos dessa fase do relacionamento são permitir que os parceiros se conheçam melhor e verificar se há atração e compatibilidade entre eles.

Os estudiosos do comportamento animal verificaram que todas as espécies que têm relacionamentos conjugais prolongados (por exemplo, a arara azul geralmente fica com o mesmo parceiro durante toda a vida) também têm uma fase longa de cortejamento antes da primeira cópula. Um dos motivos para esse "namoro prolongado" é a necessidade de escolher bem o parceiro, porque os resultados da escolha têm tremendas consequências. Dela depende, por exemplo, o desempenho sexual do casal e a coordenação eficaz de múltiplas atividades diárias como construir o ninho, encontrar comida e defender os filhotes contra predadores. Devido a essas grandes consequências, testar a compatibilidade com o parceiro antes de se vincular a ele de forma profunda, ampla e duradoura é essencial.

São necessárias várias tentativas para encontrar um parceiro compatível

Não é razoável esperar que um ótimo parceiro seja encontrado logo na primeira tentativa. Pelo contrário, é comum que as pessoas não se casem com o primeiro amor, com o primeiro namorado e, muito menos, com a primeira pessoa com quem flertaram. Muitos parceiros que à primeira vista parecem adequados se mostram indesejáveis ou incompatíveis durante o namoro: à medida que vão se sentindo mais seguros, vão mostrando como realmente são, vão deixando aparecer suas características indesejáveis. É comum só mostrar as qualidades e omitir os defeitos no início dos relacionamentos. Além disso, durante o namoro os parceiros vão tendo que lidar com diversos tipos de situações que só aparecem durante um relacionamento mais duradouro.

Um levantamento que realizei com 368 universitários mostrou que eles, em média, já haviam se apaixonado quatro vezes, ficado com 26 parceiros diferentes, praticado sexo com cinco parceiros sexuais e namorado três pessoas diferentes. Em cada um desses acontecimentos amorosos, houve uma troca de parceiro, com exceção é claro, dos relacionamentos que ainda perduram. Ou seja, um relacionamento foi iniciado e terminado ou um sentimento nasceu e se extinguiu ou não foi correspondido. Esse estudo confirma, portanto, que fazer várias tentativas é uma experiência comum para a maioria das pessoas antes que elas iniciem um relacionamento mais duradouro e compromissado.

Para conhecer o parceiro é necessário conviver com ele

Para conhecer bem o parceiro é necessária uma boa dose de convivência com ele em diversos tipos de situações. A necessidade dessa convivência foi confirmada por um estudo que verificou que os casamentos precedidos por namoros breves demais ou longos demais tinham menor chance de dar certo do que aqueles precedidos por namoros que duravam um tempo razoável.

O que é um namoro "breve demais" ou "longo demais"? Não existe uma resposta simples para essa pergunta. É mais fácil pensar nos motivos da influência do tempo de namoro no sucesso do relacionamento posterior. O motivo provável para a menor chance de sucesso dos namoros muito breves é que eles não permitem que os parceiros se conheçam o suficiente antes do casamento, o que aumenta as chances de o casal descobrir posteriormente muitas incompatibilidades graves. A menor chance de sucesso daqueles casamentos que são precedidos por namoros que se prolongam demais é que esta demora pode indicar que um ou ambos os parceiros estão hesitantes, não se amam o suficiente ou estão com motivação insuficiente para dar esse passo. É claro que o prolongamento também pode acontecer por motivos alheios às suas vontades (por exemplo, ambos os parceiros ainda não tem idade e condições econômicas para assumir um compromisso) e, nesse caso, isto não influi nas chances de sucesso do casamento.

Outro motivo para a maior chance de sucesso daqueles que já se conheciam ou que foram apresentados antes do início do namoro é que eles são mais cautelosos para iniciar o relacionamento amoroso. Isso acontece porque eles correm o risco de estragar o relacionamento que já havia entre eles anteriormente e podem criar constrangimentos para o convívio posterior, caso o namoro não dê certo. Aqueles que foram apresentados geralmente também pertencem ao mesmo círculo de relacionamentos. Além disso, nesse caso eles também têm o afiançamento daquele que os apresentou e, por isso, devem se portar de modo a não decepcioná-lo ou a trair a sua confiança.

No entanto, conhecer o parceiro ou ter sido apresentado a ele anteriormente não é uma garantia de que o relacionamento vá dar certo. Cada tipo de relacionamento implica em tipos especiais de interação que não podem ser bem testados em outros tipos de relacionamento. Por exemplo, um ótimo amigo pode ser um péssimo parceiro romântico ou sexual.

O tempo necessário para conhecer o parceiro e testar a compatibilidade com ele no campo amoroso depende de diversos fatores, tais como:

- *Quão bem já conhecia o parceiro antes do início do relacionamento amoroso* Quanto melhor já o conhecia e gostava dele antes do início do namoro, menor a chance de decepção nas áreas já conhecidas.
- *Oportunidades de convivência* Quantas vezes e por quantas horas os parceiros se veem por semana? Em que situações eles se encontram? Por exemplo, quem só se encontra nos fins de semana para fazer programas agradáveis vai conhecer menos o parceiro do que alguém que o vê no dia a dia em diversos tipos de situações.
- *Grau de exposição aos diversos círculos de relação* Observar o parceiro desempenhando diversos papéis (por exemplo: amigo, filho, profissional) é muito mais informativo do que apenas conhecê-lo como parceiro amoroso em momentos de lazer. Além disso, as informações fornecidas por outras pessoas que o conhecem também são muito valiosas. A permissão e o incentivo para participar desses círculos, na condição de parceiro amoroso, é um forte sinal de comprometimento por parte daquele que toma esta iniciativa.

E então?

Uma boa escolha de parceiro deve acontecer durante o período de namoro e não depois, durante a união estável ou o casamento, quando os custos da separação podem ser bem maiores devido aos investimentos já realizados e aos compromissos já assumidos.

Escolha bem aquele que pode ser o seu companheiro pelo resto da vida e viva feliz!

O príncipe e o sapo

A história de Karol, a seguir, ilustra muito bem o risco dos compromissos amorosos prematuros.

Karol era linda, charmosa, feminina e sedutora. Sair com ela provocava admiração pública. Nos shoppings, por exemplo, onde ela e Peçonha, o seu namorado, iam almoçar de vez em quando, os olhares de admiração dos outros frequentadores eram perceptíveis e até invasivos. O atendimento que Peçonha recebia nas lojas e nos restaurantes era bem diferente quando estava com ela. As vendedoras e os garçons eram todos sorrisos e mesuras. Sem ela, era o de sempre: serviço padrão. Realmente, a beleza e aquele porte nobre abria portas. Conversar com ela era um prazer. Ela era o centro e a vida de todas as reuniões sociais de que participava. Desde quando começou a namorá-la, o conceito de Peçonha com os conhecidos subiu muito ("Diz-me com quem andas e direi quem és"). Além de ter este impacto social maravilhoso, Karol era carinhosa e boa de cama. O que mais um homem poderia querer? Peçonha ficou fascinado por ela.

Sete meses depois do primeiro encontro, lá estava ele morando com Karol. Ela tinha dois filhos de seu casamento anterior, que moravam com ela. Foi aí que Peçonha começou a descobrir que o convívio exige muitas outras qualidades além do encanto pessoal, boa imagem social, romantismo e sexo selvagem.

Após sua separação, Karol tinha perdido todo o seu dinheiro. Atualmente ela tinha dívidas impagáveis para o seu nível de rendimento. Apesar disso, ela não abria mão do seu nível de vida.

O relacionamento do ex-marido e Karol com os filhos era outra fonte de problemas. Ele destratava os filhos, fazia chantagem econômica quando era contrariado por eles e os obrigava a conviver cada hora com uma nova namorada. Karol chorava muito cada vez que um filho sofria alguma agressão por parte do pai.

Peçonha percebeu que a convivência com Karol era muito mais complicada e tensa do que imaginava. E resolver essa situação não era nada fácil. Sair dela também não. Estava em uma enrascada.

Outros casos desse tipo, em que uma pessoa assume compromissos amorosos prematuros e baseados apenas em algumas características fascinantes do parceiro, ainda podem ter consequências mais graves do que este do Peçonha. Por exemplo, atendi uma moça que ficou fascinada por um rapaz assim que o conheceu. Ele era gentil, divertido, amistoso, romântico e bom de cama. O único defeito que ela identificou nele no início de namoro é que ele bebia um pouco além da conta. Ela logo se apaixonou perdidamente por ele. Pouco tempo depois de se conhecerem começaram a namorar. Seis meses depois do início do namoro foram morar juntos. Estavam morando juntos havia dez meses quando aconteceu um incidente grave entre eles que a fez procurar o meu consultório.

Assim que ela chegou, observei que o seu rosto estava todo marcado por hematomas. Parecia que ela tinha sido atropelada por um caminhão. Logo no início da sessão, ela contou, chorando e soluçando, que tinha sido agredida ferozmente pelo companheiro embriagado, por um motivo fútil, e que ele a tinha colocado na rua, praticamente só com a roupa do corpo.

Esses dois casos mostram que existe uma tendência, por parte daqueles que estão iniciando relacionamentos amorosos, para superestimar a importância da aparência dos parceiros e uma tendência para subestimar o que acontece em outras áreas da sua vida, inclusive em áreas que serão essenciais para o futuro convívio. Essa tendência foi constatada por uma pesquisa realizada por

Elaine Walster e seus colaboradores da Universidade de Wisconsin, nos EUA, no início da década de 1960.

A pesquisa, denominada *O Baile do Computador*, mostrou a grande importância que as pessoas atribuem à aparência na hora de escolher um parceiro amoroso. Os participantes da pesquisa eram estudantes que estavam iniciando a faculdade. Estes estudantes foram convidados para um baile onde os pares seriam formados pelo computador. Para alimentar o computador com os dados dos participantes, os experimentadores aplicaram vários testes (por exemplo, testes de personalidade e inteligência), obtiveram os boletins com as avaliações dos desempenhos escolares anteriores e avaliaram as aparências dos participantes. De fato essas informações não foram levadas em conta para a formação dos pares. Os pares foram formados através de um sorteio, e a única restrição era que os homens deveriam ser mais altos do que as mulheres. Enquanto durou a pesquisa os estudantes continuavam a pensar que os seus dados pessoais é que foram levados em conta para a formação dos pares. Durante o baile, os estudantes foram entrevistados quanto às suas satisfações em relação aos seus parceiros. Depois, os pesquisadores continuaram a coletar informações sobre a continuidade dos encontros amorosos entre as duplas formadas para o baile. Os pesquisadores verificaram que o único preditor da satisfação dos estudantes com os parceiros durante o baile e o único preditor da continuidade dos encontros amorosos entre os pares formados para o baile eram as aparências dos participantes. Os outros atributos pessoais (características de personalidade, inteligência e desempenho escolar) não permitiram nenhuma previsão sobre quem ia gostar do parceiro durante o baile e nem sobre aqueles que continuariam a se encontrar após o baile.

A importância da aparência para a escolha de parceiros amorosos entre desconhecidos também foi verificada em um outro estudo mais recente. O objetivo do estudo era descobrir quais atributos pessoais eram preditores da desejabilidade de cada participante de encontros relâmpagos (*hurry date*). Para realizar esse estudo, os pesquisadores coletaram muitas informações sobre cada participante de vários encontros relâmpagos. Nesse tipo de encontro, vários possíveis parceiros são reunidos em um mesmo local. Cada participante entrevista um possível parceiro por alguns minutos e lhe dá uma nota de desejabilidade. Em seguida soa um sinal para a troca de parceiros. Acontece então outra entrevista do mesmo tipo com outro possível parceiro. Vários destes encontros rápidos são realizados em poucos minutos. No final dos encontros, aqueles parceiros que atribuíram mutuamente boas notas marcam um encontro. Os autores do estudo verificaram que a aparência era o principal fator que influenciava a nota de desejabilidade que os participantes recebiam. Eles verificaram também que a grande maioria dos encontros não se transformava em namoro. Ou seja, a aparência era importante para marcar o encontro, mas não oferecia quase nenhuma garantia de que o relacionamento fosse dar certo.

As histórias e os estudos acima indicam que a aparência tem muita importância na escolha de parceiros amorosos desconhecidos. O convívio, no entanto, revela outras informações que são mais importantes para decidir sobre a continuidade ou o fim do relacionamento. Muitas dessas informações importantes só podem ser coletadas através do convívio em diversas situações que a vida apresenta. Essas informações podem ficar inacessíveis ou ocultas quando o convívio é pequeno como, por exemplo, entre casais que só se veem nos fins de semana e em momentos de lazer. Muitas das informações também são mais inacessíveis quando os parceiros não frequentam os círculos de relacionamentos do outro (parentes, amigo, colegas de trabalho). Essa carência de informações importantes sobre o parceiro também ocorre frequentemente quando eles moram em locais distantes. Quem assume compromisso sem conhecer bem o parceiro caminha no escuro. Você pode dar sorte e chegar ao seu destino, mas pode também cair em um despenhadeiro.

No início de um relacionamento é natural que cada parceiro tente mostrar as suas melhores qualidades e omitir as suas imperfeições. Isso é razoável só até certo ponto. Mentiras e omissões graves não devem ser toleradas. Pequenos defeitos e incompatibilidades são inevitáveis. Incompatibilidades graves não devem ser ignoradas. Não pense que você vai conseguir corrigir o parceiro depois do compromisso. Você pode pagar muito caro por este tipo de aposta. Lembre-se, no entanto, que quando estamos apaixonados subestimamos a importância de muitos problemas que já estão à vista.

E então?

Não se case com um príncipe e depois descubra que levou um sapo para casa. Não tenha pressa para assumir compromissos. Examine bem e aumente as suas chances de ter um ótimo relacionamento.

Além do amor

Diz o dito popular: "Não sou do tipo que se contenta em amar e viver embaixo da ponte". Certa vez ouvi uma pessoa comentar, de forma irônica, que somos mais cuidadosos para escolher um carro do que para escolher um cônjuge e que, frequentemente, ficamos mais satisfeitos com aquele do que com este. Esta seção apresenta os principais cuidados que devem ser tomados para evitar os perigos que podem estar presentes na hora de escolher um parceiro amoroso. Alguns desses perigos estão ocultos e precisam ser descobertos. Outros estão à vista, mas são subestimados pela óptica da paixão.

Amor recíproco é um bom começo

Você adorou o parceiro logo nos primeiros contatos e foi correspondida? Parabéns! Essa química interpessoal é realmente valiosa e não acontece a todo o momento. No entanto, a química deve ser considerada apenas o preenchimento de um primeiro requisito para a criação de um relacionamento. Para desenvolver um relacionamento duradouro e de boa qualidade, outros fatores ainda terão de ser considerados. Ninguém vive só de amor. Por exemplo, esse tipo de relacionamento também exige o desenvolvimento de uma parceria econômica e social para que o casal tenha uma vida digna e satisfatória.

Algumas pessoas agem como se acreditassem que o amor só nasce quando o parceiro é bom e confiável, e que os obstáculos para o relacionamento, caso surjam, podem ser superados pela força deste sentimento. Por acreditar nisso, elas deixam de examinar outros fatores que geralmente afetam profundamente a satisfação e a estabilidade futura do relacionamento conjugal.

Porque o amor inicial não garante o sucesso do relacionamento

Existem dois motivos para o amor inicial não ser uma garantia da satisfação após o casamento. Vamos examiná-los:

O amor inicial pode terminar

O amor tem mais chance de terminar quando:

- *Foi baseado na idealização do parceiro* Quando este foi ficando mais conhecido, a idealização foi se desfazendo e suas características reais decepcionaram o apaixonado e liquidaram a paixão.
- *Os requisitos do amante para manter o amor mudaram com a passagem do tempo, mas o amado não evoluiu na mesma*

direção Por exemplo, aquele amor que você tinha desde os 18 anos terminou quando você chegou aos 40 anos porque o parceiro não desenvolveu aquelas características que você admira agora em um homem maduro.

- *Acontece o apaixonamento por outra pessoa* Segundo Konrad Lorenz, famoso etólogo alemão, "o ótimo é inimigo do bom": mesmo quem está apaixonado por uma pessoa pode se apaixonar por outra que ele ache mais fascinante que a primeira.
- *Há uma deterioração das condições que geraram e que mantinham o amor* Por exemplo, depois de certo tempo, o parceiro foi deixando de apresentar aquela dedicação a você que logo no início do relacionamento ajudou a despertar o seu amor. Segundo um estudioso desta área, o amor não sobrevive sem cuidados. Manter o amor é como andar de monociclo: se parar, cai.

Algumas das condições que levam ao nascimento do amor são diferentes daquelas que produzem a satisfação durante o relacionamento

Um exemplo ajuda a entender facilmente esta afirmação: um amor pode ter nascido porque o parceiro era charmoso, inteligente e atencioso. Além disso, as circunstâncias presentes naquela época também contribuíram para o nascimento do sentimento: o casal só compartilhava os bons momentos e as situações agradáveis – só se encontravam para passear, ir a restaurantes e para dormirem juntos. Posteriormente, quando o casal foi morar junto e os filhos nasceram, o marido não cooperava com as tarefas domésticas e passou a mostrar uma boa dose de irresponsabilidade para administrar o dinheiro. Essas duas novas facetas do parceiro, que não estavam presentes na época do namoro, passaram a gerar insatisfações na companheira, o que acabou corroendo o amor que ela tinha por ele.

Principais problemas que podem surgir em um relacionamento amoroso

Existem inúmeros atributos pessoais (por exemplo, honestidade, afetuosidade, responsabilidade) e situações pessoais (por exemplo, a situação econômica e a social) que podem ser fontes de satisfação ou de problemas em um relacionamento amoroso. Aqui vamos apresentar alguns dos problemas mais importantes que afetam este tipo de relacionamento.

Agressividade e desrespeito

Existem dois tipos de agressividade: a física e a psicológica. A agressividade física é dirigida ao corpo do parceiro. Esse tipo de agressividade pode ser facilmente identificado. A agressividade psicológica é aquela dirigida ao caráter, à reputação e à autoestima do parceiro, e pode ser mais difícil de identificar. Ela acontece, por exemplo, quando o parceiro faz afirmações do tipo: "Você não presta", "Você é desonesta", "Você é burra". Ambos os tipos de agressividade não devem ser tolerados. O autoritarismo também pode ser considerado uma forma de agressão. A pessoa autoritária tenta anular e subjugar o parceiro e impor as suas decisões.

Não compartilhar tarefas caseiras

Pouco tempo atrás, havia uma diferença nítida nos papéis que a sociedade prescrevia para cada um dos cônjuges: o homem deveria ser a "cabeça do casal" e o "provedor", e a mulher, a "mãe dedicada" e a "rainha do lar". Atualmente, embora algumas pessoas ainda valorizem essa divisão de papéis, muitas outras preferem e necessitam de um maior grau de igualdade entre os cônjuges. Recentemente muitas mulheres passaram a trabalhar fora de casa e, por isso, a divisão das tarefas domésticas com o parceiro tornou-se uma necessidade. Quando o companheiro não assume a sua parte nessas tarefas, estas mulheres ficam sobrecarregadas: além de trabalharem fora, elas ainda têm que se encarregar da casa. Ou seja, acabam desenvolvendo a famosa "dupla jornada". Por isso, a contribuição dos homens nesse setor está sendo cada vez mais valorizada. Uma pesquisa americana verificou que um dos fatores que mais contribuíam para a satisfação das mulheres no casamento era ter um companheiro que dividia as tarefas caseiras e que assumia parte dos encargos relacionados com a educação dos filhos.

Insuficiência de manifestações afetivas e românticas

Todos nós temos alguma expectativa em relação ao tipo e à intensidade com que o romantismo deve estar presente em um relacionamento amoroso. Essas expectativas variam muito. Algumas pessoas acham imprescindível haver muitas manifestações deste tipo. Outras ficam desconfortáveis quando isto acontece. Por exemplo, algumas pessoas esperam que o parceiro sempre lembre as datas significativas para o casal, faça declarações de amor, goste de andar de mãos dadas e dê muitos beijos. Outras pessoas esperam que estas manifestações românticas sejam bem mais sutis e raras.

Dificuldades sexuais

A sexualidade é outra área que pode ser uma fonte importante de satisfações ou de problemas para o casal. É muito importante encontrar um parceiro que atenda as expectativas quanto à frequência, duração e conteúdo das práticas sexuais. Desajustes nesta área, além de produzirem a insatisfação sexual, também possuem outros significados. Por exemplo, um "baixo" interesse sexual por parte do parceiro pode ser encarado como um indício de desamor, falta de atração ou de traição.

Incompatibilidade com a estrutura familiar do parceiro

Além de envolver diretamente o casal, uma união amorosa

também envolve outras pessoas, principalmente os parentes mais próximos de ambos os lados. O convívio com os parentes tem um papel muito importante na vida do casal, principalmente quando todos moram próximo ou na mesma casa, são dependentes ou simplesmente são importantes para qualquer membro do casal. Exemplos de parentes que podem afetar significativamente a vida do casal: filhos de outros casamentos, ex-cônjuges que ainda mantenham relações importantes e outros parentes que se relacionam intensamente com cada um dos cônjuges.

No Brasil, cerca de 90% dos filhos ficam com a mãe quando acontece uma separação. Morar com o filho implica uma grande dedicação de tempo e esforços como, por exemplo, proporcionar companhia, levá-lo à escola, cuidar da sua alimentação e da sua educação. As mães separadas variam muito em quanto e como desempenham estas incumbências. Algumas exageram e deixam pouco tempo para o parceiro e para o trabalho, o que não é bom.

Negligenciá-las também é um péssimo sinal: "Se faz isso com o próprio filho, que dirá comigo", afirmou um conhecido meu que desistiu de uma mãe negligente. É necessário saber dosar a dedicação a estas diferentes áreas.

Quanto à convivência com os parentes do cônjuge, a disposição e a disponibilidade variam muito. Algumas pessoas apenas os toleram e consideram este convívio como uma espécie de provação, como atestam as inúmeras piadas sobre a "sogra". Outras pessoas adoram esse convívio. Por exemplo, tive um paciente que estava se separando e o que o deixava mais triste era a perspectiva de diminuição do convívio com o sogro, com quem ele tinha um ótimo relacionamento.

Má administração dos recursos econômicos

A importância dos recursos econômicos para a vida do casal é do conhecimento de todos. A capacidade para gerar e administrar esses recursos tanto pode ser fonte de satisfação como de tensão para o casal. Os principais problemas ocorrem quando um dos membros do casal não está satisfeito com a forma com que o outro lida com dinheiro, tanto para ganhá-lo como para gastá-lo ou poupá-lo. É comum que a mulher, mais do que o homem, mostre insatisfação com a capacidade e os esforços do cônjuge para ganhar dinheiro. Por outro lado, é mais comum que os homens reclamem da forma com que as mulheres gastam dinheiro do que vice-versa. A insatisfação nesta área afeta quase todas as outras áreas da vida pessoal e conjugal como, por exemplo, a autoestima e a sexualidade.

Erros nas avaliações das incompatibilidades

Existem vários motivos pelos quais uma pessoa pode se envolver com um parceiro cujas incompatibilidades estão além do seu limite de tolerância. Os principais desses motivos são os seguintes:

- *O parceiro escondeu seus problemas* Um parceiro pode ocultar suas dificuldades até que ele sinta confiança para expressá-las ou até que sejam descobertas.
- *Os problemas não estão ativados* Certas incompatibilidades ainda não apareceram porque as condições que as provocam ainda não estão presentes. Por exemplo, alguns problemas só aparecerão quando os parceiros forem morar juntos ou quando nascerem os filhos.
- *Os problemas são subestimados* Muitas vezes a dificuldade é visível, mas a sua importância é subestimada ou as chances de corrigi-la é superestimada. Esse tipo de distorção acontece, por exemplo, quando um parceiro se mostra por demais otimista na avaliação da sua capacidade para lidar com vícios graves, filhos de outros casamentos e desregramentos para lidar com dinheiro do outro parceiro.

Como identificar possíveis problemas

As principais medidas que podem ser tomadas para identificar possíveis problemas são as seguintes.

- *Conhecer o parceiro em diversas situações* Quanto mais situações semelhantes àquelas que serão encontradas durante o casamento forem experimentadas antes de esse tipo de compromisso ser assumido, mais conhecido será o parceiro. É perigoso conhecer o parceiro só nos fins de semana, só nos momentos de lazer e em alguns tipos de situações sociais.
- *Conversar com o parceiro sobre o futuro* Procurar saber o que o parceiro pensa e espera sobre os temas que são importantes para você: filhos, compartilhamento de tarefas caseiras, aspirações econômicas etc.
- *Conversar com outras pessoas sobre o parceiro* Aqueles que conhecem o parceiro podem fornecer informações preciosas sobre ele.
- *Usar outras fontes de informações disponíveis sobre o parceiro* Atualmente é fácil obter informações sobre quase todo mundo. Por exemplo, é possível obter muitas informações sobre uma pessoa a partir da placa do seu carro, do número do seu telefone ou em um site de busca.

E então?

Faça a sua própria lista de características que você não suporta em um parceiro ou na sua situação. Verifique se aquele parceiro atraente que você está conhecendo possui alguma delas antes de assumir algum compromisso mais sério. No entanto, lembre-se de que ninguém é perfeito. Escolha bem o seu parceiro e viva feliz!

6

FATORES QUE CONTRIBUEM PARA O SUCESSO DO RELACIONAMENTO AMOROSO

Não basta atrair parceiros e ser eficiente para começar relacionamentos amorosos. Ainda é necessário ser capaz de desenvolver e manter um relacionamento satisfatório.

Raríssimas pessoas foram formalmente educadas para agir com eficiência no relacionamento amoroso. Existem cursos para muita coisa: dirigir, falar inglês e aprender a escrever. No entanto, ninguém nos ensina como se relacionar bem com nossos parceiros amorosos. Este capítulo apresentará uma visão sobre a forma como esse tipo de relacionamento funciona. Para se relacionar, é necessário produzir mais benefícios do que custos e agir de maneira a estimular o envolvimento e o comprometimento mútuo.

Sete erros ao iniciar um namoro

Nesta seção, vamos apresentar, de uma forma sucinta e objetiva, sete dos principais erros que devem ser evitados no início de um relacionamento amoroso. Alguns desses erros também podem ser cometidos durante o desenvolvimento desse tipo de relacionamento. Este é o caso, por exemplo, de pressionar excessivamente o parceiro para que ele aja de uma forma que ele não deseja.

1. Não expressar interesse amoroso

Admiro aquelas pessoas que expressam claramente os seus interesses amorosos. É uma dádiva ter um pretendente que age desta forma. Estas pessoas, quando estão disponíveis e se encontram nas circunstâncias adequadas, mostram, verbal e não-verbalmente, a atração que sentem pelo parceiro. Esse tipo de manifestação coloca o relacionamento na perspectiva certa, ajuda a criar um clima amoroso, é lisonjeiro para o parceiro, eleva a sua autoestima, desperta esperança da reciprocidade de interesses e pode induzir o interesse amoroso. Quem se porta dessa forma também acentua seus próprios sinais de gênero (feminilidade ou masculinidade) e, segundo um estudo que foi realizado sobre esse tema, fica mais bonito(a).

Assumir os sentimentos é um ato de coragem. Aliás, nem coragem é: trata-se apenas de ver as coisas da forma correta. Não é coragem porque o risco é pequeno ou inexistente: todo mundo admira quem se porta assim e aquele que recebe a manifestação fica lisonjeado e com a sua autoestima lá em cima. Muita gente fica enrolando, disfarçando o que sente e fingindo que se trata apenas de amizade ou coleguismo. Muitas pessoas agem assim porque acreditam que não podem se "entregar de bandeja", porque essa forma de agir é depreciadora e que o outro vai ficar muito convencido. Não se trata de se entregar. Pelo contrário, é uma maneira altiva de agir. Mesmo quando não há reciprocidade deste interesse, quem se manifestou sente-se bem porque teve coragem para agir e, mesmo na hipótese de não ser bem-sucedido, não vai ficar perdendo tempo por falta de iniciativa e fica livre para outras opções.

2. Iniciar um relacionamento com um parceiro que não está disponível

Existem três tipos principais de indisponibilidade para um relacionamento amoroso:

- Estar seriamente comprometido com outra pessoa.
- Estar passando por um processo de separação de um relacionamento sério e duradouro.
- Ter se separado recentemente de um relacionamento desse tipo e ainda não estar psicologicamente recomposto.

O início de relacionamento com uma pessoa comprometida pode ser uma maravilha. O amor em si já é excitante. Aquilo que é proibido pode se tornar ainda mais emocionante, pelo menos para algumas pessoas (existe uma teoria que afirma que o fruto proibido é mais gostoso). Depois de algum tempo, o preço desse tipo de relacionamento geralmente é muito alto. A posição de amante pode ser penosa. Por exemplo, os amantes têm que viver escondendo os seus amores – o medo de a relação ser descoberta está sempre presente; as datas e horários nobres são reservados para o (a) parceiro (a) oficial. Devido a esse último motivo, os feriados, os fins de semana, o fim de ano e as férias são sempre um tormento. O casal de amantes geralmente passa a viver da esperança da vinda daqueles dias quando poderão finalmente ficar juntos. Tem que viver dessa esperança porque o presente não é satisfatório. Essa situação faz com que logo comecem a aparecer as cobranças, as culpas e as promessas de que tudo vai ser resolvido logo. Então o relacionamento começa a se desgastar.

Algumas pessoas acreditam que é mais fácil iniciar relacionamentos com parceiros que estão em um período ruim de vida e precisam de ajuda. Sentem que nesses casos têm mais o que oferecer. Aqueles que pensam assim podem ter problemas de autoestima ou são pessoas que querem parceiros de um nível tão alto que teriam dificuldades para conseguir quando eles estão em seus estados normais. Acho que é uma má estratégia tentar conquistar quem está desequilibrado e carente por meio da oferta de ajuda e apoio. É possível que quando esta pessoa finalmente voltar ao seu eixo normal, ela constate que não quer essa nova pessoa ao seu lado e que só ficou com ela porque estava alterado, carente e desamparado.

3. Iniciar um relacionamento amoroso com quem tem objetivo diferente do seu

Iniciar um relacionamento com quem tem objetivos diferentes dos seus é brincar com fogo. Quando uma pessoa declara um objetivo incompatível com o seu, é melhor não se relacionar com ela. Começar a se relacionar contando que a outra pessoa vai mudar é muito arriscado. O relacionamento, uma vez iniciado, começa a produzir envolvimentos e apegos, mesmo quando o lado racional desaconselha. Quando gostamos ou nos fascinamos por alguém que tem um objetivo diferente do nosso, ficamos tentados a acreditar que ele poderá mudar de objetivo, caso seja conquistado. Isso tanto pode ocorrer como não ocorrer. É uma espécie de roleta-russa.

4. Envolver-se ou comprometer-se seriamente antes de verificar se há compatibilidade com o parceiro

Muita gente se liga rapidamente aos parceiros amorosos sem conhecê-los bem. É uma espécie de "compra de impulso". É um ato de fé no parceiro que, infelizmente, pode produzir decepções e frustrações. As pessoas que costumam agir dessa forma são aquelas que têm muita facilidade para se apaixonar e para sentir atração sexual. Muitas dessas pessoas também "amam o amor". O parceiro "é só um detalhe" – a partir de alguns detalhes que gostaram no parceiro, idealizam o resto e se apaixonam. O amor já estava lá, armado na mente do apaixonado, esperando qualquer oportunidade para ser disparado.

O amor, ao contrário do que diz o ditado popular, não cega, mas faz com que os amantes percam as dimensões das coisas. O ditado que afirma que "O amor remove montanhas" é um exemplo desta distorção. O fato de os defeitos do amado parecerem menos importantes do que são é outro exemplo. Depois que a paixão diminui, as características do parceiro assumem as suas verdadeiras proporções. Aí as consequências podem ser grandes, caso compromissos já tenham sido assumidos.

5. Forçar o parceiro a agir de forma que ele não gostaria

Existem pessoas hábeis em manipular, que estão sempre forçando os outros a agir como elas querem. Por outro lado, também existem pessoas que estão sempre prontas para atender tudo o que se espera delas e vivem tentando agradar e, por isso, sempre acabam agindo de forma forçada.

Forçar a outra pessoa além da conta geralmente é uma má política. O outro pode passar a se comportar daquela forma apenas por medo de desagradar. Quando isto acontece, quem está agindo de forma simulada pode passar a evitar aquela pessoa na presença da qual ela não consegue agir de forma natural.

Alguns exemplos de comportamentos forçados são:

- Falar de assuntos que não nos interessam muito.
- Ficar mais tempo conversando do que gostaríamos.
- Fazer programas de que não gostamos.
- Gastar além das nossas posses.

6. Deixar de se posicionar como parceiro amoroso e se posicionar como amigo ou colega

Alterando um pouco a música de Adoniran Barbosa, poderíamos perguntar: "Estamos aqui para namorar ou para conversar?". Muitos encontros desandam porque os parceiros se envolvem com assuntos impessoais e se descuidam do clima romântico e da sedução. Quando isto acontece, ambos saem do encontro com a sensação, na melhor das hipóteses, que se encontraram com um amigo, que não houve química e que não houve atração. Em um encontro amoroso é possível falar de qualquer coisa, mas, caso o envolvimento com tais assuntos seja tão profundo e tão prolongado que deixe pouco espaço para a verdadeira razão do encontro – produzir, manifestar, e usufruir dos prazeres do clima romântico e sensual que são despertados pelo outro –, então o encontro realmente não foi de natureza amorosa.

Muitas vezes o clima romântico é despertado pela comunicação não-verbal: ao conversar sobre qualquer assunto, os olhos se encontram mais do que o usual, as mãos começam a se tocar, começam a aparecer olhares para a boca do parceiro e a voz se torna insinuante, por exemplo. Podemos ajudar o surgimento do clima amoroso simplesmente mantendo em mente a finalidade amorosa do encontro e não deixando que seu foco se desvie muito, ao ponto de virar uma reunião do tipo que teríamos com um especialista ou com um amigo para falar dos casos amorosos passados e de nossas doenças familiares.

7. Não mostrar aceitação e valorização do parceiro

Uma das melhores sensações que podemos ter em um relacionamento é sentir que somos apreciados e admirados. Sentir que a nossa presença causa prazer, que o outro tem tempo para nós, que a conversa flui, que o outro perde a hora e adia compromissos por nossa causa. Tudo isso é muito bom. Sentir que somos admirados e que a outra pessoa entende os nossos motivos, valoriza as nossas realizações, apoia os nossos planos, é muito bom. Algumas pessoas, infelizmente, não demonstram tudo isso ao parceiro, mesmo quando sentem. Que pena!

E então?

Transforme esses sete erros em sete acertos e seja alguém encantador e sedutor.

Boa sorte!

Cinco fatores que contribuem para o sucesso de um relacionamento amoroso

Você está satisfeito com o seu relacionamento amoroso atual? Ele produz mais satisfações ou mais aborrecimentos? Você vê mais atrativos fora do seu relacionamento do que nele? Você investiu muito para construí-lo? Quais seriam os obstáculos psicológicos, sociais e materiais para deixá-lo? Cada uma dessas perguntas diz respeito a um dos cinco fatores que diversos estudos apontaram como essenciais para o sucesso de um relacionamento amoroso.

Um relacionamento amoroso não é nutrido apenas pelo romantismo e pela atração sexual entre os parceiros, como as novelas, os romances e as letras das músicas românticas querem nos fazer crer. Existem diversos fatores que podem contribuir para que esse tipo de relacionamento seja iniciado e progrida para maiores graus de envolvimento e compromisso. Três deles foram identificados por Caril E. Rusbult e por B. P. Buunk, dois importantes pesquisadores da área: satisfação, alternativas e investimentos. A importância de dois outros, a escolha de um parceiro adequado e as barreiras contra a dissolução do relacionamento, foi apontada por diversos estudos. Esses cinco fatores são apresentados detalhadamente no meu livro *Para Viver um Grande Amor.*

1. Escolher bem o parceiro

Algumas características pessoais, que são muito importantes para um relacionamento amoroso, são muito difíceis de mudar. Portanto, é melhor selecionar parceiros que as possuam do que tentar mudá-los depois. Uma analogia ajuda a entender este fator: nenhuma empresa que necessite de um engenheiro contrataria alguém que tenha apenas o primeiro grau e investiria longamente na sua formação.

Da mesma forma, nos relacionamentos amorosos, é melhor selecionar um parceiro que já tenha as características desejadas, e trabalhar apenas nos ajustes finos, do que apostar em alguém que inicialmente seja muito diferente do desejado. Também é desaconselhável aceitar alguém condicionalmente. Por exemplo, aceitar uma pessoa como parceiro amoroso contando que ela vai se tornar mais sociável, deixar um vício, ficar rica, cursar uma faculdade etc. Um parceiro que é aceito condicionalmente já inicia o relacionamento como devedor.

2. Satisfação

A satisfação é importante em todas as fases de um relacionamento: escolha do parceiro, início, progresso, estabilidade e término e na sua revitalização. Ela também é importante para diversos tipos de relacionamentos: amizade, relacionamento entre parentes, relacionamento entre pessoas que trabalham juntas e relacionamento amoroso.

O grau de satisfação de um relacionamento é determinado pela proporção entre custos e benefícios. Vários fatores podem ser fontes de custos e benefícios, entre eles:

- *Características fixas ou dificilmente mutáveis das pessoas* Inteligência, personalidade, sociabilidade, certas características físicas etc.
- *Diversos tipos de relacionamento com o parceiro* Desempenho sexual, qualidade e quantidade de comunicação etc.
- *Compartilhamento de tarefas e responsabilidades* Ajudar em tarefas caseiras e nas tarefas de manutenção da casa, como fazer supermercado, efetuar pagamento de contas, por exemplo.
- *Criação e manutenção de relações sociais* Amizades, relacionamentos com parentes etc.

John Gottman, autor de vários livros e pesquisas sobre os fatores que contribuem para o sucesso do casamento, afirma que para um relacionamento dar certo é necessário que cada parceiro proporcione para o outro cinco benefícios para cada custo. Embora esta proporção possa ser questionada, parece bastante óbvio que preferimos a companhia daqueles que nos proporcionam mais benefícios do que custos.

Alguns estudos indicaram que importa mais para a satisfação a forma como o parceiro é percebido do que como ele é na realidade. Esse fenômeno foi denominado de "ilusão positiva". Nesse sentido, um estudo mostrou que aqueles que viam o parceiro melhor do que os amigos o viam estavam mais satisfeitos com os seus relacionamentos. Essa ilusão pode ser bastante ampla, uma vez que nunca chegamos a conhecer bem a pessoa com quem convivemos. Um estudo revelou que as pessoas casadas há muito tempo só conheciam cerca de 50% das características do parceiro. Portanto, há muito espaço para distorções positivas e negativas na percepção das suas características.

3. Alternativas

Existem melhores opções fora do relacionamento do que nele? Geralmente são considerados dois tipos de opções fora do relacionamento para responder a esta pergunta:

- *Ficar só* Muitas vezes é "melhor ficar só do que mal acompanhado".
- *Trocar de parceiro* A traição é a segunda maior causa da separação no mundo, segundo um estudo realizado em 186 culturas pela antropóloga Laura Betzig, da Universidade de Michigan – só perde para a esterilidade.

Como não é possível enfraquecer as atrações que existem fora do relacionamento, o que dá para fazer é melhorar as atrações que existem dentro dele e as forças que dificultam sair dele. Ou seja, devemos cuidar dos outros fatores que são apresentados nesta seção:

- Selecionar um parceiro compatível.
- Aumentar as satisfações no relacionamento atual.
- Investir no relacionamento.
- Selecionar parceiros que possuam barreiras contra a dissolução do relacionamento e desenvolvê-las.

4. Investimentos

Assim diz o juramento que é apresentado pelos noivos durante a cerimônia do casamento católico: "Na saúde e na doença, na alegria e na tristeza...". Para que um relacionamento dê certo é necessário investir, acreditar e apostar nele. É necessário "entrar com os dois pés na canoa". Agir dessa forma é o oposto do imediatismo do "toma lá, dá cá". Isso, obviamente, não significa ser ingênuo e apostar em relacionamentos com baixas chances de sucesso.

Cada vez mais acreditamos menos no casamento e, por isso, tentamos nos proteger das consequências do seu fracasso. Essa falta de crença e excesso de proteção contribui para que ele não dê certo. Antigamente o casamento era concebido como uma união plena e duradoura. Por exemplo, o regime do compartilhamento de bens era a comunhão total e ele era considerado indissolúvel. Atualmente o casamento padrão acontece com a comunhão parcial de bens e ele é visto como relativamente descartável. Muitos casais estão optando pela separação total de bens através de um pacto antenupcial.

Existem várias formas de investir em um relacionamento. Psicologicamente isso acontece quando os cônjuges "deixam de ser "eu" e "você" e se tornam um pouco "nós". Outra forma é a aceitação incondicional do parceiro (o que não significa concordar com tudo o que ele faz). Outras formas de investimento: desenvolver projetos conjuntos (casa, carreira), amparar o outro nos maus momentos, defender o outro publicamente etc.

5. Barreiras

Existem dois tipos de barreiras contra a dissolução de um relacionamento amoroso: as internas e as externas.

As barreiras internas são constituídas pelos valores, crenças e inibições psicológicas que se contrapõem aos términos dos relacionamentos amorosos. Por exemplo, uma pessoa que tenha fortes sentimentos e valores que a impeçam de tomar decisões que causem sofrimentos para a sua família terá mais inibições para sair de um relacionamento amoroso e lutará mais para que ele dê certo do que alguém que tenha um grau menor dessas duas características.

Existem duas maneiras de trabalhar com esse tipo de barreira para aumentar as chances de que um relacionamento perdure:

- Selecionar parceiros que tenham esse tipo de atitudes e valores.
- Fortalecê-las. Por exemplo, dialogar com o parceiro com o objetivo de aumentar a visibilidade das consequências negativas das separações.

As barreiras externas são constituídas por aqueles obstáculos impostos por outras pessoas e pelas estruturas sociais contra a dissolução do relacionamento amoroso. Alguns exemplos desse tipo de barreira são a opinião pública e as conse-quências legais e econômicas.

Creio que o grande aumento nas percentagens de separações que estão ocorrendo se deve, principalmente, ao enfraquecimento de diversos tipos de barreiras externas, entre elas:

- A lei facilitou as separações.
- A opinião pública está aceitando muito melhor os separados e recasados.
- As mulheres se integraram ao mercado de trabalho e não dependem mais dos maridos economicamente.

A grande vantagem do enfraquecimento dessas barreiras é que ninguém mais é obrigado a ficar em um relacionamento altamente insatisfatório. A desvantagem é que ficou muito mais fácil sair de relacionamentos, o que leva muita gente a descartá-los prematuramente e não investir nas suas melhorias.

As barreiras externas que ajudam a proteger o relacionamento estão relativamente fora do controle individual. O que dá para fazer é escolher grupos sociais que aprovem e implementem as barreiras desejadas.

E então?

Acredito que é possível ter um relacionamento amoroso vivo, criativo e prazeroso com o mesmo parceiro durante toda a vida. Vale a pena construir e viver um relacionamento assim. Não conheço nenhum outro setor da vida que pode nos afetar de forma tão profunda e tão ampla quanto esse.

Pense nisso.

Como arruinar um relacionamento amoroso

"No início queremos agradar. Depois queremos ser aceitos." Os primeiros passos para iniciar um relacionamento amoroso podem ser considerados bem-sucedidos quando dois parceiros se escolhem mutuamente e começam a sair. Daí para frente, a forma como esse relacionamento é conduzido determina o seu fortalecimento e evolução ou o seu enfraquecimento e término. Existem muitos fatores que contribuem para que um relacionamento dê certo. Vamos tratar aqui de dois desses fatores, que atuam desde o início dos relacionamentos:

- As exigências que são apresentadas pelo parceiro.
- As maneiras como o outro reage a elas.

Em qualquer relacionamento, seja ele amoroso ou não, é normal que haja uma boa dose de diferenças e desacordos entre os seus participantes. Por esse motivo, a negociação de desacordos é uma prática constante nos relacionamentos saudáveis. Não é necessário que todas as divergências sejam resolvidas para que o relacionamento continue saudável. Aliás isso é até mesmo impossível.

Segundo John Gottman, famoso autor de vários livros sobre o casamento, em todos os relacionamentos existem algumas divergências insolúveis. O que prediz o sucesso do relacionamento, portanto, não é a ausência de divergências, mas sim sua importância e a frequência com que aparecem. Aquelas divergências que são muito importantes (por exemplo, um quer economizar e o outro quer gastar todo o dinheiro do casal) e que atuam frequentemente (por exemplo, um parceiro nunca deixa o outro terminar de falar) determinam mais o sucesso ou insucesso do relacionamento do que aquelas pouco importantes (por exemplo, um parceiro gosta de doce de abóbora e o outro não) ou que atuam raramente (por exemplo, um parceiro gosta de ver o Carnaval na televisão e o outro não gosta).

Dito de uma outra forma, o importante não é não ter problemas, mas achar um parceiro que se incomode pouco com os nossos e nós, com os dele.

Muito importante também para um relacionamento dar certo é a forma como os parceiros lidam com as divergências. Já ouvi em meu consultório muitos relatos sobre relacionamentos que se tornaram insuportáveis ou que terminaram porque um dos parceiros alterou muito o seu modo de agir quando se sentiu pressionado pelo outro para fazer isso.

Sentir-se pressionado pode significar duas coisas:

- Realmente estar sendo pressionado.
- Sentir pressão onde ela não existe.

Este último caso acontece, por exemplo, quando uma pessoa deseja tanto que um relacionamento dê certo que tenta adivinhar tudo aquilo que a outra quer ou deixa de querer e tenta agir de forma a contentá-la, custe o que custar.

Mesmo quando alguma pressão realmente existe, a gravidade das suas consequências nem sempre pode ser atribuída totalmente a aquele que pressiona. Uma pessoa pode deixar de agir de forma natural e espontânea tanto porque ela foi muito pressionada pelo parceiro quanto porque ela deixou de manifestar e defender o seu ponto de vista. A situação que causa mais danos é aquela em que esses dois fenômenos estão presentes simultaneamente: um parceiro é pressionador, e o outro é pressionável (as pessoas costumam dizer que neste caso houve o "encontro da fome com a vontade de comer").

Quando uma pessoa altera muito o seu modo de agir e tal alteração dura muito tempo ou exige um esforço excessivo da sua parte, ela pode ficar sem energia e muito triste. Quanto mais alguém simula e dissimula para agradar a outra pessoa, mais o relacionamento vai se tornado desagradável para ela. Quando a situação continua por muito tempo, o relacionamento pode caminhar para o fim. Vamos examinar agora um caso onde as pressões e a forma inadequada de reagir a elas arruinaram um relacionamento.

Como as pressões de uma mulher e as reações inadequadas do seu parceiro arruinaram o relacionamento

Apostar todas as fichas no parceiro esperando que ele preencha a todos os quesitos é arriscado. Arriscado não, muito perigoso. Leia a seguinte história.

Ela tinha mais estudo e melhor situação econômica do que ele, e a sua família tinha melhor posição social do que a dele. Ele fazia um tipo: era bonito, charmoso e se vestia bem, usava os cabelos e se comportava de uma forma anticonvencional, que chamava muito a atenção.

Assim que se conheceram, os dois sentiram uma fortíssima atração mútua, romântica e sexual. Logo após se conhecerem começaram a trocar carinhos e pouco tempo depois estavam na cama. Dali para frente, ele sempre manifestou o desejo de namorá-la. Ela, no entanto, considerava as diferenças que havia entre eles e resistia a essa ideia.

Os anos se passaram. Ambos namoraram outras pessoas. Esses namoros não vingavam. Quando os dois se encontravam, mesmo que estivessem namorando outras pessoas, não resistiam e acabavam "ficando". Depois de vários anos e de muitos encontros amorosos esporádicos e fugazes, ela resolveu se render. Estava chegando a hora de ter filhos e aquele seu amor por ele não permitia que ela se envolvesse profundamente com mais ninguém. Ela então tomou a decisão de constituir uma família com ele. Abriu mão de todas as suas reservas, fez planos e começou a tomar medidas para que ficassem juntos em todos os momentos possíveis.

Ele inicialmente ficou eufórico e entrou de cabeça nesse relacionamento desejado por tanto tempo. No entanto, alguns meses depois ele começou a se sentir sufocado com tanto convívio e com a obrigação de corresponder a tantas expectativas da parte dela. Como temia perdê-la, passou a simular o mesmo ardor que sempre demonstrou por ela. Mas não conseguiu fazer isso por muito tempo. Logo, a ideia de vê-la, de transar com ela, de passar o tempo todo juntos, foi se transformando em um fardo para ele. Foi quando ele terminou o relacionamento. Já não a amava mais. Ela ficou tremendamente surpresa, decepcionada e estarrecida com este desfecho inesperado.

A história mostra o perigo de despejar todas as expectativas no parceiro e esperar que ele corresponda a elas. Aquele que tem esse tipo de expectativa pode se mostrar aborrecido, frustrado e decepcionado quando não é atendido pelo parceiro. Em certos casos, as reações daquele que tem as suas expectativas frustradas vão mais além: fica agressivo, impõe represálias e arranja uma forma de tentar fazer com que o outro se sinta moralmente errado ou anormal por estar ser recusando a atender suas reivindicações.

No início de um relacionamento amoroso as três principais motivações daqueles que pressionam o parceiro para que este modifique a sua forma de agir são as seguintes:

- *Expectativas não satisfeitas quanto ao tipo de compromisso pretendido* Por exemplo, quem pressiona quer que o relacionamento seja um namoro e o parceiro só quer "ficar".
- *Expectativas não satisfeitas quanto ao conteúdo do relacionamento* Por exemplo, quem pressiona quer que o parceiro demonstre mais dedicação, seja mais atencioso e mais romântico.
- *Dificuldades para aceitar certos fatos que estão presentes na vida de cada um dos parceiros* Por exemplo, quem pressiona acha que o parceiro está dedicando uma quantidade de tempo excessiva para os filhos do casamento anterior ou não está gerenciando adequadamente os seus problemas econômicos.

As duas principais motivações daquele que modifica excessivamente a sua forma de agir são:

- Alteração temporária da forma de agir como tática para iniciar o relacionamento.
- Medo de manifestar as próprias expectativas e desagradar o parceiro.

Vamos examinar um pouco melhor esses dois motivos.

Uso da indefinição e da omissão como táticas para iniciar relacionamentos

Uma certa dose de indefinição sobre os objetivos desejados no relacionamento pode ser uma boa tática de negociação: ela dá mais espaço para que os parceiros se sondem. Este espaço fica reduzido quando um deles declara prematuramente as suas preferências. Depois disso, já é necessária uma dose maior de esforço e de coragem por parte do outro parceiro para contradizê-lo ou frustrá-lo.

Muita gente também usa a omissão dos seus defeitos e o aumento das suas qualidades como uma tática para impressionar bem o parceiro no início dos relacionamentos. Só posteriormente, quando já há alguma segurança de que o relacionamento foi aceito é que essas pessoas começam a mostrar mais claramente como realmente são.

O seguinte caso ilustra bem o uso dessa tática.

Uma vez atendi uma paciente que estava saindo com um novo namorado que tinha acabado de conhecer. Dois meses depois ela chegou à terapia muito transtornada. O namorado tinha revelado para ela que estava bastante encrencado com a justiça. Era um caso realmente grave. Quando ele contou o que estava acontecendo ela ficou muito indignada e o questionou: "Por que você não me disse isto antes?". Ele respondeu: "Se eu dissesse você não teria me dado chance. E eu tinha gostado muito de você e não quis correr esse risco". Ele tinha razão neste aspecto: se ela dispusesse dessa informação logo no início do relacionamento, ela o teria terminado. Quando ele contou, ela já tinha se exposto às suas qualidades (que eram muitas) e estava bastante envolvida com ele. Por isso, ela acabou assimilando a notícia, ajudando-o a lidar com o fato e ficando com ele. Pelo que sei, ainda estão juntos até hoje.

O caso ilustra bem o uso extremo da tática da omissão de defeitos. No entanto, geralmente não vale a pena fazer omissões dessa magnitude. A descoberta posterior daquilo que foi omitido gera desconfianças e inseguranças, muito difíceis de serem superadas ("Quem enganou uma vez..."). Por outro lado, essa tática, quando usada com moderação, pode ser bem-sucedida. É natural que douremos um pouco a pílula. Todo mundo tenta impressionar bem quem está tentando conquistar. Não fazer isso é encarado como um sinal de indiferença ("Não está nem aí comigo").

Medo de manifestar o que quer e perder o parceiro

É claro que um relacionamento pode terminar quando os parceiros constatam que os seus objetivos são muito diferentes. Nesse caso, infelizmente, o melhor é que ele termine mesmo. Embora isto gere sofrimentos imediatos, prolongá-lo aumenta as chances das consequências se tornarem bem maiores depois.

Quando um possível parceiro é muito valorizado é natural que aquele que o valorize se esforce para agradá-lo. Fazer um grande esforço para agradar geralmente acontece quando um dos envolvidos deseja muito ser aceito e impressionar o outro e, ao mesmo tempo, está muito temerosa de desagradá-lo. Esse esforço também tem mais chance de ocorrer quando uma pessoa pouco assertiva se depara com um parceiro muito exigente.

E então?

Pense no seu relacionamento atual ou no último relacionamento que já teve. Você se sentia muito pressionada para agir de modo diferente daquele que é o seu natural? Vale a pena pressionar tanto o outro ou se deixar pressionar demais por ele? Você pressiona muito o seu parceiro para agir assim? O que você pode fazer para evitar estas situações?

Conhecimentos que contribuem para o sucesso amoroso

O autoconhecimento e o conhecimento dos fatores que fazem com que um relacionamento amoroso dê certo contribuem bastante para o seu sucesso. Esses dois tipos de conhecimento contribuem, por exemplo, para o autoaperfeiçoamento de qualidades que aumentam a atratividade e para as escolhas mais acertadas de parceiros compatíveis. Vamos abordar aqui esses dois tipos de conhecimentos.

Para ter uma ideia dos seus autoconhecimentos e conhecimentos na área amorosa, responda às seguintes perguntas:

- *Qual o seu "valor de mercado" como parceira amorosa?* Quando você se encontra em uma situação onde estão presentes diversos pretendentes e diversos concorrentes do seu nível, qual o seu grau de sucesso em relação à concorrência? Você está entre as menos cotadas, entre as medianamente cotadas ou entre as mais cotadas?
- *Quais são os seus principais pontos fortes para atrair parceiros amorosos?* Cite-os e depois os coloque em ordem de importância.
- *Quais são os seus principais pontos fracos para atrair parceiros amorosos?* Cite-os e depois os coloque em ordem de importância.
- *Quais são as características de um parceiro amoroso que você considera mais importantes?* Quais são os graus de importância de cada uma delas?
- *Em que medida as suas necessidades de se envolver em um relacionamento estão influenciando o seu grau de exigência em relação aos parceiros?*
  Por exemplo: a sua carência, solidão, desejo de ter filhos tornaram você uma pessoa pouco exigente com os parceiros?

Esse grau de exigência pode ser avaliado através de uma pontuação que vai desde "Não sou nada exigente" ("Antes mal acompanhada do que só.") até "Sou extremamente exigente" ("Antes só do que mal acompanhada.")

- *Como você se apaixona?* Por exemplo, (a) apaixona-se rapidamente. (b) A aparência física do parceiro conta bastante para isso. (c) O amor geralmente nasce a partir de uma amizade. (d) Você é prática. É bastante racional na hora de escolher um parceiro. (e) A insegurança de estar sendo correspondida contribui bastante para você se apaixonar.
- *Você sabe dizer quais são os fatores que contribuem para o desenvolvimento de um relacionamento amoroso?*

Se você teve facilidade para responder a essas perguntas, já é um bom sinal. Você parece ter um bom grau de autoconhecimento e de conhecimento nessa área. Infelizmente, saber responder prontamente a essas questões não é uma garantia de que suas respostas estejam certas. Elas indicam apenas uma ou mais das seguintes possibilidades: você se interessa pelo assunto; você já leu bastante a esse respeito; você já teve experiências nesse setor e elaborou as suas conclusões.

O autoconhecimento

Os principais benefícios do autoconhecimento para o início de relacionamentos amorosos são os seguintes:

- *Ajuda a identificar os problemas para iniciar e desenvolver relacionamentos amorosos* Muitas pessoas que aparecem em meu consultório com dificuldades para iniciar ou para desenvolver relacionamentos amorosos não têm consciência dos motivos de suas dificuldades. A identificação desses motivos é o primeiro grande passo para superá-los. Se a origem do problema não é bem identificada, o tratamento geralmente é ineficaz. O autoconhecimento é parte intrínseca desse tipo de diagnóstico.

- *Aumenta a atratividade* O autoconhecimento ajuda a pessoa a diminuir os seus conflitos internos e a ficar em paz consigo própria. Ele ajuda a diminuir a agressividade, a aumentar a tolerância, a melhorar a autoestima e a segurança. Dessa forma você consegue atrair parceiros mais qualificados e aumentam as suas chances de sucesso nos relacionamentos amorosos.
- *Ajuda a fazer escolhas mais inteligentes de parceiros* Se você não sabe direito como é, quais são as suas necessidades nessa área e quais são os seus limites, como é possível escolher alguém que combine com você? Muitas vezes não é possível confiar apenas na intuição ou nos sentimentos para escolher um parceiro adequado. Infelizmente, muita gente se apaixona por pessoas inadequadas ou excessivamente problemáticas. É um engano pensar que todo mundo que tem problemas sérios mostra isso na cara ou que isso possa ser percebido através de alguns poucos contatos pessoais.

Existem várias formas de aumentar o autoconhecimento como, por exemplo, se expor a situações que revelem seus pontos fortes e pontos fracos pessoais, meditar sobre as próprias experiências, tomar consciência das emoções e pensamentos que vão surgindo nas situações amorosas, refletir sobre os motivos dos próprios sucessos e fracassos, conversar com amigos sobre as próprias características psicológicas e sociais, fazer terapia e se submeter a testes de personalidade. Como esse tipo de teste é pouco conhecido, vamos examiná-lo um pouco melhor agora.

Testes de personalidade: ferramentas para o autoconhecimento

A personalidade pode ser entendida como aquele conjunto de características pessoais que aparecem em várias situações e que são estáveis no tempo. Diversos autores desenvolveram testes para captar os principais tipos de personalidade e seus principais traços (por exemplo, sociabilidade, segurança, dominância/submissão, persistência e otimismo). Esses tipos de personalidade e seus traços podem afetar fortemente o sucesso ou o fracasso em um relacionamento amoroso. Os testes são ferramentas importantes para o autoconhecimento e para ajudar a selecionar os parceiros que têm características que agradem a você e que combinem com as suas características.

Conhecimento das características desejáveis em um parceiro amoroso

Vamos apresentar aqui as conclusões de vários estudos sobre as características que são importantes em um parceiro amoroso. Reflita sobre cada uma delas e aprimore a sua própria lista.

A importância de várias dessas características independe de quem as avalia. Por exemplo, geralmente as pessoas preferem parceiros saudáveis, gentis e honestos. Por outro lado, os valores de outras características dependem das características de quem as avalia. Por exemplo, a idade, a altura, a religião e o grau de escolaridade que são considerados desejáveis dependem bastante das características correspondentes de quem está fazendo a seleção do parceiro amoroso. Esse tipo de similaridade é levado em conta pelos programas de computador que são utilizados para calcular os graus de compatibilidade entre os parceiros. Os programas geralmente também levam em conta aquelas características que os usuários declaram que gostariam nos seus parceiros e os respectivos graus de importância que eles atribuem a cada uma delas.

Vamos apresentar agora algumas das principais características que as pesquisas revelaram que são importantes em um futuro cônjuge.

- *Atração mútua romântica e sexual* Esses dois tipos de atração podem se transformar em paixão e em amor. As duas características, no entanto, só aparecem quando já foram atendidos vários dos outros requisitos descritos abaixo. Esses dois tipos de atração diferenciam as pessoas de quem você apenas "gosta", com as quais você pode desenvolver uma amizade, mas que não servem como suas parceiras amorosas daquelas pelas quais você pode se apaixonar e desenvolver um relacionamento amoroso.
- *Idade compatível* Um estudo americano verificou que a grande maioria dos casamentos acontece entre pessoas que tem cinco ou menos anos de idade de diferença. Essa diferença, no entanto, vai crescendo quando as pessoas vão ficando mais velhas. Geralmente o fato de o homem ser um pouco mais velho do que a sua parceira é uma característica desejável por ambos os sexos em várias culturas.
- *Boa aparência (beleza física e produção)* Geralmente queremos um parceiro bonito. No entanto, é mais importante que ele não seja muito feio. Os estudos mostram, no entanto, que a maioria das pessoas tende a ficar com alguém que tem um nível de beleza semelhante ao seu próprio. A importância atribuída à beleza varia muito entre as pessoas. Os itens da aparência que geralmente são considerados mais importantes são a altura e o índice de massa corporal (relação entre peso e altura). A beleza do rosto também é considerada muito importante.
- *Saúde* Geralmente a importância da saúde só é lembrada quando a pessoa tem algum problema. As doenças graves e contagiosas são as que mais assustam os pretendentes.

- *Inteligência* O esperado é que o pretendente tenha uma inteligência normal. Uma inteligência um pouco acima da média é valorizada. Geralmente não queremos alguém que tenha inteligência abaixo da média. Também não nos sentimos à vontade com alguém que parece ser muito mais inteligente que nós.
- *Traços desejáveis de personalidade* Geralmente valorizamos aquelas características de personalidade que estão relacionadas com o sucesso profissional e pessoal e que facilitam o convívio entre o casal. Algumas dessas características são as seguintes: segurança pessoal, persistência, dominância (em homens), capacidade afetiva, sensatez, facilidade para o relacionamento, gostar de agradar.
- *Boas condições econômicas ou potencial para o sucesso econômico* Aquilo que é considerado uma boa condição econômica varia de acordo com a condição de quem avalia: em geral, aquele que tem uma condição um pouco melhor que a nossa é considerado como tendo "uma boa condição econômica". Também é muito valorizado quem é batalhador e tem um bom grau de ambição.
- *Nível compatível de escolaridade* A semelhança no grau de escolaridade é uma condição muito importante para a formação de parcerias amorosas. Um estudo americano mostrou que as pessoas tendem a se casar com alguém que tenha um grau de escolaridade semelhante aos delas. Geralmente é encarado de forma positiva quando o homem tem um pouco mais de escolaridade que a mulher. O inverso é considerado menos desejável.
- *Religião* A importância atribuída à religião varia muito entre as pessoas. Para algumas, esse aspecto não é importante. Geralmente aqueles que são praticantes preferem alguém da mesma religião e que também seja praticante.

E então?

Reflita sobre esse tema, melhore o seu autoconhecimento e faça escolhas amorosas mais acertadas e felizes.

7

COMO A CONVERSA PODE CONTRIBUIR PARA O SUCESSO DO RELACIONAMENTO AMOROSO

A comunicação exerce um papel fundamental durante todo o transcurso dos relacionamentos amorosos, desde a paquera até o casamento ou a separação. A conversa pode ter um peso determinante na atração que é exercida sobre o parceiro, durante o flerte e na tomada de decisão de marcar um encontro. Por exemplo, a conversa contribui fortemente para aumentar o interesse ou para a decepção com uma pessoa cujo perfil incluído no site de namoro pareceu interessante.

A conversa também tem um papel determinante na transformação de uma relação de amizade ou de coleguismo em uma relação amorosa. Ela também afeta muito a manutenção e a qualidade dos relacionamentos já estabelecidos, como o namoro e o casamento.

Você sabe conversar?

Por que algumas pessoas são bem-sucedidas profissional, social e amorosamente, enquanto outras têm muitas dificuldades nessas áreas? Certamente existem muitos motivos para isso. Vamos falar de um deles: a habilidade para conversar. Através da conversa podemos produzir tremendos benefícios ou malefícios para o parceiro.

É difícil desconsiderar a importância da conversa para o sucesso de um relacionamento amoroso. Ela é importante para atrair, cativar, conquistar, desenvolver e manter esse tipo de relacionamento. A satisfação em um relacionamento é fortemente determinada pelo que as pessoas dizem ou deixam de dizer para a outra e sobre a outra.

Vamos examinar agora alguns dos principais ingredientes de uma boa conversa.

A polidez

A polidez consiste em dizer as coisas de uma maneira gentil e delicada. Tudo pode ser dito, dependendo da maneira como é dito. O ser humano é muito melindroso, sensível e delicado em relação à forma como os outros se dirigem a ele. Dizer as coisas da forma certa pode ser tão ou mais importante do que aquilo que está sendo dito.

A polidez diz respeito às palavras que são usadas, à contextualização que é criada para emoldurar uma declaração e à comunicação não-verbal que acompanha o que é dito (por exemplo, tom de voz suave ou ríspido, cara sorridente ou de escárnio).

Imagine, por exemplo, os diferentes efeitos na sensibilidade de quem recebe os seguintes pedidos ou ordens:

"Abra a janela!"
"Você se incomodaria de abrir a janela?"
"Está quente aqui, não é? A janela está fechada?"

O objetivo destes pedidos e ordens é abrir a janela. Atingir tal objetivo pode ser tentado de uma forma rude e impositiva ou de uma forma delicada. Uma grande parte dos problemas de relacionamento acontece devido à forma como as pessoas se tratam. Um relacionamento amoroso pode ir em frente ou fracassar devido à polidez ou falta de polidez entre o casal.

Comunicação não-verbal que indica atenção e envolvimento

Através da comunicação não-verbal emitimos e captamos mensagens que indicam o grau de envolvimento, a animação, a veracidade, a simpatia e as emoções em relação ao parceiro e ao que está sendo dito.

Sinais de atenção e envolvimento

O falante e o ouvinte que estão atentos e envolvidos com uma conversa apresentam pelo menos alguns dos seguintes tipos de comunicação não-verbal:

- Frente do corpo orientada na direção do interlocutor. Distância apropriada para conversar.
- Leve inclinação do tronco na direção do interlocutor (quando sentados).
- Ausência de obstáculos físicos ou corporais entre os interlocutores.
- Olhares são dirigidos para o outro uma boa parte do tempo.
- As tarefas são explicitamente deixadas de lado para mostrar dedicação total à conversa.
- Anuir frequentemente com a cabeça.

O ouvinte ativo

Quem ouve ativamente adota a comunicação não-verbal de atenção e interesse descrita acima, reage ao que está sendo dito, apresenta sinais que quer continuar a ouvir, mostra afetação pelo que está sendo dito, contribui para a continuidade da conversa. O ouvinte ativo faz questão de entender, não se mostra ansioso para tomar a palavra e não se apressa em concordar ou discordar. Ser ouvido desta forma é muito motivador, prazeroso e benéfico. É muito bom quando o outro oferece espaço e interesse para expressarmos os nossos sentimentos e o nosso ponto de vista.

Falar na dose certa

Saber o quanto falar é importante para o sucesso da conversa. A "dose certa" varia com as circunstâncias. Uma regra "cega" para evitar falar demais é manter a palavra por no máximo cinco minutos. Melhor que esta regra é falar de acordo com as motivações presentes de ambos os interlocutores em cada momento. Neste caso, os interlocutores têm que ser capazes de emitir e ler os sinais que indicam os seus interesses em manter o assunto e seus respectivos papéis de ouvinte e falante. Uma terceira estratégia, muito boa para calibrar quanto pode ser falado, é propor os temas de uma forma resumida e só os desenvolver à medida que o outro vai manifestando interesse. A técnica das informações gratuitas, que apresentaremos abaixo, é um tipo de aplicação dessa estratégia.

Conversa-contato

A conversa-contato é aquela conversa leve, não comprometedora e relativamente impessoal, que as pessoas muitas vezes desenvolvem assim que se encontram: "Está quente hoje, não é?".

Muita gente acha bobagem falar sobre esses temas superficiais e querem ir direto para coisas mais importantes. No entanto, é um erro pensar assim. As conversas-contatos possuem diversas funções muito importantes. Elas indicam que uma pessoa fez questão de falar com a outra, mesmo quando não tinha algo muito importante para dizer. Por esse motivo, esse tipo de conversa ajuda a reforçar os vínculos. Além disso, elas mantêm as pessoas conectadas enquanto cada uma sonda se a outra está disponível e disposta a conversar e quais são os assuntos mais motivadores que podem ser abordados.

Os assuntos abordados na conversa-contato geralmente são os seguintes:

- Aquilo que pode ser percebido pelos interlocutores no ambiente presente ("A festa está animada, não é?") ou aquilo que aconteceu momentos antes ("Pegou muito trânsito?").

- Pessoas que estão se conhecendo procuram verificar se tem amigos ou histórias em comum.
- Os fatos (jogar um assunto "isca" para ver se o outro pega). Falar sobre fatos é mais seguro porque há pouco risco de ofender ou entrar em conflito.
- Coisas leves e divertidas.

Fornecer e aproveitar informações gratuitas: o segredo das conversas envolventes

Tive um paciente muito tímido que achava que para conversar bem era necessário fazer cursos sobre música popular, viajar, assistir novelas etc. Assim ele teria assunto. Tudo isso certamente ajuda. No entanto, saber fornecer e aproveitar informações gratuitas é o verdadeiro segredo das boas conversas informais.

Uma informação gratuita é aquela que é fornecida sem que tenha sido solicitada. Por exemplo: quando você pergunta para uma pessoa onde ela mora e ela dá o endereço (informação solicitada) e acrescenta que gosta muito daquele local e que a sua família mora no mesmo bairro, ela está apresentando duas novas informações gratuitamente (informações que você não solicitou). Geralmente quem apresenta as informações gratuitas tem interesse em conversar sobre elas. O fornecimento e o aproveitamento desse tipo de informação indicam o interesse em conversar.

Usos da *conversa-contato* e de *informações gratuitas* para encontrar assuntos interessantes para conversar

Eduardo e Cecília acabaram de ser apresentados. Eles estão em uma festa que está sendo oferecida por Carlos, um amigo em comum. Este amigo apresentou-os dizendo apenas o nome de cada um e afastou-se para atender outros convidados. Para facilitar a conversa e intensificar a intimidade, eles começam a usar a conversa-contato (CC) e a técnica de fornecer e aproveitar informações gratuitas (IG). Vamos examinar um trecho de seus diálogos para ver como eles estão fazendo isso.

Eduardo: — Bela festa, não? [CC]
Cecília: — Muito bonita. De onde você conhece o Carlos? [CC]
Eduardo: — Fizemos faculdade de Sociologia juntos. Começamos a faculdade na mesma turma, mas eu me formei um ano depois [fornece IG].
Cecília: — Ah! Acho muito interessante a Sociologia [fornece IG]. Então você demorou mais tempo para se formar [usa a IG de Eduardo].
Eduardo: — Sim eu comecei a trabalhar durante a faculdade e por isso tive que parcelar o curso [fornece IGs]. Qual é o seu interesse em Sociologia? [usa IG de Cecília]
Cecília: — Eu sou uma socióloga frustrada [fornece IG]. No que você começou a trabalhar? [usa IG de Eduardo]

O tema desta conversa é pessoal. Eles estão descobrindo que têm algo em comum, a sociologia e, na medida em que vão revelando informações pessoais e que essas estão sendo bem recebidas e usadas pelo outro para continuar o diálogo, sentem-se aceitos e "entrosados". Dessa forma, estão começando a firmar uma boa atitude mútua.

Matadores de conversa

Algumas pessoas desestimulam qualquer conversa. Algumas das principais maneiras de fazer isso são as seguintes:

- Não reagir ao que o outro está dizendo.
- Não mostrar interesse em nada que o outro está dizendo.
- Interromper o outro e mudar de assunto repetidamente.
- Só falar dos seus assuntos.
- Apontar o lado negativo de tudo que está sendo dito.
- Dar uma de doutor sabe-tudo.
- Não levar a sério nada do que o outro diz (o galhofeiro).
- Ser indiscreto (por exemplo, perguntar de cara quanto o parceiro ganha ou se suas intenções são sérias).
- Ser discreto demais (não revelar nunca sua posição sobre os assuntos que estão sendo abordados).

E então?

Você é bom de papo? A sua maneira de conversar está de acordo com as observações acima? Peça a opinião de um amigo sobre a sua forma de conversar. Procure aperfeiçoar as suas percepções e habilidades nesta área. Vale a pena!

A importância da revelação de informações pessoais para os relacionamentos amorosos

O que revelamos e o que deixamos de revelar para os nossos parceiros amorosos afetam profundamente os relacionamentos que temos com eles. Muita gente conversa bastante sobre assuntos não pessoais. Isso é importante. No entanto, as conversas sobre assuntos pessoais têm um efeito especial na criação, no desenvolvimento e na manutenção dos vínculos afetivos. Elas funcionam como uma espécie de cola dos relacionamentos: nos ligamos mais com aquelas pessoas que se abrem conosco e que nos acolhem adequadamente quando nos abrimos com elas.

Dosagem certa de revelações

Não é adequado falar qualquer coisa, sem considerar a profundidade, para qualquer um, de qualquer forma e em qualquer momento. Para que as revelações sejam eficientes é necessário regular suas dosagens, suas formas de apresentação e as circunstâncias em que elas ocorrem.

Zonas de privacidade

Cada um de nós necessita de uma certa quantidade de privacidade. Esta quantidade varia bastante de uma pessoa para outra, de uma circunstância para outra e de um tipo de relacionamento para outro.

A melhor forma de representar visualmente os níveis de privacidade é por meio de um desenho de vários círculos concêntricos. A área que fica entre os dois círculos mais externos representa a zona mais superficial de privacidade. Ela pode ser exibida por quase todo mundo, para quase todos os tipos de interlocutores e em quase todos os tipos de situações. O círculo mais interno é a zona mais íntima de privacidade. Os acessos a essa zona são restritos a pessoas com as quais temos relações mais próximas ou a profissionais comprometidos com o sigilo profissional. Existem restrições àquilo que podemos comunicar mesmo para aqueles com quem temos relações muito íntimas. Por exemplo, certas informações que revelamos para os amigos não podem ser reveladas para os cônjuges e filhos (por exemplo, revelar um caso extraconjugal em andamento).

Os tipos de relacionamentos afetam os níveis de intimidade das comunicações

Cada tipo de relacionamento (amizade, romântico, profissional etc.) limita e impõe um determinado nível de compartilhamento da privacidade. Limita porque para cada tipo de relacionamento só é adequado revelar certos tipos de informações. Impõe porque cada tipo de relacionamento dá direito aos participantes a certos tipos e níveis de revelações. Por exemplo, para que um relacionamento seja considerado romântico cada parceiro deve compartilhar com o outro a grande maioria das coisas importantes que ocorrem com ele. Quando isso não acontece, aparece aquela sensação de que está acontecendo algo errado naquela relação.

As circunstâncias afetam os níveis de intimidade das comunicações

As formas e os conteúdos das conversas devem se adequar às circunstâncias. Existem momentos em que assuntos mais leves são mais indicados e outros em que as pessoas devem abrir a alma. Por exemplo, os manuais para tratamento de casais em crise sugerem que os assuntos espinhosos não devem ser tratados naqueles bons momentos que eles compartilham, como por exemplo, durante os jantares, na hora de dormir ou na hora que um está assistindo o seu programa predileto de televisão. Quando essa regra não é respeitada, esses bons momentos começam a ser associados com coisas ruins e podem deixar de existir.

Apresentar feedbacks sobre o que o interlocutor está dizendo é muito importante

Muita gente acha que se abrir com o interlocutor é revelar grandes segredos, guardados durante anos. No entanto, os estudos nesta área mostraram que mais importante que isso é o posicionamento sobre o que ele está dizendo e fazendo – revelar o que pensou e sentiu a respeito. Esse tipo de posicionamento anima a conversa e é um dos principais tipos de revelação que uma pessoa pode fazer para a outra.

A manifestação da atração pela outra pessoa é um dos principais caminhos para iniciar um relacionamento amoroso

Para que seja possível o início de um relacionamento amoroso, pelo menos uma das partes tem que manifestar o seu interesse pela outra e verificar se esta corresponde. Tal manifestação pode variar desde uma forma sutil e ambígua (pode ser confundida com manifestações de sociabilidade, polidez, amizade) até formas claras e explícitas de interesse amoroso (beijar na boca, pedido para namorar etc.), passando por formas intermediárias (rodear a outra pessoa, mostrar-se especialmente gentil com ela, só ter olhos para ela etc.).

Inimigos das revelações do interesse amoroso

Existe uma espécie de pacto de silêncio entre aquelas pessoas que são solitárias crônicas na área amorosa. Cada uma amarga a sua solidão no seu canto. Mas se a manifestação de interesse amoroso é tão importante, porque tanta gente deixa de fazê-la? Vamos examinar agora vários dos motivos para esse tipo de inibição.

"E se....?": um dos maiores inimigos dos inícios de relacionamentos amorosos

Uma vez atendi um cliente muito tímido. Ele já tinha perto dos 30 anos e nunca tinha namorado. Perguntei se ele tinha uma explicação para isso. Ele disse que ia relatar uma conversa que teve com um amigo do seu pai, que, pensava ele, explicava a sua situação. O seu relato foi o seguinte:

Fulano, que conhecia meu pai a vida toda, ao saber que eu tinha dificuldades para namorar, me chamou e disse:

— O motivo de você não namorar é o mesmo que o seu pai tinha antes de se casar (ele só namorou a sua mãe). Este motivo é o "E se...?".

— Como assim?, perguntei. Ele explicou.

O seu pai, sempre que sentia atração por uma moça, passava a fazer o seguinte questionamento: "E se ela ficar incomodada com a minha abordagem? E se ela tiver outros pretendentes muito melhores que eu? E se todo mundo ficar sabendo que eu levei um fora dela?", e assim por diante. Em razão desses questionamentos e dos temores que eles suscitavam, ele sempre optava por não tomar nenhuma iniciativa amorosa. A sua mãe teve que laçá-lo, se não ele teria fugido também.

Consequências mais temidas da manifestação de interesse amoroso

- *Medo de ser rejeitado* Este é o maior medo. Quando temos certeza de que uma iniciativa amorosa será aceita, quase todo o medo termina.
- *Medo de ser visto como inadequado* Temos medo de que a pessoa que recebeu a revelação passe a nos ver como inadequados e desprezíveis.
- *Medo de ver a si próprio como inadequado* Quando somos rejeitados e atribuímos a rejeição a alguma inadequação ou deficiência nossa, a nossa integridade psicológica fica ameaçada. Quando quem é rejeitado atribui pelo menos parte da rejeição às peculiaridades do rejeitador ou às circunstâncias, ela fica bem mais leve.
- *Medo de perder um relacionamento profissional ou amistoso que já existe* Há uma boa chance de a revelação do interesse amoroso alterar o relacionamento de outra natureza que já existe com a pessoa que recebeu tal revelação. O risco é duplo: ser rejeitado e, além disso, perder o relacionamento que havia anteriormente. Já ouvi muita gente se gabar de ser respeitada em um círculo profissional devido ao fato de nunca ter se envolvido com os clientes ("Onde se ganha o pão não se come a carne").
- *Medo que outras pessoas fiquem sabendo da rejeição* Existe a chance de a notícia da rejeição se difundir para outras pessoas e

daí ocorrerem novas consequências (fofocas, condenações etc.).

- *Perda da chance de cativar a outra pessoa* Quando uma pessoa sabe do nosso interesse amoroso por ela, (sugestão: fica mais difícil cativá-la). Enquanto passávamos apenas por amigo ou colega, tínhamos a oportunidade de tentar despertar a sua admiração e seu afeto. Quando ela fica sabendo do nosso interesse amoroso, as nossas ações passam a ser vistas como carregadas de segundas intenções.

Acolher adequadamente as revelações do parceiro

Não basta ter boas habilidades para revelar informações pessoais. Saber acolher as revelações do outro também é fundamental. O essencial é ouvir atenciosamente o que o outro está dizendo e validar os seus sentimentos. Quem ouve desta maneira diz palavras como: "Chato, não é?", "Pesado isso, não é?", "Você tem razão por estar se sentindo assim". Ou, quando o relato trata de algo positivo: "Que legal, parabéns". Tudo isso é dito no tom de voz condizente e com as expressões faciais adequadas ao conteúdo do que o parceiro relatou. Um erro muito comum é dar conselhos não solicitados. Muita gente alega que fica desconfortável quando outras pessoas estão revelando sentimentos porque não sabem o que dizer. Outras lançam mão de argumentos para tentar diminuir as causas do sofrimento. Outras ainda partem para o "Comigo aconteceu algo semelhante". (sugestão: Todas essas reações podem funcionar), mas o essencial é acolher o que está sendo dito e dar espaço para o interlocutor se expressar.

E então?

Revelar de forma adequada o nosso interesse amoroso e acolher devidamente as manifestações amorosas dos possíveis parceiros podem melhorar muito a nossa vida amorosa.

Custos e benefícios da conversa

Quantas vezes você já não ouviu frases do tipo: “Quando converso com ela, perco a noção do tempo” ou “Fujo dele. A sua conversa é muito chata”?

A conversa é o principal tipo de relacionamento interpessoal. É o recurso mais usado na relação entre as pessoas e pode afetar profundamente e de inúmeras maneiras os seus participantes. Ela é importante no início, no desenvolvimento e na manutenção dos relacionamentos amorosos. A conversa tem os seguintes efeitos nesse tipo de relacionamento:

- É uma das principais ferramentas para transformar relacionamentos não-amorosos, que já existem, em relacionamentos amorosos.
- É um dos principais critérios para decidir se o relacionamento amoroso que foi iniciado através da abordagem entre desconhecidos progredirá para um compromisso ou terminará.
- É um dos fatores que mais afetam a decisão de marcar um novo encontro entre pessoas que se conheceram de uma forma acidental (por exemplo, pessoas que começaram a conversar em uma fila ou durante uma viagem).
- É a principal forma de contato entre aqueles que se relacionam à distância (através da internet, por exemplo).

Segundo o americano John Gottman, um dos mais importantes pesquisadores dos relacionamentos amorosos, a satisfação está entre os principais preditores do sucesso desse tipo de relacionamento. Segundo o autor, para que haja satisfação é necessário que cada participante proporcione para o seu parceiro cerca de cinco unidades de benefícios para cada unidade de custo. No meu livro *Para Viver um Grande Amor*, enumerei várias formas de produzir benefícios e custos para o parceiro. Dentre elas, a conversa é a mais versátil e importante. Por isso, a conversa é o tema desta seção.

Embora a conversa possa proporcionar vários graus de benefícios para os seus participantes, ela também pode ser neutra ou trazer inúmeros malefícios para aqueles que dela participam. Para aumentar a sua consciência sobre os custos e benefícios que você tem proporcionado aos seus interlocutores através das suas conversas e vice-versa, responda o questionário que será apresentado em seguida.

Questionário: custos e benefícios proporcionados pela conversa

Pense em uma conversa importante que você teve recentemente. Dê uma nota de 0 a 10 para o quanto você concorda com cada uma das afirmações apresentadas abaixo que descrevem o que nela ocorreu. Coloque a sua nota dentro dos parênteses que estão na frente de cada afirmação. Essa nota deve ter o seguinte significado: quanto mais próxima do 0, mais você discorda da afirmação. Quanto mais próxima do 10, mais você concorda com a afirmação. Quando ela é 5, você nem concorda nem discorda da afirmação. Procure usar todas as notas, de 0 a 10.

Quanto cada afirmação descreve como fui tratado em uma conversa importante que tive recentemente

( ) O meu interlocutor mostrou disponibilidade para conversar comigo: parou o que estava fazendo, me convidou para sentar, deu a entender que tinha tempo para conversar.

( ) O meu interlocutor mostrou disposição para conversar: mostrou animação, puxou assuntos, pediu detalhes do que eu falei.

( ) Me senti confortável com a forma da conversa: fui considerado, fui pouco interrompido, tive tempo para me expressar.

( ) Me senti confortável com os assuntos tratados e que deixaram de ser tratados na conversa.

( ) Consegui expor plenamente aquilo que sentia e pensava.

( ) A conversa ofereceu o tipo de contribuição de que eu precisava naquela ocasião: ela ajudou a melhorar a minha percepção dos fatos, ajudou a melhorar a minha autoestima.

( ) A conversa fluiu: foi fácil obter e passar a palavra, as passagens entre os assuntos aconteceram inconscientemente e sem esforço.

( ) O meu interlocutor funcionou como ouvinte ativo. Ele apresentou as seguintes reações ao que eu dizia: prestou atenção, anuiu com movimentos de cabeça, emitiu sons, mostrou que estava raciocinando com o que ouvia e apresentou reações emocionais compatíveis com as mensagens que recebia.

( ) O meu interlocutor funcionou como um falante interessante: abordou assuntos envolventes, deu sinais de que estava gostando do que dizia, mostrou uma boa dose de envolvimento pessoal com o assunto, ficou atento às minhas reações e deixou-se influenciar por elas.

( ) Eu e o meu interlocutor contribuímos igualmente para o sucesso da conversa, tanto no papel de ouvintes como no de falantes.

( ) A conversa foi agradável. Daria para continuá-la indefinidamente.

Avaliação

Some todas as suas notas e divida por 11 (quantidade de questões). Se o resultado for menor que quatro, a conversa foi desagradável. Se ele variou entre quatro e seis, ela foi regular. Se ele foi superior a seis, ela foi boa para você.

Pense agora nesta mesma conversa e imagine como o seu interlocutor responderia às questões a seu respeito

Vamos examinar agora, mais detalhadamente, alguns dos principais custos e benefícios que podem ser produzidos por meio da conversa.

Tipos de benefícios que podem ser produzidos por meio da conversa

Muitas necessidades podem ser atendidas por meio da conversa. Por exemplo, uma conversa pode trazer efeitos benéficos porque:

- *Valeu a pena por si só* Foi agradável, envolvente etc.
- *Propiciou ganhos psicológicos* Melhorou a autoestima, diminuiu medos infundados, motivou, ajudou a melhorar a percepção etc.
- *Forneceu informações úteis para lidar com fatos importantes* Identificou doenças e seus tratamentos, melhorou a capacidade para atuar profissionalmente etc.
- *Coordenou ações* Por exemplo, coordenou ações de médicos durante uma operação, coordenou as ações dos funcionários de uma empresa na execução de uma tarefa etc.
- *Propiciou ganhos materiais* Serviu para identificar, negociar e implementar projetos que produziram ganhos econômicos etc.

Para que essas necessidades sejam atendidas, elas devem ser identificadas e correspondidas através da forma e do conteúdo da conversa.

Obviamente, existem muitas necessidades que não podem ser atendidas somente pela conversa. Por exemplo, as necessidades de comida, segurança, ajuda para executar tarefas caseiras, sexo e outras. Mesmo nestes casos, no entanto, a conversa pode ajudar a conseguir a cooperação do interlocutor para que tais necessidades sejam satisfeitas.

Exemplo sobre os procedimentos para produzir um tipo de bom efeito na conversa: acolher desabafos

Já ouvi várias pessoas afirmarem que não sabiam o que fazer para acolher um desabafo. Quem não sabe como agir com essa finalidade fica em uma situação desconfortável: teme não estar procedendo de uma forma útil e hábil. Vamos ver algumas sugestões para aumentar a eficiência nesses casos. Quando o interlocutor precisa desabafar, o melhor a fazer é estimulá-lo a falar, ouvi-lo com empatia, não dar conselhos, não tentar diminuir o que ele está sentindo e não contar casos semelhantes para que ele se sinta compreendido. É melhor não interrompê-lo. Reagir apenas com movimentos de cabeça, apresentar somente pequenos comentários do tipo "Que chato!", "Mal, não é?" e apresentar expressões faciais condizentes com os sentimentos que ele está expressando. Depois do desabafo, aí sim, pode ser útil oferecer ajuda, aconselhar, apresentar histórias semelhantes.

Efeitos negativos que podem ser produzidos por meio da conversa

Vamos apresentar aqui alguns dos principais efeitos negativos que podem ser produzidos por uma conversa. Esses efeitos, obviamente, devem ser evitados quando o objetivo é diminuir os custos proporcionados pela conversa.

- Desrespeitar: atacar a personalidade e a reputação do interlocutor.
- Agir impolidamente: dar ordens, deixar de usar atenuadores quando tiver que dizer algo desagradável, não agradecer um favor, não cumprimentar.

- Pressionar para participar da conversa de forma que não gostaria: escutar ou a falar mais do que gostaria sobre um determinado tema.
- Pressionar para concordar com um determinado ponto de vista, ameaçando impor consequências negativas caso isso não aconteça. Por exemplo, ameaçar interromper uma amizade caso o interlocutor discorde de uma posição assumida pelo outro.
- Adotar um nível de intimidade indesejado: excessivo ou superficial demais.
- Dizer coisas desagradáveis para o interlocutor.
- Anular o interlocutor: monopolizar o tema, o tempo ou a forma da conversa.
- Interromper demais.
- Fornecer conselhos não solicitados.
- Encarregar-se sozinho da tarefa de animar a conversa.

E então?

A conversa pode afetar profundamente os seus participantes. Converse bem e transforme os seus relacionamentos naquilo que você gostaria!

Polidez

O psicólogo americano Abraham Maslow, autor da famosa teoria sobre a hierarquia da importância das necessidades humanas, propôs que todos nós temos cinco níveis de necessidades:

- *Fisiológicas* Por exemplo, a comida e o sexo.
- *Segurança* A segurança do corpo e dos recursos.
- *Relacionamento* Amizade e família.
- *Estima* Autoestima e respeito dos outros.
- *Realização pessoal* Autorrealização e espontaneidade.

Nesta seção, vamos tratar da estima, o quarto nível dessa hierarquia. Vamos tratar principalmente de dois dos seus componentes mencionados acima: a autoestima e o respeito.

Aquelas pessoas que rebaixam a autoestima dos seus interlocutores ou que não os respeitam estão cometendo um erro gravíssimo, uma vez que estas são duas necessidades básicas da nossa espécie. Quem age desta forma causa um grave desconforto aos interlocutores, o que gera dificuldades para iniciar, desenvolver e manter relacionamentos amorosos.

A estima de uma pessoa é muito afetável pelo conteúdo e pela forma da conversa, principalmente pela polidez ou falta de polidez por parte do interlocutor. A palavra *polidez*, tal como está sendo utilizada aqui, significa *tato para se relacionar* e não "ser chique", saber usar os talheres ou usar o tipo certo de roupa nas recepções sociais. Muitas pessoas que são "chiques", neste segundo sentido, podem ser extremamente grosseiras nos seus relacionamentos sociais.

O caso de Inês, relatado em seguida, ilustra as consequências da falta de polidez.

Inês era linda, elegante e tinha uma boa condição financeira. Havia estudado nas melhores escolas e era muito viajada. Estava sempre em dia com as novidades. Aparentemente tinha tudo para fazer sucesso no campo amoroso. Logo na primeira sessão de terapia ela revelou que realmente tinha muita facilidade para iniciar esse tipo de relacionamento, mas, acrescentou, tinha muita dificuldade para mantê-los. Os motivos logo ficaram claros. Conversar com ela era frustrante e ofensivo. Ela dizia tudo que lhe passava pela cabeça, sem se preocupar com a escolha das palavras e com a forma de se expressar. Não poupava o interlocutor. Impacientava-se quando ele não era direto. Gabava-se de ser "transparente" — leia-se "não tinha papas na língua". Em resumo, ela não era nada polida e tinha muitos problemas por isso.

Um pensamento pode ser expresso por meio de muitas palavras com significados semelhantes, diversos tons de voz e formas diretas ou indiretas. Muitos dos vocabulários e formas de expressão, além de comunicar ideias, também expressam, simultaneamente, diferentes graus de polidez.

Polidez marcada e polidez não marcada

As culturas geralmente possuem códigos de conduta, não escritos e pouco conscientes, que prescrevem como as pessoas devem se portar durante uma conversa.

A polidez é denominada *não marcada* quando ela não vai além daquilo que é estipulado pela cultura e praticado pela maioria das pessoas. Este tipo de polidez passa despercebido – ela é considerada "normal" pela maioria das pessoas. Quando ela não é praticada nas ocasiões em que é esperada, aquele que a omitiu é visto como impolido, rude e deseducado. Por exemplo, dizer "obrigado" quando alguém fornece uma pequena informação nada mais é do que obrigação.

A polidez é denominada *marcada* quando ela vai um pouco além daquilo que é estipulado pela cultura. Quem a pratica é considerado *polido*. Por exemplo, abrir a porta do carro para a namorada ou ajeitar a cadeira para que ela se sente em um restaurante é uma *polidez marcada*. Quem a pratica é classificado como polido porque, atualmente, a maioria dos homens não age mais desta forma.

Manifestações da polidez

Existem muitas formas de ser polido ou impolido. Vamos examinar aqui algumas formas de ser polido. A polidez pode ser manifestada:

Através de ações que expressam respeito e visam o bem-estar da outra pessoa

Este tipo de polidez é constituído por vários pequenos cuidados com a outra pessoa. Exemplos:

- Abrir a porta e deixá-la passar primeiro; ajeitar a cadeira ou ceder o lugar para ela se sentar; deixá-la se servir primeiro do alimento.
- A maioria dessas ações é mais esperada por parte do homem em relação a uma mulher. Quando ambos os parceiros são do mesmo sexo, este tipo de polidez é mais esperado por parte daquele que tem menos poder no relacionamento.
- Ao telefonar, verificar o grau de disponibilidade da outra pessoa para conversar e ajustar a duração da comunicação a partir da informação recebida.
- Recepcioná-la condignamente. Exemplo: Quando estiver conversando com ela, cessar outras atividades para lhe dar toda a atenção.
- Apresentar reparações quando tiver que fazer algo que cause desconforto, como levar flores ou apresentar uma justificativa após agir de forma desagradável.

Através da comunicação

A polidez deve ser manifestada pelo ouvinte e pelo falante através da comunicação não-verbal e da comunicação verbal, ou seja, através da forma e do conteúdo daquilo que está sendo comunicado.

Vamos resumir aqui as principais formas de polidez que são manifestadas através da comunicação. Estas e outras formas são apresentadas mais detalhadamente no livro de Kerbrat-Orecchioni, *Análise da Conversação* (veja a referência completa no último capítulo deste livro).

Os seguintes cuidados devem ser tomados por todos os participantes de uma conversa:

- Tornar a conversa agradável para a outra pessoa.
- Contribuir para que ela seja bem-sucedida na sua tentativa de projetar uma boa imagem de si. Por exemplo, se ela tentar se apresentar como uma pessoa engraçada, altruísta ou vítima, tentar cooperar, dentro do razoável, para que tenha sucesso.
- Contribuir para que a outra pessoa tenha um papel importante na conversa. Por exemplo, não reduzi-la a mera espectadora passiva e não forçá-la a desempenhar um papel ativo por obrigação.
- Respeitar a dignidade dela. Por exemplo: quando tiver que falar algo comprometedor ou constrangedor para ela, procure fazer isso em particular e não em público.

Polidez por parte do ouvinte

Ouvir ativamente o que o outro está dizendo pode ser tão ou mais importante do que falar coisas que ele ache interessantes para ele. Uma das piores coisas é conversar com alguém que não dá importância para aquilo que estamos falando ou que mostra má vontade para nos ouvir. Exemplos de maneiras de ouvir ativamente:

- Ouça atentamente.
- Sempre que possível, acolha o que a pessoa está dizendo. Mesmo quando discordar, tente entender o seu ponto de vista.
- Não interrompa demais.

Polidez do falante

- Sempre que possível, fale coisas que reconheçam e realcem os méritos do interlocutor.
- Evite falar coisas desagradáveis e usar um tom de voz desagradável.

- Quando for inevitável falar coisas desagradáveis, adote formas de falar que amenizem os impactos negativos.

Vamos ver agora alguns recursos específicos que podem ser usados pelo falante polido.

Uso de amenizadores

O uso de amenizadores consiste em substituir uma formulação desagradável por outra mais amena. As principais formas de amenizar são as seguintes:

Usar a comunicação indireta quando for dizer algo que ameace a estima do interlocutor

Exemplos:

- *Substituir uma ordem (mais coercitiva) por pergunta (menos ameaçadora)* Por exemplo: em vez de dizer "Abra o vidro do carro", diga "Você poderia abrir o vidro?" ou "Está abafado aqui, não é?".
- *Apresentar uma pergunta que equivale a uma reprovação* Em vez de dizer: "Não quero que você faça isso", diga "Você não vai fazer isso de novo, vai?".
- *Apresentar uma confissão de incompreensão que equivale a uma crítica* Em vez de dizer: "Você não foi claro", diga "Não entendi o que você disse".

Usar desatualizadores

Os desatualizadores são recursos que distanciam quem fala daquilo que está sendo dito ou aquele que está recebendo a mensagem daquilo que está sendo falado. Por exemplo:

- *Uso do condicional* "Se você puder fazer isso, eu agradeço."
- *Uso do passado da polidez* Diga "Você poderia...?"
- *Uso de pronomes que despersonalizam o autor da frase* Em vez de dizer "Eu...", diga "Nós...", "A Gente..." ("A gente poderia ir ao cinema?").

Usar afirmações retóricas

- *Litotes* é uma figura de linguagem onde uma afirmação é substituída pela negação do contrário. Em vez de dizer que uma pessoa é feia, diga que ela não é bonita.
- *Eufemismo* é o uso de termos mais agradáveis para suavizar uma afirmação. Diga "Vamos dar um tempo" em vez de dizer "Não quero mais namorar você".
- *Tropo comunicacional* Falar para uma pessoa quando, de fato, quer mandar uma mensagem para uma terceira que também está ouvindo.
- *Usar fórmulas especializadas de polidez* Por exemplo: "Por favor", "desculpe-me".
- *Apresentar um enunciado preliminar para se desculpar por um desconforto que vai causar no interlocutor* Por exemplo: "Sei que você vai ficar com raiva de mim, mas não poderei te levar ao aeroporto".
- *Deixar uma saída para o interlocutor ao fazer um pedido* Por exemplo: "Eu gostaria de sair na quinta, mas se você estiver muito ocupado podemos deixar para o fim de semana".
- *Usar diminutivos para suavizar o desconforto daquilo que será dito* Por exemplo: "Posso falar um minutinho com você?".
- *Usar modalizadores* Estabelecer uma distância entre o sujeito da enunciação e o conteúdo do enunciado. Isto dá um ar menos autoritário. Por exemplo:

"Eu penso...", (creio, tenho a impressão etc.).

- *Usar desarmadores* Servem para antecipar e diminuir uma possível reação negativa ao que vai ser dito. Por exemplo: "Não queria importunar você...".
- *Usar o apagamento da referência direta aos interlocutores* Por exemplo: "É bom cultivar as amizades" em vez de dizer "Você cuida pouco dos amigos".

E então?

Seja polido e tenha mais sucesso nos seus relacionamentos!

O manual do chato

Uma conversa agradável é aquela que corre com facilidade, os assuntos surgem naturalmente, a passagem de um assunto para o outro acontece de uma forma imperceptível, perde-se a noção de tempo. Tudo isso faz com que ela seja percebida como prazerosa e envolvente. Todos estes efeitos são resumidos pela sensação de que há afinidade entre os parceiros, que há motivação para conversar e que o relacionamento entre eles vai de vento em popa.

A conversa tem um papel central em todo início de relacionamento amoroso, seja na paquera entre desconhecidos ou na transformação de relacionamentos que já existem em relacionamentos amorosos. O início de um relacionamento amoroso entre desconhecidos não consiste apenas em uma paquera à distância, seguida da abordagem por uma das partes. Para que este início seja efetivado, geralmente existe o teste da conversa: os parceiros conversam por um certo tempo para se certificarem de que são mutuamente compatíveis. O papel da conversa é bem ilustrado pela anedota abaixo:

Duas amigas estão em uma balada. Uma delas fica entusiasmadíssima com alguém da mesa ao lado. Depois de um tempo, ela e o rapaz começam a flertar. O rapaz a aborda e ambos começam um encontro alucinante. Tudo o mais se torna secundário. A amiga vai embora, porque sentiu que estava sobrando. No dia seguinte, as duas amigas se encontram. A amiga que tinha ido embora antes pergunta: "E aí, está com aquele rapaz? Ontem você estava tão entusiasmada". A outra responde: "Não. Ele me decepcionou". A amiga, muito espantada, pergunta: "Por quê?". A outra responde: "Quando saímos da balada consegui ouvir direito o que ele dizia!".

Vamos examinar agora algumas formas específicas de ser chato através da conversa. O objetivo desta seção, obviamente, é contribuir para que você tome consciência e evite comportamentos desse tipo.

Os chatos na conversa seguem duas regras gerais e diversas regras específicas. As regras gerais são:

- "Não considere o seu interlocutor".
- "Não faça nenhum esforço para que o seu relacionamento com ele seja agradável, edificante, respeitoso, divertido e motivador".

As maneiras específicas serão apresentadas a seguir.

Maneiras específicas de ser chato em uma conversa

Infelizmente, existem várias maneiras de ser chato em uma conversa. Vamos examinar aqui algumas das principais.

Forçar conversas e temas

Nem sempre é possível conversar com uma pessoa ou tratar de um determinado tema com ela. E os motivos são vários: quando pelo menos uma das partes considera que a outra não é um interlocutor adequado (por exemplo, o interlocutor é alguém desconhecido que faz uma abordagem na rua), quando o momento não é adequado (por exemplo, uma das partes está sem tempo), quando existem dificuldades para localizar assuntos adequados e envolventes naquele momento (não ter nada para conversar naquele momento) etc.

Quem faz uma ligação telefônica deve se certificar se está interrompendo

O telefonema em momentos inconvenientes é um caso frequente de conversas forçadas. Quando ligamos para uma pessoa nunca sabemos o que ela está fazendo. É bom sempre começar uma ligação perguntando: "Estou interrompendo alguma coisa?" ou algo equivalente. Caso o outro dê algum sinal de que sim, quem ligou deve se prontificar em dizer: "Te ligo outra hora" ou algo do gênero ou, pelo menos, ser muito breve no que tem para dizer. Também ajuda muito quando alguém que recebe uma ligação inconveniente diz, assim que atende ao telefone: "Olá, fulano. Tudo bem? É urgente? Posso te ligar daqui a pouco?" ou algo do gênero.

Monopolizar os papéis de falante ou de ouvinte

Para que haja uma conversa é necessário que haja alternância nos papéis de ouvinte e falante. Caso isso deixe de ocorrer, o acontecimento não é um diálogo. Pode ser um monólogo, uma palestra, uma declaração ou algo do gênero. Essa falha na alternância de papéis pode ocorrer porque um dos interlocutores não quer abrir mão do seu papel de falante ou de ouvinte. O primeiro caso ("pessoas que falam demais") é mais comentado por aí do que o segundo ("pessoas que ouvem demais" ou "pessoas que falam de menos").

Falar demais

O falante compulsivo se dá ao direito de fazer todas as associações e desenvolver todos os assuntos que vão lhe passando pela cabeça. Ele só está interessado em se exibir, desabafar ou produzir determinadas reações no ouvinte. Não está interessado no que se passa com este. Falar demais anula o ouvinte e impõe-lhe um problema: ou suporta aquele falante desagradável ou age de uma forma rude para interrompê-lo.

Duas medidas são sugeridas para evitar falar demais:

- Falar no máximo por cinco minutos e passar a palavra.
- Mencionar os temas e só desenvolvê-los à medida que o interlocutor manifeste interesse.

Recusar a palavra

Algumas pessoas se recusam sistematicamente a ocupar o papel de falante. Quando são pressionadas a fazê-lo, falam o mínimo possível e de forma pouco comprometedora, criando uma conversa assimétrica e, geralmente, pouco interessante. A pessoa que fala muito pouco contribui menos, deixa de expor a sua posição, dá a impressão de pouco interesse e de falta de confiança em si mesmo e no interlocutor. Essa forma de participação é insatisfatória principalmente para os interlocutores que não são compulsivos para falar e que, por isso, não querem ficar falando sozinhos.

Empurrar para o outro toda a tarefa de manter a conversa

Algumas pessoas não se sentem obrigadas a contribuir para o sucesso da conversa. Não se esforçam para agradar e para fazer o interlocutor se sentir bem. Aparentemente, adotam a seguinte regra: "O outro que se vire para tornar as coisas interessantes. Vou ficar na minha".

Existem várias formas de não contribuir para que a conversa fique interessante: não ajudar a procurar assuntos, não conduzir conversas amenas enquanto não aparece um assunto mais interessante, não funcionar como ouvinte ativo, não puxar assuntos, não mostrar envolvimento, não se manifestar (nem mesmo quando estiver achando a conversa interessante), não ajudar a manter e a desenvolver os assuntos propostos pelo interlocutor, entre outras.

Mostrar desatenção

Esta forma de ouvir passivamente é ainda mais grave. O ouvinte passivo mostra sinais fracos de interesse e envolvimento. O desatento deixa de apresentar sinais de atenção ou mostra sinais de atenção para outras coisas como, por exemplo, ficar olhando para o que está ocorrendo no ambiente ou apresentar sinais de que quer continuar a se concentrar em outra atividade (continua com um livro aberto na mão, com o corpo orientado para a televisão ligada etc.).

Interromper demais

Certa vez fiz a seguinte experiência com meus alunos: apresentava uma pergunta para um deles e, assim que ele começava a responder, eu apresentava outra pergunta. Assim que ele começava a responder esta segunda pergunta, eu apresentava uma terceira, e assim por diante. Geralmente três ou quatro perguntas com interrupções em todas as respostas eram suficientes para fazer o aluno ferver de raiva. Ele se mostrava perturbado, frustrado e agressivo comigo. Só se acalmava um pouco quando eu explicava que este procedimento estranho e rude tinha o objetivo de demonstrar os efeitos da interrupção.

A interrupção pode acontecer em diversos contextos:

- No meio de uma palavra.
- No meio de uma frase.
- No meio de uma ideia ou de um tema.

Uma quantidade moderada de certos tipos de interrupção pode ser bem-vinda. Por exemplo, as interrupções para fins de esclarecimento (de um termo ou ideia), e as interjeições ou comentários breves apresentados pelo ouvinte, que não exijam respostas elaboradas. São tipos de interrupção que podem indicar interesse e envolvimento do ouvinte, o que é motivador para o falante.

Dar conselhos não solicitados

Muita gente confunde o interlocutor que quer apenas relatar ou desabafar sobre um acontecimento com aquele que está pedindo conselhos. Os homens, principalmente, cometem muito esse tipo de erro. As mulheres odeiam, por exemplo, quando começam a contar um fato aborrecedor que ocorreu no trabalho e o marido logo se apressa em sugerir medidas que ela deveria tomar. O conselho na hora errada encerra a fase de desabafo. Isso acontece principalmente quando o conselheiro espera que o outro passe a considerar aquilo que aconselhou e fica irritado quando o outro mostra resistência e não dá sinais de que vá implementar o sugerido.

Ladrão de holofotes

Neste caso, o chato segue as seguintes regras: "O que aconteceu comigo é mais importante do que o que aconteceu com você" e "A minha notícia é mais interessante do que a sua".

Quando esse tipo de chato atua, a pessoa que introduziu o tema não consegue obter o impacto que queria. O tema pode continuar em pauta, mas agora quem o expressa é o ladrão. Ele continua a tratar do tema que o outro apresentou, mas da forma que o interessa: como o fato o afetou, como ele o vê, como tratou dele, enfim, como é mais importante a sua relação com o tema do que a daquele que o introduziu. Ele adquire o controle do tempo, da palavra e da forma da conversa.

E então?

Evitar ser chato já é meio caminho andado para uma boa conversa.

8

CONDIÇÕES PSICOLÓGICAS QUE AFETAM O SUCESSO DOS RELACIONAMENTOS AMOROSOS

Diversas características psicológicas facilitam ou atrapalham o início e o desenvolvimento dos relacionamentos amorosos. Dependendo do quanto uma pessoa possua cada uma dessas características, ela pode se tornar mais ou menos: atraente, motivada para participar de atividades que aumentam as chances de encontrar parceiros, apta para escolher um parceiro adequado para si, apta para produzir um relacionamento agradável e nutritivo com o parceiro amoroso.

Ânimo para iniciar relacionamentos

Mariane está desanimada com a sua vida amorosa. Ela tem 36 anos, é bem-sucedida profissionalmente e bonita. Teve dois namoros longos: um de quatro anos e, logo em seguida, um de cinco anos. Agora, dois anos depois que ela terminou este último namoro, já iniciou vários relacionamentos, mas nenhum foi além de um mês. Ela está perdendo as esperanças. Parece que os homens não querem nada sério, só sexo e rolos. Essa desesperança está fazendo com que ela perca a energia para sair, flertar e aproveitar as chances que aparecem no seu caminho. Quando alguém manifesta interesse, ela responde com suspeitas e exigências. Vai logo avisando que só está interessada em relacionamento sério. Fica vigilante para ver se a outra pessoa quer mesmo compromisso ou se a está "enrolando". Todo este clima de suspeitas e cobranças acaba contaminando seus relacionamentos, impedindo que sejam iniciados ou precipitando os seus términos. A sua desesperança, o seu pessimismo e as suas suspeitas funcionam como profecias autorrealizadoras: contribuem para provocar aquilo que ela teme — o fim do relacionamento. O seu desânimo está aumentando a cada novo fracasso. Atualmente ela está muito descrente e quase não tem energia para tentar mais nada.

No nosso país, existe uma percentagem crescente de pessoas que estão vivendo sozinhas. Muitos desses solitários poderiam ser parceiros mútuos. No entanto, eles não agem de forma eficaz para sair de seu isolamento e ficam sofrendo cada um no seu canto. Agir implica exposição, o que, segundo eles, poderia gerar mais sofrimentos: a humilhação de admitir a própria carência e o risco de ser rejeitado por não ter atrativos suficientes ou por ser inábil para conquistar e manter o parceiro.

Aqueles que não têm tanto medo de agir acumulam muito mais chance de se envolverem em relacionamentos amorosos. Basta tentar aqui e ali que logo desentocam um bom parceiro amoroso, mesmo que seja alguém que estava escondidinho atrás dos seus medos.

Determinantes do sucesso para iniciar namoros

Estes são os quatros principais determinantes do sucesso de qualquer tipo de empreendimento, inclusive do sucesso para iniciar e desenvolver relacionamentos amorosos. Vamos examiná-los agora.

1. Ânimo para agir

O ânimo para agir e o otimismo sobre as chances de desenvolver um relacionamento amoroso talvez sejam os fatores que mais contribuem para o sucesso em iniciar esse tipo de relacionamento. As pessoas que têm ânimo para cuidar da aparência, para frequentar locais onde existam mais oportunidades de encontrar alguém, para paquerar e para atrair possíveis parceiros levam uma grande vantagem até mesmo sobre aquelas que possuem atributos pessoais mais valorizados, mas que não dispõem de tanto ânimo para tais atividades.

Uma companheira frequente do desânimo é o fatalismo, que é expressado por frases do tipo "O que tiver que ser será", "Se tiver que encontrar um amor ele aparecerá na minha frente. Não adianta fazer nada", "Conheço uma pessoa que lutou e não conseguiu nada e outra que não fez nada e conseguiu tudo". Esse tipo de crença é o que dá sustentação à inércia.

O sofrimento é mais motivador do que a resignação

Aqueles que, após um certo tempo sem relacionamento amoroso, apresentam uma dose moderada de sofrimento, de carência e de sentimentos desagradáveis de solidão, têm mais motivação para agir e iniciar um novo relacionamento do que aqueles que ficam desanimados, descrentes e conformados. O sofrimento, neste caso, embora incômodo, ajuda a motivar a pessoa a sair da situação em que se encontra. O prognóstico é pior para aqueles que já se conformaram com a solidão e aprenderam a conviver com ela. Por outro lado, o sofrimento muito intenso pode ser imobilizante: ele toma a pessoa, a intoxica, a imobiliza e, por isso, a impede de agir de forma eficaz.

Possíveis causas do desânimo

O desânimo geralmente é provocado por um, ou mais que um, dos cinco seguintes motivos:

Quem tomou conta da criança tinha um estilo de apego evitativo

Vários estudos mostraram que crianças que foram cuidadas por pessoas que não eram protetoras e afetivas tiveram mais dificuldades posteriores para se envolver em amizades e, quando adultas, para se envolver em relacionamentos românticos. As pessoas que foram tratadas assim na infância tinham medo de se entregar ao amor e se sentiam incomodadas quando os outros tentavam se entregar a elas.

Carência de experiências amorosas bem-sucedidas durante a vida

Algumas pessoas tiveram poucas experiências amorosas bem-sucedidas durante a vida. Por isso, não sentem muita falta desse tipo de relacionamento. Geralmente precisamos experimentar e gostar de algo para que passemos a sentir a sua falta.

Experiências amorosas malsucedidas no passado

Existem dois tipos de insucessos amorosos:

- *Relacionamentos amorosos traumáticos* Aqueles que produziram sofrimentos intensos provocados, por exemplo, por traições e agressões. Pessoas que foram seriamente feridas em relacionamentos anteriores evitam se entregar novamente porque temem ser feridas mais uma vez.
- *Experiências repetidas com relacionamentos amorosos que nunca progrediram satisfatoriamente* Essas experiências geram a sensação de que não vale a pena tentar novamente porque não vai dar certo mesmo.

Não saber que medidas tomar para aumentar as chances de iniciar relacionamentos amorosos

Algumas pessoas são desmotivadas simplesmente porque não

conseguem imaginar o que poderiam fazer para aumentar suas chances de iniciar relacionamentos amorosos.

Ter inibições descabidas para tomar medidas eficazes que contribuam para iniciar e desenvolver relacionamentos amorosos

Estas inibições podem ser provocadas por certas características de personalidade (timidez excessiva, por exemplo) ou pela incorporação de normas restritivas (como a adoção de normas morais ou religiosas que censuram vários tipos de ações eficazes para iniciar relacionamentos amorosos).

2. Decisão para agir

Quem está decidido a agir geralmente possui um conjunto de condições psicológicas que favorecem o sucesso do seu empreendimento. Por exemplo, quem está decidido geralmente crê que é possível atingir os seus objetivos, tem disposição para agir e tem disposição para começar rapidamente.

Quando uma pessoa procura o meu consultório e mostra ânimo e decisão para agir, fico muito otimista quanto às suas chances de sucesso. Geralmente ela já está pronta para definir o que deverá fazer e para combinar um cronograma para implementar o que for definido. Daí para frente, em cada sessão de terapia são examinados os acontecimentos na área amorosa que ocorreram na semana anterior e como a paciente se sentiu e se portou em cada uma das ocasiões. É então realizado um trabalho para reforçar aquilo que ela já está fazendo da forma certa e para corrigir as suas concepções e ações que estão lhe causando problemas. Depois são examinadas as situações com as quais ela poderá se deparar na semana seguinte e trabalhados os seus recursos cognitivos, emocionais e comportamentais para aumentar a eficácia de suas ações.

3. Definição das ações

Quando uma pessoa consegue ver claramente o que deve fazer para resolver seu problema, isto já é meio caminho andado para a sua solução. Aquilo que ela pretende fazer geralmente pode ser dividido em pequenas partes, que poderão ser enfrentadas uma a uma com relativa facilidade.

4. Cronograma de ações

"Nada é impossível. Aquilo que é difícil pode ser quebrado em pequenas partes mais fáceis de serem realizadas." Uma grande modificação na nossa vida, que só pode ser obtida em médio prazo, pode ser alcançada por meio de pequenas medidas no dia a dia. Por isso é importante ter objetivos em curto, médio e longo prazo. É importante saber quais medidas concretas deverão ser tomadas a cada dia ou, pelo menos, semanalmente. É importante se comprometer com alguém a respeito da realização dessas tarefas. Por outro lado, não é bom se comprometer com a realização de muitas tarefas ou com tarefas muito difíceis de serem realizadas. Como diz um ditado popular: "Devagar se vai ao longe". Cumprida a obrigação especificada, o restante do dia está livre. O que vier a mais é lucro.

Exemplos de tarefas específicas para realizar na próxima semana:

- Falar com pelo menos duas pessoas de sua lista de contatos virtuais que estiverem online e que poderiam ser suas parceiras amorosas.
- Produzir novas fotos, com mais qualidade do que as anteriores, e colocá-las no seu perfil em sites de relacionamento.
- No seu local de trabalho ou estudo, cumprimentar mais calorosamente pessoas que poderiam ser seus parceiros amorosos.

Telefonar ou mandar e-mails para três conhecidos que você não vê há algum tempo. A finalidade desta medida é investir na ampliação do seu círculo de amizades. Isto é importante, porque as amizades são imprescindíveis para o equilíbrio psicológico e também são uma das fontes mais importantes de oportunidades para conhecer possíveis parceiros.

E então?

Reveja as suas crenças pessimistas. As coisas podem ser mais fáceis do que você imagina.

Motivação: o maior aliado para iniciar relacionamentos amorosos

Se eu tivesse que apontar uma única característica daquelas pessoas que têm mais facilidade para iniciar relacionamentos amorosos, eu provavelmente apontaria a *motivação para participar de atividades que facilitam os inícios desse tipo de relacionamento.* Creio que essa característica é mais importante, por exemplo, do que a beleza e o dinheiro. Vamos examiná-la um pouco mais.

Questionário para avaliar sua motivação

Dê uma nota de zero a dez para quanto você concorda com cada uma das seguintes afirmações (0 – discordo totalmente; 5 – concordo mais ou menos; 10 – concordo totalmente):

( ) Gosto muito de frequentar festas, eventos, baladas, exposições, coquetéis etc.

( ) Sempre que sinto atração por uma pessoa, faço algo para aumentar a chance de iniciar um relacionamento amoroso com ela (por exemplo, fico rodeando ou acho um pretexto para falar com ela).

( ) Sempre procuro flertar com pessoas atraentes.

( ) Neste momento existe pelo menos três pessoas no meu círculo de relações pelas quais sinto atração em um grau que seria suficiente para iniciar um relacionamento amoroso (desconsidere os compromissos para responder esta questão).

( ) Em qualquer lugar que estou, sempre noto a presença de pessoas atraentes (não sou daqueles que entra e sai dos lugares e nem vê as pessoas atraentes que estão ali).

( ) Quando há pessoas atraentes presentes, sempre procuro notar como elas estão reagindo a mim.

Interpretação dos resultados

Some os valores que você atribuiu a cada uma das seis questões acima e, em seguida, compare o escore que você obteve com as faixas de motivação abaixo.

Nota 0 a 24: baixa motivação
Nota de 25 a 36: média motivação
Nota de 37 a 60: alta motivação

Leia o texto abaixo para entender melhor a natureza dessa motivação e sua importância para os relacionamentos amorosos. (Observação: esse questionário não mede precisamente a intensidade da sua motivação para atividades que facilitam os inícios de relacionamentos amorosos. Portanto, não se impressione muito com os seus resultados. Ele, no entanto, é muito útil para ajudar você a refletir sobre o tema.)

Pessoas animadas a participar de atividades que facilitam os inícios de relacionamentos amorosos

Existem diversos tipos de atividades que facilitam os inícios de relacionamentos amorosos, como:

- Participar de sites de relacionamento.
- Frequentar festas, bares de paquera e eventos.
- Trabalhar e estudar em locais onde haja parceiros compatíveis e disponíveis.

Várias dessas atividades são praticadas primariamente por outros motivos que não o amoroso (por exemplo, estudar ou trabalhar), mas também oferecem oportunidades para iniciar um relacionamento dessa natureza. Outras são voltadas explicitamente para os relacionamentos amorosos, como a frequência em locais de paquera.

A intensidade e a natureza da motivação para participar dessas atividades variam muito entre as pessoas. Algumas participam com muito prazer e excitação. Outras participam por obrigação, porque sabem que "o príncipe encantado não vai bater em suas portas". Outras, ainda, participam muito pouco, mesmo sabendo que esta abstenção diminuirá suas chances de encontrar alguém compatível.

As pessoas que têm mais motivação nessa área também estão sempre atentas para as oportunidades amorosas, onde quer que estejam. Por exemplo, quando vão ao supermercado, a um restaurante e mesmo quando estão no trânsito, notam mais frequentemente a presença de possíveis parceiros do que aquelas pessoas que têm menos motivação. As pessoas mais motivadas não se limitam a esperar sinais de interesse da outra parte. Elas também tomam a iniciativa, mostram-se interessadas e ficam atentas para as reações dos seus destinatários.

Para as pessoas que são muito motivadas na área amorosa, este tema está sempre presente. Por exemplo, quando elas estão conversando com pessoas atraentes, mesmo que os assuntos tratados não sejam do campo do amor, seus olhares demoram um pouco mais nos olhos ou na boca do interlocutor. Nessas ocasiões elas também acentuam seus comportamentos que expressam sinais de gênero (maneiras de se comportar que distinguem os homens das mulheres).

Aqueles que têm pouca motivação nesse setor, ou que são muito inibidos para expressá-la, podem encarar as atividades que facilitam o início de relacionamentos amorosos como uma espécie de tortura. Pulariam essa fase, se pudessem. Muitos deles também são cheios de restrições: "Não namoro pessoas com as quais tenho relações profissionais", "Odeio bares de paquera", "Acho muito estranho conversar com um desconhecido na internet".

É claro que as peculiaridades devem ser respeitadas – não é aconselhável se obrigar a fazer coisas muito desconfortáveis ou violar os próprios limites. No entanto, muitas dessas restrições são frutos de ideias equivocadas que podem ser modificadas pelo esforço e, nos casos mais difíceis, com o auxílio de um terapeuta. De qualquer forma, cada restrição a um desses caminhos para iniciar relacionamentos amorosos implica uma diminuição das chances de encontrar alguém.

A falta de demonstração de interesse amoroso pode fazer com que a pessoa seja vista "apenas como amiga" ou até como "assexuada". Uma maneira comum de não demonstrar interesse amoroso é se entusiasmar tanto com outros assuntos a ponto de se esquecer de que está conversando com uma pessoa atraente. Vamos agora ver um exemplo que ilustra essa forma de agir.

O rapaz que não mostrava interesse amoroso

Tive um paciente que fazia amizades com a maior facilidade. Todo mundo gostava dele. No entanto, as mulheres não sentiam atração amorosa por ele — diziam que ele era "neutro" ou "assexuado". Um dos motivos da sua "neutralidade" é que ele não criava um clima amoroso com as suas parceiras, mesmo quando sentia atração ou estava apaixonado por elas. Durante as conversas ele "esquecia" rapidamente que estava com uma mulher atraente e voltava totalmente a sua atenção para os assuntos que estavam sendo tratados. Ao fazer isso, ele neutralizava qualquer clima amoroso que pudesse estar surgindo entre eles e desviava o foco de seus relacionamentos para a amizade.

Para mudar esta situação sugeri a ele que:

- Quando estivesse conversando com uma mulher atraente, procurasse não se esquecer de continuar a apreciar a beleza dela, a sua boca e o seu charme mesmo quando estivesse conversando sobre outros assuntos.
- Olhasse mais insistentemente nos olhos dela e tocasse mais frequente e demoradamente as suas mãos e os seus braços durante a conversa.

Pouco tempo depois que ele começou a colocar esses conselhos em prática, elas começaram a dizer que ele estava "diferente". Mais algum tempo de prática e ele começou a "ficar" com várias delas e, em seguida, começou a namorar uma que já o atraía havia bastante tempo.

Uma mulher decidida

Vamos ver um relato sobre uma mulher que era muito decidida e motivada, e agia de forma bastante eficiente para iniciar relacionamentos amorosos.

Dulce tinha 50 e poucos anos. Logo no início da sua primeira sessão de terapia ela declarou: "Faço tudo o que for preciso para deixar de ser só. Quero encontrar um parceiro amoroso compatível comigo e iniciar um relacionamento com ele. Sou tímida, mas estou decidida a superar esse obstáculo".

Ela realmente estava decidida. Após algum tempo de terapia ela começou a agir com desenvoltura. Em cada uma das sessões terapêuticas eram comemorados os seus sucessos recentes e trabalhados os obstáculos que ela tinha encontrado na semana anterior. Ela muitas vezes não tinha companhia para sair. Para superar esse obstáculo, ela criou um artifício: arranjava "amigas postiças" nos próprios locais. Por exemplo, ela ia a uma boate sozinha. Lá dentro se aproximava de um grupo de mulheres e dizia. "Desculpe-me. Estou esperando uma amiga. É ruim ficar aqui sozinha. Posso ficar com vocês até ela chegar?". É claro que a amiga nunca chegaria. Muitas vezes ela até acabava fazendo amizade com as novas conhecidas.

Dulce adotou as seguintes regras de ação:

- Cada dia faria pelo menos um ato que aumentasse as suas chances amorosas.
- Sempre que se deparasse com uma pessoa que a atraísse, criaria um pretexto para travar contato com ela ou para aumentar as chances de ela fazer contato. Por exemplo, quando estava em um restaurante do tipo self-service, esperava a hora que a outra pessoa ia pegar a fila para se servir e dava um jeito de pegar a fila logo atrás dela. Agindo assim ela aumentava as oportunidades de ocorrer algum contato, tal como a pessoa fazer a gentileza de passar um talher para servir saladas ou apresentar algum comentário sobre um alimento que estava exposto. A partir de um gesto desse tipo poderia surgir uma conversa e um possível encontro.

Depois de algum tempo agindo assim, Dulce iniciou vários relacionamentos e estava saindo com seus pretendentes com a finalidade de escolher aquele que fosse mais compatível com ela.

Este caso real mostra como a motivação para agir pode superar qualquer obstáculo!

E então?

Você tem baixa motivação ou não é determinado nessa área? Procure ajuda profissional. Anime-se e transforme o seu mundo!

O controle emocional

Quando pensamos nas características que queremos em um parceiro amoroso, logo vem à nossa mente uma série de qualidades agradáveis. Existem, no entanto, outras características que são extremamente úteis para desenvolver um relacionamento. Uma delas é a capacidade para lidar com as emoções negativas. É importante escolher um parceiro que tenha um bom controle emocional; e também é importante desenvolver o próprio controle emocional para aumentar a atração pessoal e para ser capaz de construir um bom relacionamento.

Todo relacionamento produz efeitos agradáveis e desagradáveis. Por exemplo, muitas vezes, durante uma mesma conversa, ouvimos coisas agradáveis, interessantes e lisonjeiras e, por outro lado, temos que ceder a palavra quando gostaríamos de continuar a falar, temos que fazer esforço para ouvir coisas desinteressantes, mas que são importantes para o parceiro, sofremos rejeições de assuntos que gostaríamos de abordar e ouvimos indelicadezas. Tais eventos podem provocar diversos tipos de estados psicológicos negativos, como a frustração e a raiva. A frequência com que estas emoções estão presentes nos nossos relacionamentos e a forma como lidamos com elas e com as situações que as provocam afetam profundamente a qualidade e a durabilidade dos relacionamentos.

Como anda o seu controle emocional?

Responda agora às questões abaixo. Elas vão ajudar você a avaliar a sua capacidade para administrar emoções negativas. Dê uma nota de 0 a 10 que indique quanto você se identifica com cada uma das seguintes afirmações (0: esta afirmação não tem nada a ver comigo; 5: identifico-me mais ou menos com a afirmação; 10: esta afirmação descreve exatamente como sou):

( ) Lido muito mal com a frustração: fico muito irritado quando sou contrariado.

( ) Sou muito ciumento. Quando fico enciumado, sofro muito e ajo de forma inadequada.

( ) Sou do tipo "panela de pressão": vou engolindo coisas negativas até certo limite, aí reajo fortemente à primeira provocação, por menor que seja.

( ) Sou facilmente provocável: não é necessária muita coisa para me tirar do sério.

( ) Pratico a política "bateu-levou": se me agridem, agrido de volta.

( ) Sou intolerante com as pessoas: tenho muita dificuldade de aceitar que elas tenham pontos de vista diferentes dos meus.

( ) Geralmente encaro as discordâncias dos meus pontos de vista como desafios e ataques pessoais.

( ) A raiva me leva a dizer e a fazer coisas absurdas, das quais logo me arrependo.

( ) Não sei lidar com pessoas que estão emocionalmente descontroladas.

( ) Tenho muita dificuldade para perdoar e esquecer ofensas.

( ) Depois de uma briga fico muito tempo emburrado.

( ) Frequentemente perco o controle emocional: facilmente sou tomado por emoções fortes.

( ) Tenho muita dificuldade para separar aquilo que me afetou em outras circunstâncias daquilo que está acontecendo agora no meu relacionamento. Por exemplo, quando algo me irrita no trabalho, geralmente levo essa irritação para a minha relação com meu amor.

Quanto maior a quantidade de itens aos quais você atribuiu nota maior do que cinco, mais você está sujeito ao descontrole emocional. Essas afirmações cobrem diversos tipos de emoções que serão abordadas neste artigo.

Causas do descontrole emocional

O seguinte relato mostra como o descontrole emocional pode ser causado por uma combinação de diferentes fatores.

Frederico sempre teve um temperamento explosivo. Recentemente estava ainda mais irritado e estressado. Num dia desses, vários incidentes negativos ocorreram. Não tinha conseguido dormir muito bem e, para piorar as coisas, o primeiro despertador não funcionou. Por isso, ele só acordou quando o segundo tocou, dez minutos depois, já em cima da hora. Ele odiava ter que levantar imediatamente assim que acordava, por isso colocava os dois despertadores. Levantou, tomou um banho rápido, engoliu o café e saiu rapidamente para trabalhar. Já fazia algum tempo que não estava sentindo nenhum prazer naquele trabalho. Chegando lá se deparou com um chefe irritado, que foi logo dizendo que ele estava atrasado 15 minutos para a reunião. Este conjunto de acontecimentos negativos estragou o humor de Frederico durante o restante do dia: ele teve que fazer muito esforço para não explodir em diversas ocasiões. Assim que chegou em sua casa, sua esposa mal o cumprimentou e já começou a reclamar porque ele tinha se esquecido de pagar umas contas.

Foi a gota d'água: ele começou a gritar com ela e pôs para fora tudo o que ela andou fazendo de negativo nos últimos meses. Ela revidou e, por isso, a briga foi feia. Agora eles passariam um bom tempo emburrados, cada um no seu canto.

Essa história mostra como uma característica psicológica duradoura (ter um temperamento explosivo), um problema psicológico crônico (estresse crônico), acontecimentos não sociais (ter que levantar da cama assim que acordou, ter que se apressar para não perder a hora e ter que comparecer a um emprego desagradável) e motivos sociais (bronca de um chefe irritado e reclamações da esposa) podem se somar para produzir um tremendo mau humor e uma explosão de raiva. O mau humor pode gerar atritos com outras pessoas, o que retroalimentará os estados desagradáveis.

Custos do descontrole emocional

O descontrole emocional pode causar problemas de diversos graus de gravidade. Vamos examinar aqui alguns casos ilustrativos.

Grandes encrencas causadas pelo descontrole emocional

Pessoas emocionalmente descontroladas frequentemente se metem em grandes encrencas. Para ajudá-las, foram desenvolvidos diversos tratamentos. Uma versão humorística de um desses programas foi mostrada no filme *Tratamento de Choque*. No filme, Jack Nicholson faz o papel de um terapeuta ("Dr. Buddy Rydell") que lida com pessoas que cometeram algum tipo de infração legal devido ao descontrole emocional e que, por isso, foram obrigadas pela Justiça a se submeterem a um tratamento. A história mostra o tratamento altamente provocativo que o Dr. Buddy impõe ao infrator Dave Buznik (interpretado por Adam Sandler).

Outra consequência grave é a separação de casais. O tipo de descontrole que pode levar a isso transforma em um inferno a convivência do casal, podendo inclusive dar margem a agressões verbais e físicas. Segundo um dos maiores estudiosos do casamento, John Gottman, três dos quatro maiores indicadores de que uma separação vai ocorrer estão relacionados com o descontrole emocional:

- *Criticismo* (críticas frequentes e generalizadas)
- *Defensividade* (procurar se defender de qualquer acusação antes mesmo de verificar se ela é pertinente)
- *Desrespeito* (atacar o caráter do parceiro)

Apenas o quarto indicador de separação, a *insensibilidade*, é caracterizado por uma ausência de reatividade emocional ao parceiro.

Custos menos óbvios impostos pelo descontrole emocional

Nem sempre o descontrole emocional é óbvio como nos exemplos mencionados anteriormente. Muitas vezes ele é mais sutil, mas atua constantemente nos relacionamentos, o que vai produzindo imensos danos.

Os tipos de manifestações do descontrole emocional podem ser:

- Sensibilidade exagerada às ofensas.
- Propensão para contra-atacar ao sentir qualquer incômodo ou ameaça.
- Facilidade para ficar emburrado e guardar rancores.
- Propensão para apresentar reações agressivas desproporcionais aos acontecimentos.

Quando uma pessoa apresenta frequentemente esse tipo de descontrole, a sua presença traz mais custos do que benefícios para aqueles que convivem com ela e, por isso, ela é classificada como desagradável e passa a ser evitada.

Habilidades para controlar as emoções

O controle emocional é composto por quatro tipos diferentes de habilidades:

- *Dominar situações que provoquem sentimentos negativos* Por exemplo, saber agir de forma polida e firme contra alguém que está tentando impor a sua vontade em um assunto importante.
- *Controlar a intensidade e a durabilidade das próprias alterações emocionais* Por exemplo, não se alterar muito com provocações e recuperar-se rapidamente das alterações.
- *Controlar as próprias manifestações de emoções* Por exemplo, saber usar a assertividade e não a agressividade para revidar uma grosseria recebida.
- *Lidar com pessoas que estão sentindo e expressando emoções negativas* Por exemplo, ter habilidade para ajudar o parceiro a lidar com uma irritação causada pela frustração de não ter passado em um concurso.

Escolha um parceiro que tenha um bom grau de controle emocional

Observe o seu parceiro em situações que provoquem emoções negativas e veja como ele reage. Não é necessário que o descontrole emocional seja dirigido a você para funcionar como um indicativo de que o parceiro possui esta característica negativa. Mesmo quando ele se descontrola com outras pessoas, como estranhos, parentes e subalternos, ele a está apresentando a você. E, provavelmente, também vai se descontrolar com você no futuro. Mesmo que isso não aconteça, ainda assim conviver com alguém que tenha esse comportamento pode ser muito desagradável e até trazer consequências.

Caso o descontrole do seu parceiro ultrapasse os limites aceitáveis, é melhor terminar o relacionamento. Por exemplo, não tolere nenhum episódio de agressão física contra você. Caso ele não ultrapasse tal limite, mas dê sinais de que está prestes a fazê-lo, discuta a questão com ele, dê-lhe uma nova oportunidade e, em caso de reincidências, termine o relacionamento.

Ajude o seu parceiro a adquirir e a manter o controle emocional

Uma boa parte do descontrole emocional de uma pessoa é determinada pelo nível de tolerância daqueles a quem ele é dirigido, ou seja, pelas consequências que as pessoas impõem às manifestações de descontrole. Algumas pessoas toleram e até contribuem para que o parceiro vá ficando cada vez mais descontrolado emocionalmente. Em todos os relacionamentos, cada parceiro testa os limites do outro e quanto o outro pode ser controlado por manifestações emocionais. Por este motivo, quando uma pessoa tolera, cede ou se deixa intimidar por um descontrole emocional do parceiro, é provável que ela esteja contribuindo para que o parceiro volte a se descontrolar e até a ampliar o seu descontrole no futuro.

Aperfeiçoe o seu próprio controle emocional

Tal como o descontrole emocional dos seus pretendentes é desagradável e traz consequências negativas para você, o seu descontrole também terá esses efeitos nos seus pretendentes. Vamos ver aqui algumas medidas que você poderá tomar para melhorar o seu descontrole emocional.

- *Tome a decisão de não permitir o próprio descontrole emocional*

  Comunique essa decisão para as pessoas que convivem

com você. Esse compromisso vai ajudá-lo a se controlar nas próximas vezes que você estiver na iminência de perder o controle.

- *Reinterprete aquelas situações que provocam emoções negativas* Talvez elas não sejam tão sérias assim. Por exemplo, quando alguém discorda de você, isto nem sempre deve ser visto como uma ameaça à sua auto-estima.
- *Aumente a visibilidade das consequências negativas que são produzidas pelo seu descontrole emocional* Leia sobre as consequências, pense nos estragos que já foram causados e faça uma lista dos motivos para melhorar o seu controle emocional.
- *Desenvolva a capacidade de identificar os sinais que indicam que você está caminhando para um descontrole emocional* Quando eles aparecerem, saia da situação pelo menos por uma hora.
- *Evite tratar de assuntos desconfortáveis quando você está física ou psicologicamente alterado* Evite discutir quando estiver com dores, com sono ou alcoolizado.
- *Não deixe acumular muitos sentimentos negativos* Uma hora eles poderão explodir em um ataque de raiva. Use a assertividade para expressá-los e se fazer respeitar. Por exemplo, faça um treinamento de assertividade para melhorar a sua eficiência em expressar de forma aceitável aquilo que pensa, sente e deseja e para não permitir que você vá acumulando mágoas e exploda depois.
- *Procure eliminar as mágoas e cicatrizes provocadas por eventos negativos que marcaram a sua vida* Elas aumentam a sua sensibilidade para os acontecimentos negativos atuais.
- *Reduza as suas fontes de tensão que estão contribuindo para gerar uma irritação de fundo que está sempre presente* Por exemplo, procure reduzir o trabalho excessivo que está produzindo estresse.
- *Procure companhias que sejam pouco irritáveis e irritantes.*

A implementação de várias das medidas sugeridas acima exige o auxílio de um psicólogo. O auxílio desse profissional é imprescindível quando o seu descontrole é severo, existe há muito tempo ou quando você não está conseguindo controlá-lo.

Expressar moderadamente emoções negativas é natural e benéfico

Nem sempre sentir e expressar emoções negativas é indesejável. Discordar, mostrar emoções negativas na face, na voz e por meio das palavras é natural, inevitável e benéfico para o relacionamento, desde que em doses moderadas. A nossa capacidade para sentir e expressar emoções não existe por acaso. E as emoções existem porque desempenham uma função útil como motivadoras dos nossos atos e na regulação dos nossos comportamentos sociais. O que causam problemas são os excessos: tanto a ausência como o exagero de emoções. Pessoas contidas demais podem desenvolver problemas psicológicos e para o relacionamento. A expressão daquilo que sentimos e pensamos funciona como uma espécie de cola para os relacionamentos pessoais.

E então?

Torne o seu relacionamento mais leve e mais agradável expressando emoções positivas e controlando o excesso de emoções negativas.

Autoestima

A autoestima tem um impacto profundo no nosso bem-estar psicológico e físico e nas nossas chances de sucesso. Afeta tanto a escolha de parceiros, como o desenvolvimento e a manutenção dos relacionamentos amorosos. Uma pesquisa realizada há algum tempo por Bernard Murstein, da Universidade Connecticut, com

99 casais, verificou que aquelas pessoas que tinham boa autoestima também tinham parceiros mais desejáveis.

A autoestima é o resultado da autoavaliação dos próprios méritos e deméritos. As pessoas que têm boa autoestima são aquelas que se avaliam de uma forma positiva. As pessoas que têm baixa autoestima são aquelas que se avaliam de uma forma neutra ou negativa.

Quem tem boa autoestima é otimista nas suas autoavaliações

As pessoas que têm boa autoestima avaliam de uma forma otimista seus méritos e deméritos. Um estudo mostrou que as pessoas mais felizes eram aquelas que viam os próprios defeitos como temporários (por exemplo, "Estou com este problema agora, mas já vou melhorar") e restritos a uma área ou habilidade (por exemplo, "Não sou incompetente. Apenas cometi um erro") e os próprios méritos como duradouros e amplos (por exemplo, "Sempre me saí bem nos assuntos acadêmicos").

Ao contrário do que muita gente pensa, aqueles que têm baixa autoestima geralmente se dizem "realistas", "pessoas comuns" ou "pessoas médias". A autoavaliação negativa é mais rara e, quando acontece, é mais grave do que a autoavaliação como uma "pessoa comum".

Verifiquei no meu consultório que aquelas pessoas que demoravam mais para responder à pergunta "O que você mais gosta em você mesmo?" geralmente tinham baixa autoestima. No outro extremo estão aqueles que são exageradamente otimistas sobre os próprios méritos e subestimam as suas limitações. Mas o otimismo exagerado também traz problemas porque quem se vê desta forma vive em um mundo de fantasias, deixa de se aperfeiçoar e é malvisto pelas outras pessoas.

Na área amorosa, por exemplo, aqueles que são otimistas demais sobre seus próprios méritos podem se interessar apenas por pessoas que são muito mais atraentes que eles próprios e, por isso, correm o risco de sofrer muitas rejeições. Esse otimismo exagerado é um tipo de distorção que geralmente é causado pela falta de condições psicológicas para encarar a própria realidade, e muitas vezes esconde as fragilidades e a falta de confiança em si próprio.

Mecanismos de distorção da autoestima

Muitos casos de baixa autoestima são resultados de autoavaliações errôneas e pessimistas. Por exemplo, quando uma pessoa se acha incapaz de realizar uma tarefa e ela realmente tem esta incapacidade, isto é realismo e não baixa autoestima. No entanto, quando uma pessoa subestima a sua capacidade para a realização da mesma tarefa, isto é uma distorção negativa da percepção dos próprios méritos que pode ser causada, em muitos casos, pela baixa autoestima. Outros exemplos: quando uma pessoa não tem uma aparência tão boa quanto gostaria e acha que isso é tudo o que seus possíveis parceiros vão levar em conta ao avaliá-la, ocorre uma distorção. Achar que todos os possíveis parceiros dão o mesmo valor para a beleza física é outro tipo de distorção. Quem tem baixa autoestima geralmente desenvolve vários tipos de distorções negativas quando se autoavalia. Vamos examinar agora algumas delas.

Mecanismos que prejudicam a autoestima

Geralmente, a baixa autoestima é provocada por vários tipos de distorções na autopercepção e nos raciocínios utilizados para tirar conclusões sobre os próprios méritos e deméritos. Os principais erros de raciocínio são os seguintes:

Concluir sem provas ou contra as provas

Neste tipo de distorção a pessoa conclui sem provas e até contra as provas de que dispõe. Por exemplo, um rapaz que atendi em meu consultório acreditava que não iria conseguir namorar porque tinha o pênis pequeno. Perguntei a ele se já tinha ouvido comentários a esse respeito das mulheres com as quais ele tinha tido intimidade. Ele respondeu que os poucos comentários que tinha ouvido eram de que o seu pênis tinha o tamanho normal. Isso não o tinha convencido. Pedi então a ele que fosse a urologistas e que verificasse na internet os resultados de pesquisas sobre o tamanho médio dos pênis dos homens brasileiros. Os urologistas que ele consultou (foi a três) afirmaram que o tamanho do seu pênis era perfeitamente normal. Mesmo depois disso ele ainda não estava seguro. Muitas vezes, ter informações ainda não é suficiente para lidar com a insegurança. Nesses casos, só a terapia e experiências bem-sucedidas são eficazes para combater o problema.

Generalizar exageradamente as conclusões

Esse tipo de erro acontece quando, a partir de poucos casos de fracasso, a pessoa conclui que tudo aquilo que fizer ou sempre que fizer terá o mesmo resultado negativo. Por exemplo, uma paciente que atendi era muito desconfiada. Ela relatou que era assim porque foi traída pelos dois namorados que teve anteriormente. Daí para frente passou a desconfiar de todos os homens.

Superestimar a importância das próprias desvantagens

Uma distorção frequentemente cometida por aqueles que têm baixa autoestima é superestimar os graus de importância dos seus defeitos e subestimar os graus de importância dos seus méritos. Por exemplo, um paciente que atendi acreditava que nenhuma mulher interessante iria gostar dele porque era magro e tinha baixa estatura (pesava 54 quilos e tinha 1,62 m de altura).

Ele, por outro lado, era inteligente, bem-sucedido economicamente, elegante, gentil e afetivo. O seu principal erro, que provocava um rebaixamento na sua autoestima, era ter concluído que as mulheres atribuíam uma importância maior para a sua estatura e peso do que elas de fato faziam. A baixa estatura e o pouco peso dos homens realmente não são muito bem-vistos pelas mulheres, principalmente por aquelas que têm a mesma altura ou que são mais altas e com maior volume corporal. No entanto, a seleção de parceiros amorosos é baseada em mais de cem atributos (no meu livro *O Mapa do Amor*, comento trinta e dois atributos importantes na escolha de parceiros amorosos que foram identificados por pesquisas internacionais).

Dois ingredientes da autoestima

A autoestima é composta por dois tipos de ingredientes:

- *Disposicional*
- *Situacional*

Ingrediente disposicional da baixa autoestima

Quando uma pessoa está tendo sucesso nas principais áreas da sua vida e, mesmo assim, está insatisfeita consigo mesma, é provável que ela esteja com baixa autoestima causada pelo ingrediente *disposicional*. Nesse caso, a insatisfação não tem um foco definido, ela é difusa: a pessoa não sabe dizer qual é o motivo da sua insatisfação consigo própria. Todos os motivos que ela cita não parecem ser suficientes para explicar o que ela está sentindo, nem para ela própria, nem para quem está ouvindo. Os seus sucessos só produzem alguma satisfação por pouco tempo. Logo reaparece a insatisfação.

Esse tipo de problema é causado por acontecimentos que ocorreram em outras épocas da sua vida, geralmente durante a infância, e tem raízes profundas. São atingidas por ele pessoas que foram criadas por pais exigentes, insatisfeitos com eles próprios, ágeis para criticar e lentos para elogiar, que passavam a ideia de que nunca estavam totalmente satisfeitos com aquilo que seus filhos faziam. Esse conjunto de condições pode produzir problemas crônicos de autoestima, que exigem um bom tempo de tratamento psicológico.

Ingredientes situacionais da baixa autoestima

Quando o nosso desempenho está produzindo maus resultados em áreas importantes da nossa vida é razoável que fiquemos temporariamente insatisfeitos com nós mesmos e que tenhamos a nossa autoconfiança abalada. Essa insatisfação e diminuição da autoconfiança são desconfortáveis. Mas esses sinais, se bem orientados, podem contribuir para aumentar a nossa motivação, melhorar o nosso desempenho e, assim, contribuir para a superação dos obstáculos que estão sendo enfrentados. Quando isso ocorre, os resultados são positivos. Por outro lado, quando a baixa da autoestima é mal orientada, a pessoa perde a confiança em si mesma e passa a ter piores resultados, entrando em uma espiral descendente.

Segundo Nathaniel Branden, autor de vários livros sobre o tema, algumas das principais áreas que afetam a autoestima da maioria das pessoas são as seguintes:

- *Aparência física* Quem está insatisfeito com o próprio corpo pode sofrer um rebaixamento da autoestima. No entanto, muita gente que tem uma ótima aparência continua insatisfeita consigo mesma. Estas pessoas se apegam a detalhes (por exemplo, se torturam por pequenas estrias ou por um quadril ligeiramente mais volumoso do que o médio). Nesses casos, ocorre uma distorção da autoavaliação.
- *Relacionamento social* Aquelas pessoas que mantêm bons

relacionamentos sociais geralmente estão mais satisfeitas com elas próprias.

- *Personalidade* Vários traços de personalidade estão relacionados com a autoestima. Por exemplo, as pessoas que são otimistas geralmente têm uma autoestima melhor do que as que são pessimistas.
- *Como a pessoa é vista pelos outros* A opinião das outras pessoas afeta aquilo que pensamos a nosso próprio respeito. Quando aquilo que está sendo avaliado é subjetivo, esta importância aumenta. Por exemplo, aquilo que pensamos sobre a nossa altura está menos sujeito à opinião alheia do que aquilo que pensamos sobre a nossa simpatia.
- *Performance na escola e no trabalho* Aquelas pessoas que apresentam sucesso nas atividades acadêmicas e profissionais geralmente têm melhor autoestima do que aquelas que são malsucedidas nessas áreas. Por exemplo, uma reprovação na escola, apesar do esforço para ser bem-sucedido, ou ser despedido de um emprego abaixam temporariamente a autoestima.
- *Performance na execução de tarefas de vida diária* Quem executa com facilidade e sucesso as atividades do dia a dia geralmente tem melhor autoestima do que aqueles que sempre deixam para trás as suas obrigações.
- *Funcionamento mental* Aqueles que acreditam em suas próprias percepções e inteligência geralmente têm melhor autoestima do que aqueles que não se avaliam desta forma.
- *Sucesso no relacionamento amoroso* Quando uma pessoa é amorosamente correspondida por alguém que ela admira muito, a sua autoestima vai lá para cima. Quando uma pessoa é rejeitada por um parceiro valorizado e admirado ou, pior ainda, quando é trocada por outra, a sua autoestima vai lá para baixo.

E então?

Fazer uma lista dos próprios méritos – e ler e pensar várias vezes por dia nas qualidades que constam dessa lista – ajuda a melhorar a autoestima. Também ajudam o questionamento sistemático e o pedido de provas daquelas conclusões que apontaram os próprios defeitos.

Que tal fazer uma revisão daquelas conclusões pessimistas que você tirou a seu próprio respeito?

Inibições que atrapalham o relacionamento amoroso

"Travou por quê? Por que travou?" Solidões muitas vezes são ilhas cercadas por inibições.

Se não tivéssemos tantas inibições irrazoáveis, viveríamos em outro mundo. Aproveitaríamos muito melhor as nossas chances, teríamos muito mais desenvoltura, sofreríamos menos, amaríamos mais e seríamos mais correspondidos.

Dois tipos de inibição

Existem dois tipos de inibição:

- *A razoável*
- *A irrazoável*

A *razoável* é aquela que impede ações que têm uma alta chance de produzir resultados negativos – danos físicos, danos psicológicos e dispêndio inútil de energia e de tempo. A inibição razoável é necessária para o nosso bem-estar e sobrevivência. Por exemplo, ela pode impedir que tentemos saltar uma valeta larga demais, que façamos uma conferência sobre um assunto de que não entendemos ou que tentemos conquistar alguém que de forma alguma vai se interessar por nós e pode nos humilhar. Ela funciona como uma espécie de trava para os desejos perigosos ou que não temos condições de realizar.

A inibição *irrazoável* é aquela que é disparada por riscos fictícios ou que superestima as dificuldades e subestima os recursos pessoais. Ela restringe indevidamente os nossos limites. Esse tipo de inibição tem uma chance maior de aparecer quando somos pessimistas, tímidos ou deprimidos, quando passamos acidentalmente por más experiências em situações similares às atuais e quando fomos mal aconselhados. Em todos esses casos podemos desenvolver uma percepção errônea das dificuldades que tais situações apresentam e das nossas capacidades e habilidades para lidar com elas.

Inibições que atrapalham os relacionamentos amorosos

As situações descritas a seguir são as que mais atrapalham o início de relacionamentos amorosos. Assinale aquelas com que você mais se identifica.

Não consigo usar os caminhos que facilitam o início de relacionamentos amorosos

As inibições deste tipo mais comuns são as seguintes: inibição para se relacionar amorosamente com conhecidos (exemplos: ex-namoradas de conhecidos, colegas de trabalho e clientes), inibição para usar a internet (conheço várias pessoas que não gostavam do flerte na internet, mas que persistiram no uso desse caminho e acabaram se dando muito bem), inibição para ir a locais de paquera. Não confundir essas inibições com falta de motivação.

Evito atrair a atenção de quem me interessa

Algumas pessoas usam suas *produções* (vestuário, corte de cabelo, acessórios etc.) para se esconder, para se "confundirem com a paisagem". Elas geralmente também evitam *comportamentos* que chamem a atenção. Quem quer chamar a atenção rodeia a outra pessoa, fica em um local mais visível, se movimenta de uma forma um pouco mais ampla que o usual, adota posturas corporais menos usuais, acentua sua feminilidade ou masculinidade, olha e deixa o outro ver que está olhando (muito eficiente para atrair a atenção).

Não tenho coragem para agir de forma que aumente a chance de contato com alguém do meu interesse

Uma boa tática para iniciar relacionamentos é aproveitar ou criar situações que facilitem os contatos. Sair com o cachorro ou usar a camiseta de um time para fornecer pretextos para as pessoas falarem comigo, examinar um quadro de avisos quando a pessoa que estou interessada também está fazendo o mesmo, pegar a fila para o almoço logo atrás da pessoa em que estou interessado, ingressar no mesmo grupo de trabalho da pessoa que me atrai, sentar-me ao lado dessa pessoa durante uma palestra.

Não tenho coragem para conduzir o assunto para temas que facilitem o progresso amoroso

Uma da melhores táticas para fazer um relacionamento avançar para o campo amoroso é conduzir a conversa para assuntos que facilitem, amenizem ou façam parecer naturais declarações reveladoras do interesse pela outra pessoa ou que facilitem o surgimento de convites para atividades a dois. Por exemplo, introduzir o assunto "filmes" para cavar um convite para o cinema.

Muitas vezes tenho interesse amoroso por uma pessoa, mas não tenho coragem de verificar se sou correspondido

Tive uma cliente que durante dois anos foi apaixonada por um colega de trabalho, mas nunca manifestou isso claramente e nunca verificou se o interesse era recíproco. Quando diminuímos a sua inibição, ela verificou que ele iria se casar dali a dois meses!

Geralmente creio que não tenho qualidades suficientes para namorar as pessoas que me interessam

Um dos maiores motivos da inibição: medo de ser rejeitado porque acredita que não tem cacife para bancar um relacionamento com o outro. Na maioria das vezes este é um problema de baixa autoestima.

Não consigo agir com desenvoltura quando estou conversando com uma pessoa que me atrai bastante

Típico dos tímidos: olham menos, falam mais baixo, iniciam menos assuntos. Agem de uma forma que está aquém de suas capacidades. Depois do encontro, ficam remoendo as chances que perderam e pensando na forma como poderiam ter se portado.

Como combater a inibição

Este combate geralmente é realizado com as seguintes medidas (em muitos casos é necessária a ajuda de um psicólogo para implementar os procedimentos):

- *Aceitar desafios que não ultrapassem a nossa zona de conforto* Quem quer se livrar de suas inibições deve fazer uma quantidade de esforço que não seja nem muito pequena (seria inócua) nem exagerada (o desconforto muito grande é desmotivador e pode ser traumático). Uma forma de fazer isso é se expor a situações que evoquem apenas uma quantidade pequena de inibição e agir da forma desinibida. Fazendo isso, consegue-se diminuir as emoções negativas que são provocadas pela situação.

- *Combater os pensamentos inibidores* Os nossos pensamentos negativos disparam quando vamos enfrentar uma situação amedrontadora. Combatê-los é uma forma importante de diminuir os medos infundados. A melhor maneira de combater esses medos é pensar em hipóteses alternativas positivas sobre o que poderá ocorrer nas mesmas situações e como podemos lidar com esses acontecimentos. Ajuda bastante examinar e questionar as provas que sustentam pensamentos negativos.
- *Ensaiar os comportamentos eficientes para lidar com a situação* Este ensaio pode ser realizado com a ajuda de um amigo ou até com um objeto, como uma almofada, que fazem o papel da pessoa em quem você está interessado. Ele é muito útil porque é uma forma de praticar e desinibir sem estar exposto aos riscos que podem existir na vida real.
- *Aumentar a motivação positiva para agir na situação* Muitas vezes o aumento da motivação para agir pode ajudar a superar a inibição que bloqueia a ação.

E então?

Conheci uma pessoa muito destemida que adotava a seguinte filosofia de vida: "Quase tudo pode ser realizado. Aquilo que é difícil pode ser dividido em pequenas partes mais fáceis de fazer". É uma filosofia bastante positiva e produtiva. Acho muito positivo quando uma pessoa encara as suas limitações como desafios e até tem prazer em enfrentá-las e derrotá-las. Pense nisso!

Ciúme

"Mas eu me mordo de ciúme...", já dizia Roger Moreira, do Ultraje a Rigor. Segundo os psicólogos israelenses Ayala Pines e Elliot Aronson, autores de uma ótima pesquisa sobre o tema, o ciúme pode ser definido como um "complexo de pensamentos, sentimentos e ações que são provocados por ameaças à existência ou à qualidade do relacionamento que são gerados pela percepção da atração, real ou potencial, entre o parceiro e um rival (imaginário ou real)".

Você sente ciúme? Parabéns, esse sentimento é normal e razoável. O ciúme é como o medo. Só os seus excessos é que são disfuncionais: falta de ciúme ou excesso dele, tal como a falta de medo ou o medo de tudo, é que são prejudiciais. O ciúme é experimentado por quase todas as pessoas, em quase todas as culturas e em todas as épocas. Várias pesquisas constataram que quase todo mundo já sentiu ciúmes alguma vez na vida. Cerca de 50% das pessoas declararam que são ciumentas.

Antigamente era moda condenar certos fenômenos psicológicos como o medo, a timidez e o ciúme. Os especialistas daquela época acreditavam que eles só eram apresentados por pessoas imaturas, egoístas e problemáticas. As teorias psicológicas modernas reabilitaram esses fenômenos, porque foi compreendido o papel importante que eles têm para a sobrevivência da nossa espécie, para o nosso bem-estar e para o funcionamento dos relacionamentos humanos. Por exemplo, segundo a teoria evolucionista, o ciúme, quando é manifestado em doses moderadas e nas circunstâncias adequadas, ajuda a evitar que o parceiro se envolva amorosamente com outros pretendentes e desfaça o vínculo amoroso com o enciumado. Na nossa espécie, a manutenção do vínculo amoroso, pelo tempo necessário para que os filhos do casal ganhem autonomia, é importante porque as crianças necessitam de cuidados durante muitos anos até que possam sobreviver sozinhas. Tais cuidados são muito mais eficazes quando são proporcionados por um casal do que quando são proporcionados por apenas um dos cônjuges.

Causas reais e causas fantasiosas do ciúme

Ciúme realista

Muitas pessoas que procuram o meu consultório sentindo uma intensidade insuportável de ciúme dos seus parceiros têm razões para isso: elas realmente estão sendo traídas. Em casos assim, o ciúme é uma reação razoável e saudável ao que está se passando. O que resta fazer é comprovar a traição e tomar as medidas adequadas para lidar com o traidor e com os danos psicológicos e materiais que ela acarreta.

Ciúme fantasioso

Uma parte das pessoas que procuram o meu consultório devido aos problemas gerados pelo ciúme não tem motivos reais para isso: elas estão tendo ciúmes descabidos, um tipo característico daquelas pessoas que são chamadas de "ciumentas". Quando o ciúme é muito irrealista e muito exagerado pode se tratar de uma patologia – o *ciúme patológico.*

O ciúme patológico é provocado por delírios de traição por parte do parceiro. Nenhum tipo de prova em contrário convence o enciumado de que o parceiro não o está traindo. Cada suspeita que é desconfirmada só o tranquiliza por pouco tempo. Logo em seguida aparece outra suspeita e novos ciúmes. A vida de quem sente esse tipo de ciúme, assim como a do seu parceiro, se transforma em um inferno. A insegurança gerada pela crença de que o parceiro está traindo é constante. Todas as atividades da vida diária podem ser prejudicadas pelas perturbações decorrentes desse sentimento. O enciumado não consegue se concentrar em mais nada. Tudo fica subordinado ao ciúme. O sono fica prejudicado, o parceiro é submetido à vigilância contínua – a sua privacidade é invadida de todas as formas –, outras atividades importantes podem ser interrompidas para que a vigilância do parceiro possa ser exercida. O ciúme exagerado é um distúrbio e requer tratamento especializado.

Ingredientes do ciúme

Do mesmo modo que a autoestima, o ciúme tem dois ingredientes: o *disposicional* e o *situacional.* O ingrediente disposicional é aquele que faz com que duas pessoas tenham diferentes intensidades de ciúme em uma mesma situação. Por exemplo, quando dois homens descobrem que suas namoradas estão trocando e-mails com seus respectivos ex-namorados, cada uma deles pode sentir intensidades muito diferentes de ciúme: um pode ficar possesso e querer acabar o namoro, enquanto o outro pode ficar apenas ligeiramente enciumado. Ou seja, um deles é "muito ciumento", enquanto o outro é "pouco ciumento".

O ciúme exagerado pode ser causado por pelo menos um dos seguintes motivos:

- *Possuir um amor do estilo Mania ou Ansioso-ambivalente* São pessoas possessivas e inseguras, que receberam cuidados na infância por parte de pessoas que eram inconstantes para proporcionar segurança e afeto e se portavam de uma forma invasiva.
- T*er sido traído em relacionamentos anteriores* Essas pessoas regem sua vida de acordo com o seguinte ditado: "Gato escaldado tem medo de água fria".
- *Ter presenciado traições por parte de terceiros* Por exemplo, uma paciente que atendi desenvolveu uma desconfiança muito grande em relação aos homens porque durante a sua infância e adolescência ela presenciou várias brigas entre o seu pai e a sua mãe. Nessas brigas, a mãe acusava o pai de traição. Além disso, a mãe sempre a advertia de que "não podia confiar nos homens".

O ciúme situacional é aquele que faz com que uma mesma pessoa experimente diferentes intensidades de ciúme em diferentes situações. Por exemplo, Maria relatou que sentiu uma intensidade dez de ciúme, em uma escala que vai de zero a cem, quando atendeu ao telefone e ele foi imediatamente desligado por quem fez a chamada. Ela também relatou que sentiu uma intensidade oitenta de ciúme, nessa mesma escala, quando soube que o namorado tinha "ficado" com uma conhecida de ambos em um feriado que ela viajou sozinha para visitar os pais em outra cidade.

O ciúme é normal e saudável quando a sua intensidade é proporcional ao risco que a situação traz para o seu relacionamento. Por exemplo, se o parceiro conversa rapidamente com uma desconhecida muito bonita em uma festa isto oferece um risco muito menor para o relacionamento do que se o parceiro tivesse dançado repetidamente e de rosto colado com esta bela desconhecida. Um estudo que fiz mostrou que as pessoas ordenam de forma muito semelhante as intensidades do ciúme que são provocados por diferentes situações. Por exemplo, quase todo mundo diz que sente menos ciúme quando o parceiro menciona repetidamente o nome de uma possível rival do que quando ele viaja com ela para um congresso.

Outros fatores também afetam a intensidade do ciúme. Por exemplo, o ciúme geralmente é menor quando o relacionamento é mais estável (já existe há bastante tempo e há um bom grau de compromisso entre os parceiros) e quando o parceiro é confiável.

As reações ao ciúme

A grande maioria das pessoas não gosta de sentir ciúme. As reações daqueles que são objeto de ciúme moderado vão desde sentir-se amado e ficar lisonjeado até não suportar ser objeto desse sentimento. As pessoas que não gostam de ser objeto de ciúme sentem-se acuadas, tolhidas e desrespeitadas quando isso acontece.

A forma de agir daqueles que sentem ciúme também varia muito. Por exemplo, algumas pessoas escondem esse sentimento, enquanto outras se tornam agressivas e apresentam represálias. Alguns estudos indicaram que as mulheres têm mais propensão do que os homens para desenvolver sentimentos negativos contra elas próprias quando sentem ciúme. Por exemplo, ficam com a autoestima rebaixada e podem ficar deprimidas. Os homens, por outro lado, tendem a agir contra os outros quanto sentem ciúme: ficam agressivos com a parceira e com os rivais.

É possível matar por ciúmes?

Não creio que alguém mate, suicide-se ou até mesmo cometa atos violentos só porque está sentindo muito ciúme. Quem comete excessos quando fica muito enciumado é porque, além de ser ciumento, também tem algum tipo de desequilíbrio psicológico ou social. Por exemplo, tal pessoa pode não ter aprendido a controlar os seus impulsos destrutivos. Ela provavelmente considera legítimas suas reações. Por exemplo, ela pode ter sido educada para acreditar que é louvável "lavar a honra com sangue".

Perdoar é mais fácil do que recuperar a confiança

Quem foi traído pode desenvolver uma desconfiança crônica em relação ao parceiro que o traiu. Essa desconfiança pode ser muito difícil de ser tratada. Por exemplo, certa vez atendi uma paciente que constatou uma traição por parte do marido. Depois disso, tudo o que ele fazia ou deixava de fazer era visto por ela como evidência de uma nova traição em curso. Se ele dava presentes para ela era porque estava com a consciência pesada por estar traindo. Se ele não dava, era porque estava apaixonado por outra e pensando em sair do casamento e assim por diante. Essa desconfiança durou muito tempo, apesar do tratamento psicológico.

E então?

Se o seu ciúme está prejudicando o seu relacionamento, verifique se ele é legítimo. Caso não seja, ou você tenha dúvidas sobre isso, procure ajuda profissional.

9

O AMOR

O amor é a base dos relacionamentos amorosos. Este capítulo apresenta algumas das principais concepções científicas sobre esse sentimento e responde a questões como: "Quais são os principais tipos de amor?", "Você tem muita facilidade ou muita dificuldade para amar?", "Quais são os principais tipos de amor que trazem sofrimento?".

Outro tópico tratado aqui relacionado com o amor é a conquista amorosa. Algumas das questões discutidas são as seguintes: É possível conquistar uma pessoa quando o amor não nasceu naturalmente? Quando existem boas chances e quando as chances são praticamente nulas de conquistar um parceiro? O que pode ser feito para tentar conquistar alguém? Quais medidas são compartilhadas pelas diversas táticas de conquista? Quais são as táticas de conquista mais apropriadas para cada tipo de amor?

Qual é o seu estilo de amor?

É muito comum ouvirmos afirmações do tipo: "Isso não é amor!", "Eu queria um amor igual a esse aí!", "Esse é um amor interesseiro!", "Isso é paixão. Não é amor!". Afinal, o que é o amor? Praticamente todas as teorias científicas modernas reconhecem que existem diversos tipos de amor romântico. Vamos examinar três delas:

- *Estilos de Amor*
- *Teoria do Apego*
- *Teoria Triangular*

Essas teorias são complementares entre si: cada uma delas enfoca um aspecto diferente do amor. Elas possuem um grande poder para explicar os fenômenos dessa área que são mais frequentes no dia a dia. Elas também são bem respaldadas por pesquisas científicas.

Estilos de Amor

Esta é uma das teorias mais fascinantes sobre o amor. O seu autor é John Alan Lee, um antropólogo canadense.

Como não é possível apresentar aqui testes precisos para medir os seus estilos de amor, sugiro que dê uma nota de 0 a 10 para quanto você se identifica com cada uma das descrições que serão apresentadas a seguir. Dessa forma, você terá uma ideia aproximada dos seus estilos. Certas pessoas, no entanto, não se identificarão muito bem com nenhum deles.

Segundo a teoria, existem três estilos primários de amor:

- *Eros*
- *Ludos*
- *Estorge*

As descrições desses estilos primários são apresentadas a seguir.

Eros

Sente atração imediata pelo parceiro, que é causada principalmente pela aparência deste. A sexualidade desempenha um papel muito importante e pode começar logo no início do relacionamento. Não está à procura do amor, mas não teme se entregar a ele. A afirmação típica de quem tem esse estilo é "O nosso relacionamento sexual é muito intenso e satisfatório".

Ludos

É o amor do tipo praticado por Don Juan e outros conquistadores. Após a conquista o interesse diminui. Quem ama desta forma é capaz de ter relacionamentos amorosos simultâneos com vários parceiros. É o tipo de amor ao qual se aplica a afirmação: "O amor é eterno enquanto dura". A afirmação típica de quem tem esse estilo é "Eu gosto de jogar o jogo do amor simultaneamente com diferentes parceiros".

Estorge

O amor nasce a partir de uma amizade e demora um bom tempo para se desenvolver. Ele é baseado em interesses compartilhados e nas semelhanças entre os parceiros. As atividades em conjunto são bastante consideradas. Já a paixão e o sexo não são muito importantes. A afirmação típica de quem tem esse estilo: "O melhor tipo de amor é aquele que se desenvolve a partir de uma longa amizade".

As combinações entre esses três estilos resultam em uma quantidade imensa de estilos secundários de amor. Os que vêm sendo bastante estudados são:

- *Mania*
- *Pragma*
- *Ágape*

As descrições desses estilos secundários são apresentadas a seguir.

Mania (composto de Eros e Ludos)

O amor é experimentado de uma forma quase obsessiva e domina muitos momentos e pensamentos. Quem ama dessa forma sente necessidade de se fundir completamente com o amado. A afirmação típica de quem tem esse estilo de amor é: "Quando meu amor não me dá atenção eu me sinto completamente doente".

Pragma (composto de Ludos e Estorge)

Quem ama dessa forma dá muita importância para o lado prático do relacionamento. Esse estilo de amor enfatiza a compatibilidade com o parceiro e a satisfação das necessidades mútuas. É às vezes chamado de *shopping list love* porque aqueles que amam assim verificam cuidadosamente se os seus pretendentes atendem suas expectativas antes de se envolver com eles. A afirmação típica de quem tem esse estilo é: "Eu tento planejar a minha vida cuidadosamente antes de escolher um amor".

Ágape (composto de Estorge e Eros)

É o estilo de amor apregoado pelos cristãos. Quem o sente coloca o interesse e o bem-estar do parceiro antes do seu e está disposto a fazer grandes sacrifícios para ajudá-lo. A ausência de egoísmo é uma das características centrais desse tipo de amor. A afirmação típica de quem tem esse estilo é: "Eu prefiro sofrer a fazer o meu amor sofrer".

As percentagens de incidências desses seis estilos de amor são semelhantes em homens e mulheres. Os estilos mais frequentes para ambos os sexos são: *eros*, *estorge* e *mania*. Quando há diferença entre os sexos, as mulheres tendem um pouco mais para *pragma* e os homens, para *ludos*.

Teoria do Apego

Esta é uma das teorias mais interessantes e úteis sobre o amor. Ela foi proposta por John Bowlby, famoso psiquiatra inglês, e foi baseada nas suas observações de crianças que estavam recebendo atendimento clínico.

Ela ajuda a entender como nascem os diferentes tipos de amor e afirma que já nascemos com a capacidade de nos apegarmos. No entanto, o estilo específico de apego que desenvolvemos depende, em grande parte, do estilo da pessoa que toma conta de nós na infância, geralmente a nossa mãe.

Mary Ainsworth, uma das mais importantes pesquisadoras desta teoria, classificou os apegos em três estilos:

- *Seguro*
- *Ansioso-ambivalente*
- *Evitativo*

As evidências de que esses estilos de apego também caracterizam o amor romântico adulto foram obtidas através de uma pesquisa realizada pelos pesquisadores americanos Phillip Shaver, Cindy Hazan e Donna Bradshaw. As descrições que esses autores utilizaram para descrever cada um dos estilos são apresentadas em seguida:

Seguro

"Acho relativamente fácil me aproximar dos outros e sinto-me bem quando dependo dos outros ou quando os outros dependem de mim. Não me preocupo se vou ser abandonado ou se alguém está ficando muito íntimo comigo."

Ansioso-ambivalente

"Acho que os outros relutam em ficar tão íntimos comigo como eu gostaria. Fico preocupado porque não sei se o meu parceiro realmente me ama ou se deseja ficar comigo. Eu gostaria de me fundir completamente com a outra pessoa, e este desejo muitas vezes a afugenta."

Evitativo

"Muitas vezes me sinto mal em situações que envolvem intimidades com outras pessoas. Acho difícil confiar nelas e depender delas. Fico nervoso quando alguém fica muito íntimo comigo e, frequentemente, os meus parceiros amorosos desejariam que eu tivesse mais intimidade com eles do que eu gostaria."

Uma pesquisa realizada com um grupo de adultos americanos mostrou que mais da metade deles (56%) tinha o estilo seguro e uma percentagem bem menor tinha o estilo evitativo (24%) ou o estilo ansioso-ambivalente (20%).

Teoria Triangular

Esta teoria foi criada por Robert J. Sternberg, professor da Universidade de Stanford. Segundo ela, o amor é constituído por três ingredientes:

- *Intimidade*
- *Paixão*
- *Compromisso*

Em certos relacionamentos apenas dois, ou até mesmo um, desses ingredientes estão presentes. Essa teoria é uma ferramenta muito útil para analisar os conteúdos dos relacionamentos amorosos.

No meu consultório sempre peço para os pacientes avaliarem quanto oferecem de cada um desses três ingredientes para o parceiro e quanto recebem por parte dele. Muitas vezes há diferenças entre o que oferecem e o que recebem. Ao ler as descrições abaixo avalie também os seus relacionamentos ou o que você quer em um relacionamento.

Intimidade

Alguns dos principais sinais que revelam a presença deste ingrediente são os seguintes:

- Querer promover o bem-estar do parceiro.
- Sentir-se feliz no relacionamento.
- Ter grande consideração pelo parceiro e valorizá-lo.
- Poder contar com ele em caso de necessidade.
- Haver compreensão mútua.
- Dar e receber suporte emocional.
- Poder se abrir com o parceiro em assuntos íntimos.

Paixão

A paixão tem dois componentes:

- *Romântico.*
- *Atração física e consumação sexual.*

O componente romântico está presente quando há sentimentos e pensamentos românticos em relação ao parceiro (olhos nos olhos, beijos românticos, pensar no parceiro quando ouve músicas românticas, dizer que o ama etc.). O sexual está presente quando uma pessoa sente atração sexual pelo parceiro e tem muito prazer em praticar sexo com ele.

Compromisso

Existem dois tipos de compromisso:

- Em curto prazo (quando toma a decisão de que ama o parceiro).
- Em longo prazo (quando toma a decisão de manter o relacionamento).

Alguns dos sinais de compromisso são os seguintes:

- Saber que pode contar agora e no futuro com o parceiro.
- Saber que há exclusividade romântica e sexual na relação.

E então?

As descrições de estilos de amor oferecidas por essas três teorias são muito úteis para você tomar mais consciência do seu próprio estilo, saber o estilo que você espera que o parceiro tenha e os estilos que não fazem nenhum sentido para você e que até podem ser muito desagradáveis ou ameaçadores. Leia essas descrições várias vezes e pense a respeito.

Mulheres que amam de menos

Já dizia a música "Diamonds are Forever", tema do filme *007 – Os Diamantes São Eternos*, de 1971: "*Diamonds are forever* [...] *I don't need love*". Diamantes são para sempre, eu não preciso de amor...

As capacidades para sentir atração, se apaixonar e amar variam bastante entre as pessoas. Algumas sentem atração, se apaixonam e amam com muita facilidade, enquanto outras dificilmente experimentam tais sentimentos. Felizmente, a grande maioria das pessoas está entre os dois extremos. As pessoas que têm disfunções nessas capacidades são aquelas que têm *facilidade* ou *dificuldade* excessiva para se envolver afetivamente.

Nesta seção, vou abordar brevemente a facilidade excessiva e mais detalhadamente a dificuldade excessiva para se envolver afetivamente, porque creio que este último caso é o que prejudica uma maior quantidade de pessoas.

Facilidade excessiva para se envolver afetivamente

Uma parte daqueles que têm facilidade excessiva para se envolver amorosamente sente atração por inúmeras pessoas, se apaixona a todo o momento e relata um grande número de amores. A facilidade excessiva também tem consequências negativas. A primeira delas é que essas pessoas são muito pouco exigentes na escolha de parceiros amorosos. Em segundo lugar, elas são socialmente malvistas. São rotuladas pejorativamente como "galinhas" e "fáceis". Em terceiro lugar, muitos possíveis parceiros evitam se envolver com quem tem esse tipo de facilidade por não se sentirem especiais, por exemplo, já que essas pessoas "se envolvem com qualquer um".

Dificuldade excessiva para se envolver afetivamente

"Mulheres (e homens) que amam demais"

Quando suspeito que um paciente tem dificuldade para se envolver amorosamente, faço três perguntas (sugiro que você também as responda agora):

- Quantas pessoas existem no seu círculo de relações pelas quais você sente atração amorosa que seria pelo menos suficiente para iniciar um relacionamento amoroso? (Para responder esta questão desconsidere o fato de você ou de essas pessoas já estarem comprometidas).
- Quantas vezes você já se apaixonou na vida?
- Quantas vezes você já amou na vida?

Quando a pessoa que procura o meu consultório relata que está tendo dificuldades para iniciar relacionamentos amorosos, sempre considero a possibilidade de ela estar com algum tipo de distúrbio da capacidade para se envolver amorosamente. A hipótese se confirma caso ela tenha mais de 20 anos, relate que: ninguém ou quase ninguém a atraia; ela esteja neste limbo afetivo há muito tempo; talvez nunca tenha se apaixonado ou que haja dúvidas sobre isso e que ela nunca amou na vida, ou tem dúvidas sobre isso.

Por outro lado, se ela revela uma quantidade muito grande de todos esses tipos de envolvimento amoroso, o mais provável é que ela tenha facilidade excessiva para iniciar relacionamentos, mas que eles não durem muito tempo. Para você ter uma ideia do que seria uma quantidade muito pequena ou muito grande de cada um desses tipos de envolvimento afetivo, considere as duas seguintes pesquisas que eu realizei.

A primeira pesquisa foi realizada com 51 universitários da cidade de São Paulo, 27 mulheres e 24 homens. A idade média deles era 20,4 anos, variando entre 17 e 29 anos. Solicitei a esse grupo de estudantes que respondesse à seguinte questão:

> Neste momento, no meu círculo de relações existem (colocar o número) pessoas que me atraem, com as quais eu poderia ter, no mínimo, um belo caso de amor, caso não houvesse nenhum impedimento (comprometimento com outra pessoa etc.)

Em média, as mulheres relataram que havia duas pessoas pelas quais sentiam esse tipo de atração, e os homens relatam que sentiam o mesmo por 2,4 pessoas.

A segunda pesquisa identificou as quantidades de paixões e amores que 368 estudantes universitários tiveram durante suas vidas. A quantidade média de amores desses universitários era 1,3. A média de paixões era 3,6. Apenas 4% deles nunca tinham se apaixonado e apenas 13% deles nunca tinham amado até essa idade. No outro extremo, apenas 10% deles tinham se apaixonado sete ou mais vezes e apenas 4% deles tinha amado quatro ou mais vezes. As pessoas que pertenciam a esses dois extremos, ausência ou uma quantidade muito grande de amores e paixões, provavelmente são aquelas que tinham dificuldade excessiva e facilidade excessiva, respectivamente, para desenvolverem esses dois tipos de envolvimentos amorosos. (A íntegra desse estudo científico está na internet. Para obter este artigo coloque o nome "O conteúdo da vida amorosa" em uma ferramenta de busca).

É esperado, por motivos óbvios, que pessoas com menos de 24 anos tenham tido uma quantidade menor de amores e paixões do que a relatada por esses estudantes universitários e que pessoas com idade superior a essa tenham tido uma quantidade maior de ocorrência desses sentimentos do que eles.

Funções das capacidades para sentir atração amorosa e amar

A capacidade moderada para o envolvimento amoroso facilita o início e o desenvolvimento dos relacionamentos. Algumas das contribuições desse tipo de capacidade são as seguintes:

A atração romântica e sexual é um bom critério para escolher um parceiro

Os amigos e os parceiros amorosos possuem várias características semelhantes. A atração romântica e sexual ajuda a distinguir aquelas pessoas pelas quais sentimos apenas amizade daquelas que nos atraem amorosamente. Como escolhemos um parceiro amoroso? Certamente não levamos no bolso uma lista de atributos que consideramos importantes nesse tipo de parceiro. Funcionamos de uma forma diferente: simplesmente sentimos atração por algumas pessoas e não sentimos por outras. A atração que sentimos por uma pessoa é um forte indicativo de que ela tem as características que queremos em um parceiro amoroso.

A atração, a paixão e o amor são requisitos para o envolvimento em um relacionamento amoroso

Sentir atração é um requisito para iniciar um relacionamento amoroso: as pessoas geralmente procuram desenvolver uma relação amorosa com aqueles por quem estão apaixonadas, amam ou, pelo menos, sentem atração amorosa. Só naquelas culturas onde o casamento é arranjado é que esses sentimentos não são considerados requisitos essenciais para iniciar um relacionamento. Uma pesquisa realizada por Levine e colaboradores em 1995 mostrou que o amor é considerado um requisito muito importante para o casamento nas culturas ocidentais. Esses autores pediram para que pessoas de 11 países (inclusive do Brasil) respondessem à seguinte questão:

- Se um homem (mulher) tivesse todas as qualidades que você deseja, você se casaria com ele (a) mesmo se não o (a) amasse?

A grande maioria das pessoas dos países ocidentais disse que não se casaria com tal pessoa. Para elas o amor é necessário para o casamento (por exemplo, no Brasil 85,7 % das pessoas disseram que só se casariam se houvesse amor).

O envolvimento amoroso mobiliza recursos para atrair o parceiro

O envolvimento amoroso funciona como uma fonte de energia para as ações amorosas. Por exemplo, quando sentimos atração por alguém, nos sentimos motivados para tentar agradar, conquistar e iniciar um namoro com essa pessoa: nos vestimos melhor quando sabemos que vamos encontrá-la, ficamos "derretidos" na sua presença, procuramos encontrá-la muitas vezes e por muito tempo, procuramos ser atenciosos e gentis com ela etc.

A expressão do envolvimento amoroso dá esperança para o parceiro de que ele será bem-sucedido para iniciar e desenvolver esse tipo de relacionamento

Segundo Stendhal, famoso autor do livro *Do Amor*, que trata do apaixonamento, a esperança é um dos requisitos para o nascimento do amor.

Causas das disfunções para se envolver amorosamente

Muitas pessoas que se dizem "exigentes" na escolha de um parceiro amoroso têm dificuldades excessivas para o envolvimento afetivo. Muitas que se acham sem atrativos e que sentem que não serão correspondidas também acabam desenvolvendo mecanismos para não se envolverem, já que se envolver e não ser correspondida produz sofrimento ("As uvas estão verdes").

Existem diversos tipos de causas para a dificuldade de sentir atração amorosa. Os principais são os seguintes:

- *Possuir estilos de apego evitativo* Acontece, geralmente, com pessoas que tiveram mães distantes, pouco protetoras e pouco afetivas. Tais pessoas desenvolvem um "modelo mental" que dificulta o envolvimento profundo. Elas têm dificuldades para estabelecer vínculos afetivos que impliquem em proximidade e confiança mútua.
- *Ter sido traumatizado em um relacionamento amoroso anterior* Por exemplo, se a pessoa foi traída e agredida por um parceiro.
- *Ter sido exposto a modelos inadequados de relacionamento amoroso* Por exemplo, se a pessoa foi criada por pais que não se amavam.
- *Escassez de parceiros adequados* Certas pessoas gastam muito tempo em locais onde raramente encontram possíveis parceiros disponíveis e compatíveis. Logo, elas não se envolvem por falta de oportunidade.

- *Falta de esperança para atrair um parceiro adequado* Algumas pessoas se acham incapazes de atrair os parceiros adequados porque se acham feias e sem graça. Isso pode ter uma dose de verdade ou ser apenas resultado da baixa autoestima.
- *Coração ocupado* Quem já tem um amor, correspondido ou não, tem mais dificuldade para se apaixonar por outra pessoa do que quem está livre desse sentimento.

E então?

A maioria das dificuldades amorosas que eu listei nesta seção pode ser corrigida com boas novas experiências. Os casos mais severos necessitam de um bom tratamento psicológico. Ame e seja amado ou amada!!!

Dores de amor

O amor é uma das maiores fontes de satisfação e prazer, mas também pode ser uma fonte de sofrimentos terríveis. As cinco principais circunstâncias onde o amor produz sofrimentos são as seguintes:

- *Amor platônico.*
- *Amor não correspondido.*
- *Amor impossível.*
- *Amor que morreu.*
- *Amor clandestino.*

Vamos examiná-las nesta seção.

Amor platônico

Este amor geralmente é unilateral, pode ser desconhecido pelo amado e, por definição, nunca foi consumado através de algum tipo de relacionamento amoroso.

O amor platônico geralmente surge em duas situações principais:

- Quando o amado é inacessível.
- Quando o amante não teve condições psicológicas para tentar realizar o seu amor.

O amado é inacessível

O amado pode ser inacessível por muitos motivos como, por exemplo, por morar muito longe ou ser social e culturalmente muito diferente. Em certos casos, quem experimenta esse tipo de amor nunca teve nenhum tipo de contato direto com o amado, o que acontece, por exemplo, quando uma adolescente se apaixona por um artista ou cantor que viu em um filme ou novela. O amor também é bastante baseado na idealização do amado já que muitas das suas verdadeiras características são desconhecidas. Um estudo que realizei com a cooperação dos meus alunos de pós-graduação mostrou que a maioria das pessoas já teve pelo menos um amor platônico na sua vida.

O amante não tem condições psicológicas para tentar realizar o seu amor

O amor platônico também pode ocorrer quando quem ama nunca teve coragem de apresentar sinais desse amor e verificar se ele era correspondido e nem tentou conquistar o amado. Isso pode acontecer, por exemplo, quando uma pessoa é muito tímida ou tem baixa autoestima. Um caso que relatei anteriormente ilustra bem este ponto e, por isso, vou citá-lo aqui novamente. Tive uma paciente que era apaixonada por um colega de trabalho já há vários anos. Ele não sabia disso. Ela não dava nenhum sinal dos seus sentimentos devido a sua extrema timidez e baixa autoestima. Após algum tempo de terapia ela se desinibiu e começou a dar sinais de interesse por ele. Foi quando descobriu que ele ia se casar dali a dois meses. Ela lastimou muitos os anos que tinha ficado iludida. Ela já tinha 40 e tantos anos e tinha deixado escapar várias oportunidades de se envolver com outras pessoas devido àquele amor.

Amor não correspondido

Um amor não correspondido pode produzir muitos sofrimentos. Ele pode levar a várias tentativas de conquista por parte de quem ama; esta pessoa pode dedicar muito tempo pensando no amado, criando oportunidades para encontrá-lo e deixando de se envolver com outros parceiros. Quando o amado não é claro e definitivo na sua recusa, isto pode prolongar o tempo em que a outra pessoa vai permanecer apaixonada. A esperança por parte de quem ama continua a se alimentar da ambiguidade gerada pelo amado. Por essa razão, sugiro que aquele que não vê nenhuma chance de corresponder a um amor que deixe isso claro, de uma maneira firme e delicada. Quem é claramente rejeitado vai sofrer uma dor aguda, mas permanecerá apaixonado por menos tempo e poderá dar prosseguimento à sua vida amorosa.

Um dos requisitos para que haja o apaixonamento é a esperança de reciprocidade. No entanto, como muitos sinais de amizade e polidez são idênticos ou parecidos com os sinais de interesse amoroso, pode haver confusões por parte daquele que está se apaixonando e, assim, criar esperanças infundadas. Por exemplo, quando uma pessoa é atraente e apresenta sinais de polidez ou amizade, existe o risco de a outra pessoa confundir isso com sinais de interesse amoroso e se apaixonar unilateralmente.

Amor impossível

Um amor "impossível" é aquele que é correspondido, mas que não pode ser vivido devido à presença de obstáculos intransponíveis. Um caso clássico, registrado na literatura, é o de Romeu e

Julieta. Na tragédia, escrita por William Shakespeare, o obstáculo encontrado por esses personagens para viver o grande amor que sentiam um pelo outro era a inimizade entre as suas famílias, os Montecchios e Capuletos. Atualmente, o obstáculo mais frequente para viver um grande amor correspondido é o comprometimento de um ou de ambos os amantes com outras pessoas. Por exemplo, um deles é casado e não pretende, ou não consegue, sair de seu relacionamento para viver o novo amor. Os amantes respeitam o compromisso anterior e não se permitem ir em frente.

Amor que morreu

Neste caso, o amor era correspondido até que um dos parceiros deixa de amar o outro. Existem três motivos principais para deixar de amar:

- Falta de cuidados com o amor.
- Mudanças nos critérios usados para avaliar a atratividade de parceiros amorosos.
- Apaixonamento por uma terceira pessoa.

Morte do amor devido à falta de cuidados

Neste caso, um ou ambos os parceiros deixaram de cuidar do amor que havia entre eles. Muita gente age como se, após a conquista do parceiro, o amor durasse eternamente, sem a necessidade de outros cuidados. Puro engano! Um estudioso dessa área comparou o amor com andar de monociclo: se parar, cai!

A morte do amor é um dos maiores inimigos da durabilidade e qualidade dos relacionamentos amorosos. Costumo atender casos de separação em que aquele que tomou a iniciativa de se separar alega que não ama mais o parceiro. Quando a separação se dá por esse motivo, é comum que aquele que foi abandonado fique "fixado" no outro durante muito tempo. Além do sofrimento que isso acarreta, quem está com a fixação tem dificuldade para se envolver com outras pessoas. Fica com o "coração ocupado"!

Morte do amor devido à mudança nos critérios usados para avaliar a atratividade de parceiros amorosos

É natural que as nossas prioridades, valores e gostos se alterem durante nossa vida. No campo amoroso, também é esperado e natural que durante a vida mudemos consideravelmente aquilo que queremos e admiramos em um parceiro amoroso. Por esse motivo, pode acontecer que o nosso companheiro que era considerado muito atraente no início do relacionamento agora não preencha mais as novas expectativas que desenvolvemos. Por exemplo, no início de um relacionamento uma mulher admirava muito o seu parceiro porque ele era um surfista descolado. Agora, 20 anos depois, ela valoriza bem menos os surfistas e passou a valorizar aqueles que têm sucesso econômico. O seu companheiro, no entanto, continuou a ser um ótimo surfista, mas é péssimo na área econômica. Ela sente-se decepcionada com ele e já não o ama mais.

Morte do amor devido ao apaixonamento por uma terceira pessoa

Este caso representa o sofrimento de quem está sendo traído. O amor era correspondido até que um dos parceiros se apaixonou por uma terceira pessoa. Essa nova paixão geralmente enfraquece o amor que existia e pode durar pouco tempo, ou ser o início de algo mais sério, como um novo amor. Esse novo amor pode levar a uma traição e a uma separação dos parceiros originais. Os casos de traição são uma das maiores causas de separação em todo o mundo.

Amor clandestino

Vamos descrever aqui os sofrimentos daqueles que estão participando de uma traição. Aqui, tal como na situação do "amor impossível", os amantes encontraram um obstáculo que dificulta a realização plena de seus amores. A diferença entre essa situação e a do "amor impossível" é que, naquele caso, os amantes renunciaram a viver seus amores e, neste caso, os amantes passam a viver seus amores clandestinamente. A situação que melhor representa esse tipo de amor é aquela em que um ou ambos os parceiros são comprometidos com outras pessoas, mas resolveram, ou não conseguiram evitar, viver seu novo amor, ao mesmo tempo em que mantêm os compromissos anteriores.

Geralmente, o início de um amor clandestino traz algum medo e culpa, mas é maravilhoso e excitante. No entanto, depois de algum tempo o sofrimento vai sobrepujando a satisfação que é gerada por esse tipo de relacionamento. Por exemplo, quando o envolvimento vai aumentando, os amantes vão integrando áreas das suas vidas e passando a contar com o outro para satisfazê-las. Nessa altura, geralmente um dos amantes começa a pressionar o outro para obter mais atenção e para que este apresse o rompimento do seu compromisso oficial e constitua uma nova família com ele.

O parceiro que tem outro compromisso também paga um bom preço por seu relacionamento clandestino. Por exemplo:

- Ele tem que simular várias atitudes e sentimentos em relação ao parceiro com quem tem o compromisso oficial.
- Sofre pressões por parte do amante para terminar o seu compromisso oficial.
- Tem que arranjar tempo e inventar pretextos para participar dos dois relacionamentos simultâneos.
- Sente-se desonesto por estar tendo um caso.
- Está constantemente com medo de ser pego.

Quando uma situação de amor clandestino perdura por muito tempo a vida pode ficar infernal.

Outras dores que podem ser confundidas com dores de amor

Acho importante diferenciar as fontes de sofrimento de quem não está conseguindo realizar o seu amor. Uma parte das dores é consequência direta do amor não realizado. Outra parte pode ocorrer por motivos relativamente independentes do amor e devem ser tratadas com medidas específicas adequadas. Vamos ver um exemplo das fontes de sofrimento que afligem pessoas cujos relacionamentos terminaram porque o amor do parceiro morreu.

As sensações de catástrofe e de vazio que são experimentadas por uma pessoa cujo parceiro deixou de amá-la e terminou o relacionamento só em parte decorre do término do amor. A outra parte é decorrente da baixa na autoestima por ter sido preterida e da desregulação da vida social e material que aconteceu devido à separação. Um relacionamento amoroso oferece, além das atividades amorosas (afeto, romance e sexo), uma companhia e estrutura para a realização de atividades sociais, atividades econômicas e para a execução de atividades da vida diária (por exemplo, manter o lar funcionando). Quando atendo pessoas que estão sendo deixadas pelos parceiros, procuro ajudá-las a amainar as suas dores de amor (criei um "programa de desapaixonamento" com esta finalidade), a resolver o mais rapidamente possível os problemas práticos e econômicos decorrentes da separação, a recuperar a autoestima, a refazer a vida social, a recuperar a sua identidade pessoal (deixar de ser "nós" e voltar a ser "eu"), a refazer seus planos para o futuro e a recomeçar a vida amorosa.

E então?

Sempre que um amor está trazendo mais sofrimento do que felicidade e não há esperanças de reverter essa situação, sugiro que sejam tomadas medidas para superá-lo e recomeçar a vida. Acredito que durante todas as fases da vida sempre temos a mesma quantidade de oportunidades para sermos felizes. O que muda são os tipos de oportunidades. Cabe a nós largarmos as coisas que nos prejudicam e aproveitarmos as novas para encontrar nossa felicidade.

Amor à distância

"Amor ausente, amor para sempre." "Longe dos olhos, longe do coração." Quantos provérbios há sobre o amor distante!

Muitas pessoas que se amam estão separadas pela distância. Por exemplo:

- Casais que conviviam e tiveram que se separar temporariamente (devido à viagem de estudos, transferência de emprego etc.).
- Casais que se conheceram e se envolveram amorosamente enquanto estavam temporariamente em um mesmo local (congresso, férias etc.).
- Pessoas que moram distantes entre si e se conheceram através de algum meio de comunicação (internet, telefone etc.).

Os dois provérbios citados acima apresentam expectativas opostas em relação ao que pode ocorrer com amores à distância. Ambos, no entanto, contêm uma certa dose de verdade: dependendo das circunstâncias, a ausência do parceiro pode contribuir para que o amor perdure indefinidamente ou para que ele termine mais rapidamente.

Nesta seção, vamos examinar algumas dessas circunstâncias. Vamos examinar também algumas medidas que contribuem para aumentar as chances de que este amor sobreviva e seja fortalecido.

"Amor ausente, amor para sempre"

Este fenômeno, a preservação do amor através dos tempos, foi bem ilustrado em um filme, cujo enredo é mais ou menos assim:

aconteceu um amor à primeira vista entre um americano, que está viajando pela França, e uma francesa. Eles se conheceram acidentalmente em uma viagem de trem. Eles, no entanto, ficam juntos durante muito pouco tempo, pois ele já estava com a viagem marcada para voltar para os EUA. Após vários anos, eles se reencontram e, apesar de tantos acontecimentos (ele havia se casado nos EUA e tinha uma filha, e ela tinha um namorado sério), finalmente eles decidem ficar juntos e dar sequência àquele grande amor que havia permanecido intacto. Conheço vários casos semelhantes a este, que realmente aconteceram na vida real, onde um amor não vivido perdura quase indefinidamente e sobrevive a vários relacionamentos com outras pessoas. Bonito e triste, não é?

Vamos examinar agora alguns fatores que contribuem para que esse amor perdure quase que indefinidamente:

A idealização do parceiro continua intacta

Quando duas pessoas se apaixonam e logo em seguida se separam, a idealização que cada um desenvolveu sobre o outro pode continuar a existir indefinidamente, o que contribui para manter viva a paixão que havia entre eles. A convivência é o maior corretor da idealização. Ela ajuda a corrigir as imagens que formamos sobre pessoas recém-conhecidas, tornando-as mais realísticas. Aplica-se aqui o ditado popular que afirma que "O amor é míope e a convivência, um bom par de óculos".

A correção decorrente da convivência, no entanto, só acontece até um certo ponto: uma pesquisa indicou que cônjuges que convivem há bastante tempo só conhecem cerca de 50% das características do outro.

Encontros entre pessoas que se veem pouco são otimizados

Os encontros pouco frequentes podem até contribuir para aumentar a idealização. Isto pode acontecer porque, nesses encontros, os parceiros dão o melhor de si: estão com saudades e por isso ficam mais amorosos, se tratam melhor, procuram evitar desentendimentos que estraguem o pouco tempo que ficarão juntos e também sabem que esses bons momentos juntos são cruciais para a manutenção do relacionamento. Além disso, provavelmente tais encontros acontecerão em circunstâncias agradáveis: feriados, lazer, passeios, restaurantes etc., o que contribuirá para associar a presença do outro com bons momentos.

O amor à distância pode ser vantajoso

O amor à distância satisfaz melhor aquelas pessoas que apreciam uma vida independente. Um episódio da série televisiva *Seinfeld* apresentou uma boa caricatura das vantagens do relacionamento com uma pessoa pouco presente. Nesse episódio, George Constanza (interpretado pelo ator Jason Alexander) namora uma presidiária. Ele está muito feliz porque só consegue vê-la duas horas por semana, nos horários de visita do presídio e, por isso, tem bastante tempo para sair com os amigos. O relacionamento dos dois termina quando ela obtém liberdade condicional e quer vê-lo mais frequentemente.

A distância pode ajudar a valorizar o parceiro

A ausência faz com que a falta do parceiro seja sentida continuamente. Essa carência e saudade continuada ressaltam os valores da outra pessoa e ajudam a solidificar o amor existente.

"Longe dos olhos, longe do coração"

A distância prolongada geralmente traz mais riscos do que benefícios aos relacionamentos amorosos. Os riscos têm três origens principais:

Parceiros separados pela distância ficam impossibilitados de exercer vários tipos de funções na vida do outro, que só são possíveis quando há presença física

Por exemplo, eles não poderão ir ao teatro juntos, trocar carinhos, fazer amor, dar carona para o outro etc.

A ausência do parceiro nas atividades cotidianas abre espaço para a concorrência

Por exemplo, essa ausência implica carências afetivas, sexuais e práticas, o que dá oportunidades para que a concorrência as preencha (oferecer companhia, préstimos, carinhos etc.).

A ausência do parceiro impõe restrições à vida de ambos

Muitas atividades que são exercidas pelo casal ficam prejudicadas quando um dos parceiros não está presente. Por exemplo, cada um deles pode não ser convidado para muitas atividades típicas de casais: ir ao cinema ou a um restaurante com outro casal. As restrições são ainda maiores quando o parceiro é ciumento. O ciúme é acirrado quando o parceiro participa de eventos em que possam estar presentes possíveis rivais (festas, congressos, almoços de negócios etc.). Pior ainda quando um deles vai a baladas. Também é muito comum que as pessoas ciumentas monitorem de perto as páginas pessoais dos parceiros que existem na internet para verificar se eles estão divulgando devidamente os seus compromissos e amores com elas e para verificar se existem rastros que indiquem a presença de possíveis rivais.

Quando uma das partes deixa de frequentar eventos que fazem parte de uma vida saudável para não descontentar a outra ou deixa de fazer isso para não dar direito para que a outra parte faça o mesmo, acaba impondo um alto custo para o relacionamento: tais pessoas deixam de ter vida social, divertem-se menos e começam a perder os amigos. Para aquelas pessoas sociáveis – que gostam e precisam muito de atividades sociais –, os custos dessa forma de agir podem ser insuportáveis.

O que fazer para diminuir os efeitos negativos da distância

A manutenção de um relacionamento já apresenta problemas mesmo quando os parceiros convivem normalmente no dia a dia. Com a distância, a expectativa é que aumentem as dificuldades. É necessário, portanto, tomar medidas mais cuidadosas que ajudem a manter o relacionamento. Algumas delas são as seguintes:

Usar os meios de comunicação para ajudar a manter o relacionamento

Os meios de comunicação são extremamente importantes para ajudar cada parceiro a continuar a participar da vida do outro apesar da distância. A tecnologia tornou possível a conversa à distância de uma forma muito semelhante à conversa face a face. Quando a conversa à distância acontece através de câmeras de vídeo, ela é quase idêntica à conversa face a face. Ainda existem algumas diferenças, é claro, como a ausência de contatos físicos, comunicação odorífica etc.

Atualmente também existem outras formas pouco custosas de fazer contatos sumários, como enviar torpedos do telefone celular, conversar em programas de mensagens instantâneas, que também ajudam a manter o relacionamento.

Fazer planos

Fazer planos para ficarem juntos temporariamente quando surgirem oportunidades (por exemplo, feriados prolongados, viagens de negócios etc.) e planos para ficarem juntos definitivamente assim que for possível (pedir transferência do emprego, ir estudar na cidade do outro etc.) ajuda a criar uma perspectiva para o relacionamento. A espera também é aliviada por visitas frequentes. Tive um paciente que namorava alguém de outro estado. Ele sabia de cor todos os feriados do ano, principalmente os feriados prolongados, quando poderia viajar para ver a namorada.

Levar mais benefícios do que custos para o parceiro em cada um dos contatos que tiver com ele

Ouvi-lo, interessar-se por ele, expressar os seus sentimentos positivos e cobrar pouco, reclamar pouco, por exemplo, ajudam a tornar os encontros mais agradáveis.

Dar sinais que está compromissado com ele

Por exemplo, colocar a sua foto no Orkut, sempre que possível apresentá-lo para as pessoas com quem convive, contar para ele que sempre o menciona nas conversas com os conhecidos etc.

Evitar restringir as atividades da vida diária

Lutar para que a vida do parceiro e a própria vida não sofra muitas restrições devido ao medo de o parceiro se envolver com outras pessoas. Esforçar-se e incentivar o parceiro para continuar a ter uma vida normal como frequentar eventos profissionais, festas comemorativas, reuniões com amigos, ir ao cinema acompanhado por amigos etc.

E então?

Lute para que o seu amor, mesmo à distância, traga muitas alegrias para você e para o seu parceiro. Esta luta poderá trazer o seu parceiro para perto de você. Aí valerá um outro ditado: "Amor próximo, satisfação dobrada, vida realizada".

A conquista amorosa

É possível conquistar alguém deliberadamente? A resposta é: "Depende". Depende da diferença entre aquilo que o conquistador tem para oferecer no início da conquista e aquilo que a pessoa a ser conquistada quer em um parceiro amoroso.

Quanto maior é a diferença, menor é a chance da conquista. Por exemplo, é muito mais fácil conquistar alguém do mesmo nível socioeconômico do que conquistar alguém de um nível muito acima. Um exemplo mais concreto: é muito difícil um homem que tenha pouca renda, pouca escolaridade e seja pouco atraente fisicamente conquistar uma mulher rica, formada em uma boa faculdade e muito bonita. Para conquistar alguém com essas características, o conquistador teria que fazer faculdade, morar no exterior, se tornar milionário, melhorar a aparência e aí poderia usar técnicas de conquista com alguma chance de sucesso. Nada fácil, não é?

Talvez você esteja pensando naquelas exceções que ficaram famosas:

- A princesa de Mônaco, que se casou com o guarda-costas.
- A secretária que se casou com o fundador de um dos maiores bancos do Brasil.
- A prostituta que se casou com o cliente ricaço (só vi um caso assim, naquele filme *Uma Linda Mulher*).
- O rapaz que se casou com a anciã da pá virada (o caso mais conhecido é a ficção que foi tema do filme *Ensina-me a Viver*).
- O caso real daquele rapaz argentino que se casou com uma anciã, amiga da sua mãe. A noiva morreu dias depois do casamento.

Esses casos são raríssimos. A melhor explicação do porquê eles são conhecidos e comentados foi apresentada por uma jornalista: "As exceções são conhecidas de muita gente porque elas são notícia e objeto de fofocas. Ninguém daria uma manchete do tipo: 'Fulana se casou com alguém que era três anos mais velho que ela e ambos tinham o mesmo grau de escolaridade'." Deu outro exemplo: "Quando uma mulher, que mora em um prédio, trai o marido com o jardineiro, todos falam. No entanto, ninguém fala de todas as mulheres, do mesmo prédio, que são fiéis a seus maridos!"

Se você tem grandes diferenças em relação ao amado, em pontos importantes, vai ser muito difícil o relacionamento dar certo. Acho que é muito mais fácil desapaixonar do que conquistar uma pessoa em tais condições.

É possível uma pessoa conquistar outra quando as diferenças entre as suas características importantes são pequenas. Em casos assim, o conquistador pode fazer esforços para transpor as diferenças, tais como:

- Se esforçar para agradar a outra pessoa.
- Melhorar a sua aparência com ginástica e produção (vestuário, maquilagem, corte de cabelos etc.).
- Destacar os seus méritos e omitir os seus defeitos.
- Acentuar os seus sinais de gênero (acentuar a sua masculinidade ou feminilidade na presença da outra pessoa).

A conquista também depende bastante das táticas que serão usadas para se aproximar, despertar o interesse e calibrar as exibições de interesse para a pessoa que é o seu alvo (o "tratamento quente e frio" – ora "dar bola" e ora ignorar o pretendente, de uma forma imprevisível – é um exemplo deste tipo de tática).

Existem algumas normas gerais que se aplicam a todas as conquistas e algumas normas específicas que variam de acordo com as características da pessoa que está sendo objeto da conquista.

Segundo David Buss (artigo publicado em 1988) famoso pesquisador americano dos relacionamentos amorosos, na conquista as mulheres procuram exibir suas qualidades de procriadoras, e os homens, as suas qualidades de provedores. Tudo isto deve ser feito de forma indireta e com "bom gosto" (portanto, para elas, nada de decotes abissais e microssaias cujas barras quase se encostam nos decotes das blusas. Para eles, nada de maços de dinheiro e dentes de ouro!). Este autor e seus associados perguntaram para universitários americanos o que eles fariam para conquistar alguém. As mulheres disseram que caprichariam na aparência (regime, ginástica, vestuário, adornos e maquilagem). Os homens mencionaram a exibição de posses (por exemplo, exibir o carrão e falar de conhecidos importantes) e qualidades úteis para obter posses (por exemplo, mencionar os planos de carreira e dar a entender que é batalhador).

Os resultados da pesquisa foram confirmados por diversas outras pesquisas que estudaram as características pessoais que aqueles que estavam procurando parceiros em anúncios de jornais e revistas procuravam ressaltar e as características que buscavam nos parceiros. Como estes anúncios geralmente são curtos, os anunciantes têm que selecionar aquilo que realmente acham importante. Confirmando a pesquisa de Buss, nesses anúncios as mulheres mostraram mais propensão para descrever os seus dotes físicos ("Em forma, magra, bonita, 60 kg", por exemplo) e os homens, para descrever suas situações financeiras ("Situação econômica estável, proprietário de rede de lanchonetes", por exemplo). Elas também mostraram uma maior propensão para destacar que só queriam relacionamentos sérios, e eles, que estavam desimpedidos de outros compromissos amorosos.

As medidas mais citadas na pesquisa de Buss para atrair parceiros, tanto pelos homens como pelas mulheres, são as seguintes:

- Mostrar senso de humor.

- Arrumar-se bem.
- Ser simpático (a) em relação aos problemas dele (a).
- Mostrar boas maneiras.
- Tomar banho diariamente.
- Manter um bom preparo físico para criar uma aparência de saúde.
- Contar piadas para fazer com que eles (elas) riam.

Cada um de nós possui uma certa dose de habilidade para seduzir e para cativar parceiros amorosos e uma série de características que podem ser consideradas mais ou menos convenientes para eles (por exemplo, possuímos uma determinada situação econômica e um determinado status social). A importância que uma pessoa atribui a cada uma das características do parceiro aponta o caminho para conquistá-la.

Existem caminhos para a conquista que estão relacionados com os estilos de amor identificados por John Allan Lee. Os eróticos, por exemplo, dão muita importância para a beleza física e para quanto o parceiro se aproxima do seu protótipo de homem ou mulher. Os estórgicos dão muita importância para o cativar: precisam sentir amizade antes que seus amores possam ser despertados. Os pragmáticos privilegiam as conveniências: precisam ser convencidos das vantagens práticas de se associarem com aquele parceiro; os maníacos se amarram naqueles que lhes provocam uma certa dose de insegurança e ciúmes. Os agápicos se apaixonam por aqueles que geram oportunidades para que pratiquem o altruísmo. E os lúdicos se apaixonam por quase todos aqueles que ainda não conquistaram.

E então?

Bonito, não é? Pratique essas descobertas e conquiste o seu grande amor.

A ciência e a arte da sedução

O que fazer para conquistar uma pessoa? Em que condições acontece o apaixonamento? Essas são perguntas formuladas desde os primórdios da humanidade. Embora ainda não tenhamos respostas completamente satisfatórias para elas, várias pesquisas e teorias científicas ajudam a respondê-las parcialmente. A parte que ainda não sabemos responder cientificamente é o espaço ocupado pela arte da conquista.

Embora não exista uma fórmula mágica, uma simpatia, um procedimento, uma poção, um feromônio que seja eficaz para conquistar todo mundo, as seguintes condições aumentam as chances de que o apaixonamento ocorra:

- Os parceiros têm similaridade e complementaridade em vários atributos importantes.
- Os parceiros atendem aos princípios gerais que regem os apaixonamentos.
- Os parceiros atendem às condições particulares que são eficientes para provocar o apaixonamento do outro.

Vamos examinar agora essas três condições.

Similaridade e complementaridade entre os parceiros

A similaridade e, em menor grau, a complementaridade entre os parceiros em qualidades que são importantes para ambos é um requisito essencial para a conquista. Quando os parceiros são muito diferentes e não complementares, é praticamente impossível adotar um procedimento de conquista que supere este abismo. Por exemplo, não existe fórmula eficaz que possa ser usada por uma pessoa analfabeta, idosa, paupérrima e mal educada para conquistar outra universitária, jovem, rica e bem educada.

Princípios gerais que regem os apaixonamentos

Stendhal (pseudônimo adotado pelo grande escritor francês Marie-Henri Beyle) propôs uma teoria para explicar como acontece o apaixonamento e, ainda hoje, ela está entre as mais bem-aceitas pelos estudiosos desta área. Segundo essa teoria, para que nos apaixonemos são necessários três requisitos:

- *Admiração*
- *Esperança*
- *Uma certa dose de insegurança*

Admiração

A admiração por uma pessoa pode ser provocada tanto pelas suas qualidades gerais (inteligência, cultura, princípios morais etc.) como pelas suas qualidades diretamente relevantes para o apaixonamento (beleza, comportamentos típicos de cada gênero etc.).

Geralmente, as pessoas que estão tentando conquistar procuram uma forma sutil e socialmente aceita de exibir esses dois tipos de qualidades para seus objetos de conquista. Por exemplo, contam casos nos quais seus atributos admiráveis ficam sutilmente evidenciados, cuidam da beleza física e da produção (principalmente as mulheres) e exibem recursos econômicos, como pagar jantares em restaurantes da moda e desfilar em carros caríssimos (principalmente os homens).

Outra teoria que também afirma que a admiração é necessária para o apaixonamento é a Teoria da Expansão do Eu, formulada por Elaine N. Aron e Arthur Aron, famosos psicólogos americanos. Segundo essa teoria, as qualidades que admiramos em uma outra pessoa são aquelas que gostaríamos de ter. Ela afirma também que a associação amorosa com uma pessoa que possua tais qualidades seria uma forma de nos apropriarmos delas e, dessa forma, expandirmos o nosso eu.

Várias pesquisas encontraram resultados que confirmam essa teoria. Por exemplo, uma pesquisa verificou que casais que participaram de atividades desafiadoras de seus limites psicológicos (expansoras do eu) relataram um maior fortalecimento de suas ligações afetivas do que casais que participaram de atividades agradáveis, mas não desafiadoras (pense nisso quando estiver escolhendo um programa para fazer com alguém que você deseja conquistar).

Esperança

Existem dois tipos de esperança. A primeira é que tenhamos qualidades suficientes para estar à altura da pessoa que queremos conquistar. Quem não atende a esse requisito incorre naquele ditado popular que afirma que o parceiro "é muita areia para o seu caminhãozinho". Atendido esse primeiro requisito, ainda é necessário que haja um segundo tipo de esperança: a reciprocidade do interesse amoroso. Ela é alimentada principalmente por aqueles sinais que são apresentados na paquera verbal e não-verbal ("derreter-se na presença do outro", "ficar rodeando a outra pessoa", apresentar a "dança do acasalamento" – caras, bocas, posturas, vozes etc.).

Insegurança

Segundo Stendhal, a insegurança é o catalisador do amor: uma certa dose de insegurança contribui para o nascimento deste sentimento. Quando algo é importante para nós, mas não estamos seguros da sua posse, tendemos a valorizá-lo mais e a mantê-lo por mais tempo na nossa consciência ("Não consigo parar de pensar nela.") do que quando há segurança prematura em relação à posse. A insegurança também faz com que comemoremos mais intensamente cada sinal de que estamos conquistando tal pessoa. Coerente com este princípio, uma técnica de conquista popular aconselha o "tratamento quente-frio" para conquistar alguém. Segundo esta técnica, é bom alternar momentos de "dar bola" com momentos de indiferença com a finalidade de não gerar segurança excessiva no parceiro. O princípio também é aplicado por aquelas pessoas que ficam "subindo pelas paredes" após ter saído com alguém interessante, porque não querem tomar a iniciativa de telefonar para não parecerem interessadas demais.

Condições particulares que provocam o apaixonamento

Existem três fatores que influenciam em graus diversos a conquista de diferentes pessoas:

- A sedução romântica e sexual.
- O cativar através da cumplicidade, compreensão, aceitação e afetividade.
- As vantagens e desvantagens em se associar com um determinado parceiro.

Embora todos sejamos sensíveis aos três fatores acima, os seus pesos relativos podem variar bastante entre as pessoas. Algumas são conquistadas, principalmente, pelo fascínio, beleza, olhares, magia (são as românticas). Outras, pela via da amizade, cumplicidade e entrosamento (são as afetivas e que desenvolvem o amor companheiro) e outras, ainda, pelo cálculo das vantagens e desvantagens de se associar amorosamente com um determinado parceiro (são as que possuem um amor pragmático).

E então?

Seja a conquista arte ou ciência, a sua prática é um dos momentos mais deliciosos de um relacionamento amoroso. Vale a pena praticá-la!

10

O SEXO

O relacionamento sexual é um dos pilares do relacionamento amoroso. Geralmente, quando um ou ambos os cônjuges ainda estão aptos para o sexo, o relacionamento amoroso não sobrevive quando a vida sexual fica muito empobrecida ou deixa de existir.

Embora muito se fale sobre sexo, poucas pessoas têm toda a satisfação que uma boa vida sexual pode oferecer. Uma boa vida sexual é fonte importante de satisfação, diminui os motivos para a traição, ajuda a criar e a manter um clima de proximidade entre o casal e motiva reconciliações.

Neste capítulo vamos analisar como homens e mulheres encaram o sexo, como transcorre um bom encontro sexual e quais são os ingredientes do desejo sexual.

Encontro completo de amor erótico

A relação sexual raramente pode ser iniciada diretamente. Existem muitos caminhos para chegar até lá. Alguns desses caminhos podem ser tão ou mais prazerosos do que o sexo em si: encostar-se no outro na hora de dormir, falar coisas excitantes, tomar banho juntos, propor uma massagem. Eles também ajudam o sexo a acontecer de maneira natural. Cada um desses caminhos tem as suas funções e pode ser o mais adequado para uma determinada circunstância e tipo de relacionamento.

Vamos abordar aqui um desses caminhos, que chamaremos de encontro completo de amor. A descrição desse caminho é baseada em entrevistas que realizei com mais de 50 homens e mulheres que tinham muita experiência e muita satisfação sexual.

Encontro completo de amor erótico

Este tipo de encontro pode ser dividido em seis etapas que serão apresentadas abreviadamente a seguir. Antes disso, as seguintes observações são bastante úteis:

- As etapas podem se sobrepor.
- Nem sempre todas elas são percorridas em um encontro.
- O que comanda a passagem de uma etapa para a outra é a própria prontidão e a prontidão do parceiro para isso.
- Cada etapa deve ser saboreada pelo seu próprio valor.
- Não mostrar muita frustração quando a sequência de etapas é interrompida pelo parceiro é uma medida muito importante para que ele não se sinta pressionado e para que tal sequência possa ser percorrida espontânea e prazerosamente em outras oportunidades.

Vamos examinar agora as seis etapas.

Atividade sincronizadora

Uma atividade não-sexual ajuda o casal a começar a se desligar de outros assuntos e se envolver mutuamente ("O corpo chega primeiro ao encontro. O espírito vai chegando aos poucos."). Essa atividade agradável também ajuda a instalar um clima positivo. Por exemplo, uma refeição compartilhada facilita a intimidade entre as pessoas. A bebida, em dose moderada, pode ajudar a desinibir ("O superego é solúvel em álcool.").

É bom que essa atividade aconteça em um local onde o relacionamento possa progredir às etapas seguintes. A demora ou dificuldade na troca de locais pode quebrar o encanto.

Conversa amistosa

Ela começa a ser desenvolvida durante o evento sincronizador e vai paulatinamente se tornando o centro das atenções. Uma conversa bem conduzida expressa atenção mútua e apreço, e ajuda a estabelecer um clima caloroso. Devem-se evitar polêmicas profundas ou mergulhar em temas que possam desviar demasiadamente o clima do encontro da sua rota amorosa. Esta não é a hora mais indicada para "discutir a relação" a não ser que se queira sabotar essa rota.

Ao mesmo tempo em que os assuntos vão sendo abordados, a comunicação verbal e a comunicação não-verbal dos parceiros vão enviando mensagens do tipo: "Que bom estar aqui com você", "Acho você linda", "Estou fascinado por você". Esses tipos de mensagens vão criando um clima romântico.

Clima romântico

Esse clima é criado mais por ações não-verbais do que por palavras. Nessa fase as palavras são usadas principalmente para descrever os próprios sentimentos românticos que estão presentes e os atributos do parceiro que os despertaram. O tronco se inclina na direção do amado. Os olhos se perdem nos seus olhos ("Não consigo parar de te olhar"), a voz se torna carinhosa. As mãos se entrelaçam. Beijos românticos começam a acontecer.

Clima sensual

O olhar vai insistentemente para a boca e para o corpo do parceiro. Os abraços são mais fortes e, quando acontecem, os corpos inteiros dos parceiros são pressionados um contra o do outro. Os beijos expressam mais desejo do que amor. As mãos começam a tocar o corpo todo. O prolongamento dessa fase faz o desejo aumentar. Prolongá-la pode ser extremamente prazeroso.

Transa

Aqui vale tudo que não coloque o casal ou terceiros em risco e que seja de acordo mútuo. Nesse caminho, no entanto, as práticas sexuais continuam a expressar uma mistura de amor e desejo até o auge. O desejo do outro é o maior afrodisíaco. Cada um deve ser capaz de se entregar ao próprio prazer. O interesse pela satisfação do outro também ocupa importância igual à própria satisfação.

Clima carinhoso e romântico

Uma vez satisfeitos, nada de levantar correndo, dormir imediatamente ou, muito menos, ir embora. Qualquer uma dessas práticas pode indicar que o interesse pelo outro terminou quando o desejo sexual foi satisfeito. O casal que se gosta continua a conversar e a trocar carinhos. Só a energia sexual diminuiu temporariamente.

E então?

Esse tipo de caminho geralmente é usado por casais que estão começando um relacionamento e que estão mutuamente fascinados, mas ainda não têm muita intimidade e confiança para tomarem iniciativas mais abreviadas para o sexo. Também é muito importante que essa sequência de ações seja usada frequentemente por casais já estabelecidos. Os méritos desse caminho vão muito além da satisfação sexual. Ele também reforça os vínculos de amizade, romantismo e sensualidade entre o casal. Vale a pena experimentar!

Os homens querem sexo e as mulheres, relacionamento?

Muitas mulheres têm a impressão de que os homens não querem nada sério na área do relacionamento amoroso, que só querem sexo. Por outro lado, sabemos que namoros continuam sendo iniciados, que muita gente está indo morar junto e que os casamentos continuam acontecendo. Como entender esse paradoxo? Este é o tema que vamos examinar agora.

Você aceitaria um convite para sexo casual?

Suponha que uma pessoa desconhecida do sexo oposto se aproxime de você e peça um minuto da sua atenção. Essa pessoa é medianamente atraente, tem aproximadamente a sua idade e, pela sua aparência, pelo seu jeito de falar e pelo local onde vocês se encontram, dá a impressão de ser do mesmo nível socioeconômico que o seu. Imagine que, após uma breve introdução, essa pessoa convide você para dormir com ela. Você aceitaria?

Esse e outros tipos de convites foram objetos de uma pesquisa realizada nos Estados Unidos por R. D. Clark e E. Hatfield. Esses autores pediram para alguns dos seus alunos, de ambos os sexos, que apresentassem convites para colegas desconhecidos do sexo oposto que estavam passando por locais públicos da universidade que frequentavam. Havia três convites possíveis. Um desses convites era para saírem juntos naquela noite; o segundo convite era para ir ao apartamento do convidador naquela noite e o terceiro convite era para dormirem juntos naquela noite.

Cada convidador abordava colegas desconhecidos e, após uma breve introdução ("Eu já notei você outras vezes aqui no campus. Eu acho você muito atraente."), apresentava um dos três convites acima. O convite a ser feito em cada abordagem era sorteado de antemão. O convite para saírem juntos foi aceito por aproximadamente 50% dos convidados, independentemente dos seus sexos. O convite para ir ao apartamento do convidador foi aceito por aproximadamente 6% das mulheres e por 69% dos homens. O convite para dormirem juntos não foi aceito por nenhuma das mulheres e foi aceito por 75% dos homens. As percentagens de aceitação dos dois últimos tipos de convite mostram a tremenda diferença nas atitudes de homens e mulheres quanto ao sexo casual: a maioria dos homens os aceitou e quase nenhuma mulher fez o mesmo.

Um problema dessa pesquisa é que os convidados poderiam temer possíveis consequências negativas por aceitar tais convites (por exemplo, quem apresentou o convite poderia ser um assaltante ou poderia divulgar o acontecimento para pessoas conhecidas). Uma outra pesquisa realizada por Donald Symons e Bruce J. Ellis, dois famosos estudiosos da sexualidade humana, tentou contornar esse tipo de problema pedindo aos participantes que imaginassem uma situação hipotética onde não haveria nenhum tipo de consequência negativa para a aceitação do sexo casual. Tendo como pano de fundo esse tipo de situação ideal, homens e mulheres responderam um questionário anônimo que perguntava, entre outras coisas, se aceitariam sexo casual com diferentes tipos de parceiros em diversos tipos de situações. Nessa pesquisa, como na anterior, muito mais homens do que mulheres disseram que aceitariam o sexo casual: por exemplo, as percentagens de pessoas que responderam que aceitariam "com certeza" o sexo casual sem consequências foram de 41,1% para os homens e 8,2 % para as mulheres.

Eu também já constatei diversas vezes esse tipo de diferença entre homens e mulheres. Por exemplo, durante algumas das minhas aulas sobre sexualidade, passei uma folha de papel com uma tabela como a abaixo:

Coloque um X em uma das quatro caselas da última linha desta tabela que corresponda à percentagem de pessoas presentes nesta aula com as quais você transaria se não houvesse qualquer tipo de consequência.

0 a 25% ( )	26% a 50% ( )	51% a 75% ( )	76% a 100% ( )

Pedi então para os alunos presentes que se manifestassem, assinalando essa tabela. Embora houvesse certa variação entre as turmas que participaram desse levantamento, as diferenças nas respostas de homens e mulheres sempre foram gritantes: a maioria dos homens declarava que transaria com mais da metade das mulheres presentes e quase todas as mulheres declaravam que não transariam com nenhum dos presentes nessas condições.

Os seres humanos são moderadamente poligâmicos

Muitos homens que estão em um relacionamento e se interessam por uma nova parceira, se pudessem não terminariam o relacionamento atual, mas acresceriam a nova parceira. É a nossa herança poligínica: cerca de 80% das culturas catalogadas em estudos antropológicos consideram a poligamia moderada, do tipo poliginia (um homem e várias mulheres), como o modelo ideal de relacionamento conjugal.

As mulheres também têm alguma propensão para a poligamia do tipo poliandria (uma mulher e vários homens). Por exemplo, os levantamentos mais recentes indicam que as percentagens de traições femininas se equipararam às masculinas. Outra evidência: exames genéticos de paternidade realizados com amostras representativas da população de alguns países indicam que quase 10% das crianças não são filhos dos pais presumidos. Ou seja, são filhos de alguém que não é o companheiro oficial.

Por que muitos homens somem após transar pela primeira vez com uma mulher?

Um motivo para isso é que muitos homens aceitam transar com mulheres que só preenchem os seus requisitos como uma parceira sexual, mas não como uma parceira com quem eles se envolveriam ou se comprometeriam. O inverso acontece mais raramente porque, para as mulheres, os requisitos para parceria sexual e para um envolvimento afetivo e comprometimento são mais parecidos entre si.

D. T. Keinrich, famoso pesquisador americano, e seus colaboradores realizaram uma pesquisa que mostrou que as exigências das mulheres para praticar sexo casual com os homens são parecidas com aquelas que elas têm quando querem ter um relacionamento mais compromissado com eles. Ou seja, após o sexo casual, o relacionamento poderia evoluir para um relacionamento afetivo e compromissado com o mesmo parceiro.

Certa vez, ouvi uma afirmação, um tanto cruel e machista, mas que ilustra bem esse tipo de critério. Um homem afirmou que diferenciava as mulheres com as quais ele só queria sexo daquelas com quem teria um relacionamento usando o seguinte critério: "Com esta mulher eu transaria, mas não andaria de mãos dadas no shopping".

Os homens disfarçam suas intenções quando só querem sexo

O interesse exclusivo em sexo casual geralmente não é revelado abertamente pelos homens. Muitas vezes nem eles próprios estão conscientes dessa exclusividade de interesse. Segundo alguns estudiosos da mentira, a melhor maneira de enganar alguém é enganar a si próprio, em primeiro lugar. Quando um homem sente apenas atração sexual por uma mulher, ela pode parecer mais fascinante, em outros sentidos, para ele. Ele pode ficar extasiado com ela, se "derreter" com tudo que ela diz, "ter olhos só para ela", e assim por diante. Esta espécie de autoengano facilita a tarefa de seduzi-la para o sexo casual.

Nesse caso, assim que terminam de transar, toda a sua "fascinação" por ela se esvai. Daí para frente fica um sacrifício conversar ou ser carinhoso com ela. Assim que se satisfaz, aparece uma grande vontade de ir embora ou virar para o lado e dormir. Ele começa a pensar: "O que estou fazendo aqui?". Quando ele é delicado, aparecem considerações do tipo: "Qual o mínimo de tempo e de atenção que devo dar a ela antes de terminar o encontro?" ou "Qual a maneira menos rude de terminar este encontro e ir embora?".

Quando a mulher constata que o grande interesse do homem sumiu após o sexo, ela se sente enganada e "usada": "É só isso que ele queria comigo".

O dia seguinte

Um estudo realizado nos Estados Unidos mostrou que a maior diferença entre homens e mulheres quanto à prática do sexo casual ficava mais visível nos dias seguintes ao acontecimento. Esse estudo foi realizado com os estudantes mais "sexualmente liberados" de uma universidade americana – aqueles que já haviam transado com dezenas de parceiros diferentes e "separavam sexo de afeto". O que se constatou foi que esses homens e mulheres eram muito semelhantes em praticamente todas as características psicológicas estudadas (por exemplo, grau de ajustamento social e atratividade).

A única diferença entre eles foi observada nos dias que se seguiam aos episódios de sexo casual. Nesses dias os homens pensavam mais ou menos assim: "Será que vai dar para continuar a transar com ela esporadicamente sem que ela pressione por compromisso?". As mulheres pensavam mais ou menos assim: "Será que ele vai me ligar? Será que o seu interesse era mesmo só sexo?". Elas eram mais propensas a esse tipo de pensamento mesmo quando estavam muito seguras de que só queriam sexo casual com aquele parceiro antes de o sexo acontecer. Ou seja, mesmo para essas mulheres experientes e liberadas, o sexo explicitamente casual criava certa expectativa de relacionamento amoroso com o parceiro. Para os homens, a expectativa era poder continuar a praticar o sexo casual sem nenhum tipo de pressão para compromisso.

Por que os homens são diferentes das mulheres em relação ao sexo casual?

Existem dois motivos principais. O primeiro deles é mais conhecido e por isso não será aprofundado aqui: vivemos em uma sociedade machista que permite e incentiva o sexo casual por parte dos homens e o condena por parte das mulheres. O segundo motivo, menos conhecido e mais polêmico, é a existência de uma certa propensão genética para homens e mulheres encararem de forma diferente a prática sexual.

Esse tipo de motivo é defendido pela teoria psicobiológica, que afirma que as mulheres são mais cuidadosas (exigentes) do que os homens para aceitar sexo porque para elas o sexo podia trazer consequências maiores do que para eles, durante boa parte da história evolutiva da nossa espécie – elas podiam engravidar. Os anticoncepcionais eficientes só foram inventados recentemente e provavelmente ainda não tiveram nenhuma influência em desfazer ou amenizar esse tipo de propensão genética.

Aquelas mulheres que exigiam alguma evidência de que os homens estavam afetivamente ligados a elas, e que manifestavam alguma intenção de se comprometerem com elas, foram premiadas – tinham mais chances de que seus filhos sobrevivessem devido à presença do homem que compartilhava os inúmeros encargos que surgem durante a gravidez, parto e criação de um filho (por exemplo, defesa, alimentação e educação).

Para eles, o sexo sempre teve menores consequências. Era "mais barato" e podia ser muito lucrativo. Um famoso pesquisador dessa área afirmou neste sentido: "Tudo que eles tinham a perder com o sexo casual eram míseros espermatozoides. Podiam ganhar algo valiosíssimo: descendência!".

Os homens só querem sexo?

Esses estudos mostram que os homens só querem sexo? Claro

que não! Os homens também se apaixonam, necessitam de um relacionamento afetivo e se comprometem profundamente com suas parceiras. Essas pesquisas mostram apenas que eles estão mais à procura de sexo casual do que elas.

Por tudo que já vi nessa área, estou convencido que nós homens precisamos tanto quanto as mulheres, ou talvez até mais que elas, de um relacionamento profundo e comprometido. Vários estudos apontam nessa direção. Por exemplo, uma pesquisa verificou que a expectativa de vida de homens que se separaram e ficaram sós daí para frente era menor do que a dos homens que continuaram casados. Outra evidência dessa necessidade: dois terços das separações são pedidas pelas mulheres. Isto indica que as mulheres fazem mais questão de iniciar relacionamentos e se comprometerem, mas os homens hesitam mais em sair deles.

A tarefa das mulheres, portanto, não é distinguir os homens que procuram sexo casual daqueles que não o procuram – quase todos procuram ou, pelo menos, o aceitam. A tarefa mais importante é identificar aqueles homens que, apesar de aceitarem sexo casual, também estão abertos para um envolvimento afetivo e para um compromisso e que têm condições de serem fiéis quando isto acontecer.

E então?

Não tenho nada contra aqueles que optam pelo sexo casual durante uma certa época de suas vidas ou até mesmo de uma forma permanente. Cada um pode fazer aquilo que prefere, que tenha condições e que não cause danos a terceiros. Por outro lado, a monogamia também é uma ótima opção. Creio também que, embora tenhamos uma propensão moderada para a poligamia, ela pode ser controlada e que ser fiel tem os seus frutos positivos. Neste caso, a qualidade compensa mais do que a quantidade!

O desejo sexual

A presença e a realização do desejo sexual são uma das maiores fontes de prazer que podemos ter na vida. Além disso, o desejo:

- *É um dos requisitos mais importantes para selecionar um parceiro amoroso* Sem esse tipo de desejo, o relacionamento pode ser classificado de diversas formas, como, por exemplo, parental, amistoso ou comercial, mas não como amoroso.
- *Funciona como motivador para procurar, agradar e conquistar o parceiro.*
- *Muda temporariamente a percepção sobre as qualidades do parceiro* Faz com que o parceiro seja visto como mais atraente e interessante do que quando o desejo é menor.
- *Muda a percepção daquilo que é razoável fazer para conquistar o parceiro.*

Devido à sua importância, o desejo é um assunto que desperta muito interesse. Esse interesse é revelado, por exemplo, por meio do tempo que as pessoas passam conversando sobre o tema, da quantidade de publicações que tratam do assunto e da quantidade de energia e dinheiro que são investidos pelos pesquisadores para avaliar a frequência, a duração e a qualidade das relações sexuais.

O desejo é a primeira fase de um episódio sexual satisfatório

Um episódio sexual bem-sucedido pode ser dividido em quatro fases:

- *Desejo* (fantasias acerca da atividade sexual e desejo de ter atividade sexual).
- *Excitação* (sentimento de prazer e alterações fisiológicas

concomitantes. Inclui, por exemplo, a ereção peniana do homem e a lubrificação e a expansão vaginal da mulher).

- *Orgasmo* (clímax sexual, com liberação da tensão sexual e contração rítmica dos músculos do períneo e órgãos reprodutores).
- *Resolução* (sensação de relaxamento muscular e bem-estar geral).

Pouco desejo sexual

A insuficiência de desejo sexual pode ser uma característica crônica do indivíduo ou se manifestar apenas circunstancialmente. Quando ela é crônica – está presente há muito tempo –, acontece com todos os possíveis parceiros, e há poucas fantasias e sonhos eróticos. Quando ela é circunstancial, aparece apenas em certas situações (por exemplo, quando o parceiro agiu de uma forma desrespeitosa) e com certas pessoas. Nesse caso, a falta de desejo é natural e muito útil para selecionar parceiros amorosos – só devemos iniciar ou manter um relacionamento amoroso com alguém que desperte em nós alguma atração sexual ou que, pelo menos, tenha potencial para isso.

A diminuição do desejo pode ocorrer durante um relacionamento amoroso que está em curso. Quando essa diminuição é acentuada e perdura por muito tempo, existe uma grande chance de o relacionamento se deteriorar.

Consequências da falta de desejo para o relacionamento

A falta de desejo por parte dos homens é mais facilmente percebida do que a falta de desejo por parte das mulheres. O maior motivo dessa diferença é simples: a falta do desejo masculino dificulta ou impede a ereção do pênis. Essa falta de ereção, além de impedir a penetração, também tem um efeito psicológico negativo poderoso na parceira (por exemplo, a mulher não se sente desejada e desejável), e no próprio homem (por exemplo, isto representa uma grande ameaça à sua autoestima e à sua identidade).

Os efeitos da falta de desejo para as mulheres também são graves: ao perderem boa parte da motivação para o sexo, não lubrificam direito a vagina, não relaxam a musculatura vaginal para permitir a penetração e têm dificuldades para o orgasmo. No entanto, para as mulheres, a falta de desejo pode ser dissimulada e não impossibilita as relações sexuais, embora possa torná-las desagradáveis e até humilhantes.

A síndrome da santa e da prostituta

Em certa época, era esperado que as mulheres não tivessem desejo sexual. Diz a lenda que, na época da rainha Vitória, era recomendado para as inglesas que pensassem na pátria durante o sexo. Praticar o sexo era um sacrifício a que elas deviam se submeter para gerar cidadãos e guerreiros que o Império Britânico necessitava. Além disso, nessa época era considerado impróprio e vergonhoso que elas manifestassem desejo sexual e deixassem transparecer que estavam sentindo prazer durante o sexo. Vida dura, naqueles tempos, não é?

Mesmo hoje, alguns homens diferenciam as mulheres pelas quais sentem atração romântica daquelas pelas quais sentem atração sexual. Eles consideram aquelas mulheres pelas quais sentem amor romântico uma espécie de "santa" e aquelas por quem têm atração sexual como uma espécie de "prostituta" e as classificam como "mulheres para casar" e "mulheres para transar", respectivamente.

Uma comédia sobre a máfia mostra um diálogo entre um gângster e o seu psicólogo que ilustra bem essa síndrome. O mafioso, ao ser questionado sobre a sua necessidade de se relacionar com amantes, relata que o seu desejo sexual só podia ser plenamente satisfeito com estas, porque "respeitava" muito a sua esposa, a mãe dos seus filhos. Indignado, ele dá um exemplo para reforçar os seus argumentos: "Como posso fazer isso, receber sexo oral da mãe dos meus filhos, daquela boca que beija aqueles anjinhos?".

O desejo sexual

Stephen B. Levine, professor da Case Western Reserve University School of Medicine, apresentou uma teoria que considero muito útil para entender o desejo sexual. Segundo esse autor, o desejo tem três componentes: *o impulso, a motivação* e *o querer*. Vamos apresentar aqui um resumo dessa teoria.

O impulso sexual

O impulso é o componente biológico do desejo. A sua intensidade aumenta à medida que vai passando o tempo desde o último orgasmo. Funciona de forma semelhante à fome: no momento em que há ingestão suficiente de comida, ela é saciada. À medida que vai passando o tempo, desde a última refeição, ela vai aumentando novamente. Outros fatores também afetam a fome: a energia gasta (por exemplo, atividades físicas e tensões psicológicas queimam mais energia e aumentam a fome), a velocidade do metabolismo e o tipo de alimento ingerido na última refeição. Algo semelhante ocorre com o impulso sexual: quando acontece uma boa relação sexual, fica-se temporariamente saciado. À medida que vai passando o tempo após essa relação, a intensidade vai aumentando novamente.

A intensidade do impulso sexual também está relacionada com a quantidade de hormônios sexuais que é produzida pelo organismo. A produção de hormônios sexuais é mínima na infância, atinge o ápice na adolescência e então começa a diminuir e volta ao nível infantil na terceira idade. Devido à saturação desses hormônios, os adolescentes, principalmente os homens, são tomados por uma espécie de furor sexual: eles pensam muito em sexo, masturbam-se frequentemente, interessam-se por pornografia, querem transar com quase tudo que lembre os objetos sexuais de seus interesses. A partir dessa fase, a quantidade de hormônios sexuais começa a diminuir. No entanto, felizmente, o desempenho sexual não pode ser predito apenas a partir da idade ou do nível hormonal. Devido às contribuições independentes dos outros dois componentes – a motivação e o querer – ele pode permanecer muito intenso durante boa parte da vida.

O desejo sexual não está o tempo todo acionado e presente na consciência, mesmo quando há privação sexual. Muitas vezes, quando ele não está muito intenso, a pessoa pode esquecê-lo por um tempo e se concentrar em outras coisas. No entanto, quando é muito intenso, ele pode "tomar" a pessoa: ela fica o tempo todo pensando em sexo, pode intensificar seus esforços para seduzir aqueles por quem sente atração, pode provocar "sonhos molhados" e fazer a pessoa ficar mais interessada em conversas eróticas e em pornografia.

A motivação

Esta motivação pode ser comparada ao apetite pela comida. Quando a comida é boa, atraente e gostosa, aumenta a nossa vontade de comer e tendemos a comer mais do que comeríamos caso ela fosse menos atraente. No caso do apetite sexual, contribui muito para o desejo o fato de o parceiro ser alguém que amamos, ser bonito e se comportar de uma forma sensual. Diversos outros fatores também ajudam a aumentar o desejo. Por exemplo, estar livre de preocupações e se encontrar com o parceiro em um ambiente apropriado e seguro pode contribuir para que o desejo se manifeste mais livre e intensamente. Uma das coisas que mais provoca o desejo é a manifestação de desejo por parte do parceiro: isto aumenta o desejo do outro, auxilia no seu orgasmo e contribui enormemente para a sua satisfação e autoestima.

Muitas pessoas também aprendem a "pegar carona" em excitações produzidas por outros acontecimentos que, em si, nada tem de sexual ou erótico. Várias das alterações fisiológicas que são produzidas por esses fenômenos são do mesmo tipo produzido pela excitação sexual e, por isso, podem ser capitalizados para aumentar essa excitação. Por exemplo, transar em locais onde haja o risco de ser flagrado por outras pessoas (elevadores, vestiários de lojas, praia) pode aumentar o ritmo cardíaco e a adrenalina no sangue, reações estas que também são produzidas pela atividade sexual.

Como não dá para distinguir as origens dessas alterações, fica mais fácil atribuir tudo à excitação sexual. Por esse motivo, algumas pessoas procuram fazer ou dizer coisas "proibidas" ou arriscadas para aumentar seus desejos e excitações.

O querer

O querer são as outras razões para transar que não a vontade provocada pelo impulso e pela motivação sexual. Em outras palavras, são os outros motivos para praticar o sexo além do desejo sexual. A analogia com a ingestão de alimentos continua útil aqui: podemos comer algo porque sabemos que faz bem, mesmo quando não estamos com fome e não gostemos daquele alimento. No caso do sexo, podemos transar porque queremos contentar a parceira, porque achamos que é nosso dever conjugal, para que a parceira "não procure em outro lugar o que está faltando em casa".

"Pegar no tranco"

Muitas vezes o sexo é iniciado sem desejo ou com pouco desejo, mas este surge durante as práticas sexuais. O desejo surge ou é aumentado tanto pela estimulação das zonas erógenas como pelas propriedades excitatórias das práticas sexuais (por exemplo, ver os sinais de excitação do parceiro e provocá-lo sexualmente pode ser excitante para certas pessoas). Um conhecido meu classificou o nascimento do desejo durante o ato sexual como "pegar no tranco". Essa expressão é mais comumente usada quando o carro não pega pelo acionamento da partida, mas só quando é empurrado. Nesse caso, o condutor engata a segunda, o carro é empurrado e, quando ganha alguma velocidade, ele tira abruptamente o pé da embreagem. Nesta hora o carro dá um tranco e pode pegar.

No caso de desejo sexual, esta via para o nascimento do desejo pode ser utilizada de vez em quando como, por exemplo, quando um dos parceiros está dormindo e o outro começa a estimulá-lo sexualmente. O parceiro pode acordar e começar a ter desejo sexual. No entanto, nunca sentir desejo pelo parceiro sem esse tipo de provocação sensorial é um sinal de que ele não é objeto de desejo.

A inibição sexual

O sexo é carregado de significados em quase todas as sociedades. A sua prática é regulada por normas determinadas principalmente pela religião e pela moral. Existe um conjunto de normas sobre as práticas sexuais que é prescrito pela legislação. Por exemplo, existem leis que determinam quais são as práticas ou tipos de parceiros que são "legais" ou "ilegais" (por exemplo, traição, sedução de menores, assédio etc. são ilegais em diversas sociedades) e passível de sanções penais. As pessoas também são educadas para sentir culpa e medo quando o sexo não é praticado segundo as normas aceitáveis pela sociedade.

Poucas pessoas podem afirmar que não têm nenhuma inibição para falar de sexo e para expressar o que sentem, desejam ou não desejam durante a prática sexual. Essas normas punitivas também são uma das razões pelas quais muita gente só fica à vontade para praticar sexo no escuro.

E então?

O sexo é uma das coisas que provocam as sensações mais intensas e maravilhosas na nossa vida. Além disso, ele está ao alcance de todos os casais. Ele não precisa ser comprado e nem é necessário pagar royalties para nenhuma multinacional para praticá-lo com tudo o que se tem direito. No entanto, poucas pessoas tiram do sexo todo o proveito que poderiam. Pratique e aproveite!

REFERÊNCIAS BIBLIOGRÁFICAS

AMÉLIO, A. *O Mapa do Amor.* São Paulo: Editora Gente, 2001.

AMÉLIO, A.; MARTINEZ, M. *Para Viver um Grande Amor.* São Paulo: Editora Gente, 2005.

ARON, E. N. & ARON, A. "Love And Expansion of The Self: The State of The Model". *Personal Relationships*, v. 3, pp. 45-58, 1996.

BETIZIG, L. "Causes of Conjugal Dissolution: A Cross Cultural Study". *Current Anthropology, v. 30,* pp. 654-76, 1989.

BAXTER, L. A. "Strategies For Ending Relationship: Two Studies". *Western Journal of Speech Communication, v. 46*, pp. 223-241, 1982.

BRANDEN, N. *Autoestima e Seus Seis Pilares* (traduzido do original em inglês por V. Caputo). São Paulo: Saraiva, 1996 (segunda edição).

BROWN, P.; LEVINSON, S. C. *Politeness: Some Universals in Language Usage.* Cambridge: Cambridge University Press, 1987.

BUSS, D. M.; ABBOTT, M.; ANGLEITNER, A.; ASHERIAN, A.; BIAGGIO, A.; BLANCOVILLASENOR, A.; BRUCHONSCHWEITZER, M.; CHU, HY; CZAPINSKI, J.; DERAAD, B.; EKEHAMMAR, B.; ELLOHAMY, N.; FIORAVANTI, M.; GEORGAS, J.; GJERDE, P.; GUTTMAN, R.; HAZAN, F.; IWAWAKI, S.; JANA KIRAMAIAH, N.; KHOSROSHANI, F.; KREITLER, S.; LACHENICHT, L.; LEE, M.; LIIK, K.; LITTLE, B.; MIKA, S.; MOADELSHAHID, M.; MOANE, G.; MONTERO, M.; MUNDYCASTLE, A. C.; NIIT, T.; NSENDULUKA, E.; PIENKOWSKI, R.; PIRTTILA-BACKMAN, A. M.; DELEON, J. P.; ROUSSEAU, J.; RUNCO, M. A.; SAFIR, M. P.; SAMUELS, C.; SANITIOSO, R.; SERPELL, R.; SMID, N.; SPENCER, C.; TADINAC, M.; TODOROVA, E. N.; TROLAND, K.; VANDENBRANDE, L.; VAN HECK, G.; VANLANGENHOVE, L.; YANG, K. S. International preferences in selecting mates - a study of 37 cultures. *Journal of Cross-Cultural Psychology, v. 21*, p. 5-47, 1990.

BUSS, D.M. "The Evolution of Human Intrasexual Competition: Tactics of Mate Attraction". *Journal of Personality and Social Psychology*, v. 54, pp.616-28, 1988.

BUSS, M. D. *The Evolution of Desire.* Nova York: Basic Books, 1994.

CARDUCCI, B.J. *Timidez.* (Traduzido do original em inglês por M. Cantizani). São Paulo: Editora Alegro, 2002.

CHIAPETTI, N.; SILVA, A.A.; SERBENA, C.A.; HASSE, M. Fantasias Sexuais de Acadêmicos de Pós-graduação. Psico UTPonlinen. 01 (Revista Eletrônica de Psicologia). São Paulo: 2002. Disponível em: <www.utp.br/psico.utp.online>. Acesso em: 05/08/2008.

CLARK, D. M.; HATFIELD, E. "Gender Differences in Receptivity to Sexual offers". *Journal of Psychology and Human Sexuality,* v. 2, pp. 39-55, 1989.

CLOYD, J. W. *The Market-place Bar. Urban Life, v.* 5, n° 3, pp. 293-312, 1976. *Comparative Psychology, v. 8, pp.* 77-83, 1995.

DERLEGA, V. J.; METTS, S.; PETRONIO, S.; MARGULIS, S. T. *Self-disclosure.* Newbury Park: Sage Publications, 1993.

FISHER, H. *Anatomia do Amor.* (Traduzido do original em inglês por M. Lopes e M. Carbajal). São Paulo: Editora Eureka, 1995.

GIVENS, D. B. *Love Signals.* Nova York: Pinnacle Book, 1985.

GOFFMAN, I. "A Situação Negligenciada". In RIBEIRO, B. T.; GARCEZ P. M. [Orgs], *Sociolinguística Interacional.* São Paulo: Edições Loyola, 2002. pp. 13-20.

GOTTMAN, J. *Casamentos.* (Traduzido do original em inglês por T. B. Santos). Rio de Janeiro: Editora Objetiva, 1998.

GOTTMAN, J. M.; NOTARIUS, C. I. "Marital Research in the 20th Century and a Research agenda for the 21th Century". *Family Process,* v. 4, n° 2, pp. 158-97, 2002.

HENDRICK, C; HENDRICK, S. S. Styles of Romantic Love. In STERNBERG, R. J.; WEIS, K. (eds.), *The New Psychology of Love.* Binghamton: Yale University Press, 2006. pp. 149-70.

JUNG, C. G. *O Desenvolvimento da Personalidade.* (Traduzido do original em alemão por F. V. Amaral). Petrópolis: Editora Vozes, 1998 (8ª. Edição)

KENRICK, D. T.; SADALLA, E. K.; GROTH, G.; TROST, M. R. "Evolution, Traits, And the

Stages of Human Courtship: Qualifying the Parental Investment Model". *Journal of Personality, 58*, v. 1, pp. 97-116, 1990.

KERBRAT-ORECCHIONI, C. *Análise da Conversação.* (Traduzido do original em francês por C. P. FILHO). São Paulo: Parábola Editorial, 2006.

KNAPP, M. L.; HALL, A. J. *Comunicação Não-verbal na Interação Humana.* (Traduzido do original em inglês por M. A. Barros). São Paulo: JSN Editora, 1999

KURZBAN, R.; WEEDEN, J. "HurryDate: Mate Preferences in Action". *Evolution and Human Behavior, v. 26,* pp. 227-24, 2005.

LEE, J. A. LOVE STYLES. IN STERNBERG, R. J.; BARNES, M. L. (Edits.): *The Psychology of Love.* Binghamton: Yale University Press, 1988. pp. 100-118

LEVINE, R.; SATO, S.; HASHIMOTO, T.; VERMA, J. "Love and Marriage in Eleven Cultures". *Journal of Cross-Cultural Psychology*, v. 26, no. 5, pp. 554-71, 1995.

LEVINE, S. B. Intrapsychic and Individual Aspects of Sexual Desire. In LEIBRUM, S. R. ; ROSEN, R. C. (Edits), *Sexual Desire Disorders.* Nova York, The Guilford Press, 1988. pp. 21-43.

MALDONADO, M. T. E GARDNER, A. *A Arte da Conversa e do Convívio.* São Paulo: Editora Saraiva, 1999.

MALINOWSKI, B. *A Vida Sexual dos Selvagens.* (Traduzido do original em inglês por C. Sussekind). Rio de Janeiro: Livraria Francisco Alves Editora, S.A, 1983.

MANUAL DIAGNÓSTICO E ESTATÍSTICO DE TRANSTORNOS MENTAIS - DMS-IVTM (Traduzido do original em inglês por D. BATISTA). Porto Alegre: Editora Artes Médicas, 1995. (Capítulo. "Transtornos Sexuais e da Identidade de Gênero", pp. 467-10).

MASLOW, A. *Toward a Psychology of Being.* Nova York: John Wiley & Sons. 1968/1999.

MICHAEL, R. T.; GAGNON, J. H.; LAUMANN, E. O; KOLATA,G. *Sex in America.* Nova York: Warner Books, 1995.

MOORE, M. M. "Nonverbal Courtship Patterns in Women. Context and Consequences". *Ethology and Sociobiology,* v. 6, pp. 237-47, 1985.

MUEHLENHARD, C. L.; KORALEWSKI, M. A.; ANDREWS, S. L.; BURDICK, C. A. "Verbal and Nonverbal Cues That Convey Interest in Dating: Two Studies". *Verbal Behavior Therapy, v. 17*, pp. 404-19, 1986.

MUEHLENHARD, C. L.; MCFALL; R. M. "Dating Initiation From a Woman's Perspective". *Behavior Therapy*, v. *12*, pp. 682-91, 1981.

MURSTEIN, B. I. "Self-ideal-self Discrepancy and Choice of Marital Partner. *Journal of Consulting and Clinical Psychology*, v. *37*, pp. 42-52, 1971.

PINES, A. M. *Falling in Love*. Nova York: Taylor & Francis Group, 2005.

PINES, A.; ARONSON, E. (1983). "Antecedents, Correlates and Consequences of Sexual Jealousy. *Journal of Personality, v. 51*, n° 1, pp. 108-36.

POLLARD, J.S. Attractiveness of Composite Faces. *International Journal of Comparative Psychology*, v. 8, pp. 77-83, 1995.

RAMOS, L. M. *Ciúme Romântico*. Lorena: Editora Stiliano, 2000.

RODRIGUES, A. G.; SILVA, A. A. O Ouvir Ativo: Uma Habilidade Social Esquecida. In Starling, R. R.; Carvalho, K. A. (org.). *Ciência do Comportamento: Conhecer e Avançar*. Santo André: ESETec Editores Associados, v. 5, pp. 66-77, 2006.

RUSBULT,C. E. A; BUUNK, B. P. Commitment Processes in Close Relationships: An Interdependence Analysis. *Journal of Social and Personal Relationships, v. 10, pp.* 175-204. 1993.

SCHEFLEN, A. "Quase-courtship Behavior in Psychotherapy". *Psychiatry*, v. *B*, pp. 245-47, 1965.

SELIGMAN, M. E. P. *Felicidade Autêntica*. (Traduzido do original em inglês por Neuza Capelo). Rio de Janeiro: Editora Objetiva, 2002.

SHAVER, P. R.; MIKULINCER, M. "A Behavioral Systems Approach to Romantic Love Relationships: Attachment, Caregiving, and sex. In R. J.

STERNBERG AND K. WEIS (eds.), *The New Psychology of Love*. Binghamton: Yale University Press. pp. 35-64, 2006.

SHAVER, P.; HAZAN, C.; BRADSHAW, D. "Love as Attachment: The Integration of Three Behavioral Systems". In R. J. STERNBERG; M. L. BARNES (Edits): *The Psychology of Love*. Binghamton, Yale University Press. pp.

68-99, 1988.

SILVA, A. A. "Gestos de Sedução". *Viver Mente & Cérebro*. São Paulo: pp. 50-54, (15 ago.), 2006.

SILVA, A. A. "O Conteúdo da Vida Amorosa de Estudantes Universitários". *Interação em Psicologia*, v. 10, pp. 301-12, 2006.

SILVA, A. A. "Sexo Casual". *Viver Psicologia*, pp. 16-18, 1996.

SILVA, A. A.; MAYOR, A. S.; ALMEIDA, T.; RODRIGUES, A. G.; OLIVEIRA, L. M. E MARTINEZ. M. "Determinação das Histórias de Amor Mais Adequadas Para Descrever Relacionamentos Amorosos e Identificação das Histórias de Amor que Produzem Mais Identificação, Menos Identificação e que as Pessoas Mais Gostariam de Viver". *Interação em Psicologia*, v. 9, n.° 2. pp. 295-09, 2005.

SILVERMAN, I. "Physical Attractiveness And Courtship". *Sexual Behavior*, v. 7, pp. 22-25, 1971.

STENDHAL. *Do Amor*. (Traduzido por L. R. Ferreira). São Paulo: Martins Fontes Editora, 1822/1999.

STERNBERG, R. J. *Love is a Story*. Nova York: Oxford University Press, 1998.

STERNBERG, R. J. "Love stories". *Personal Relationships, v. 3*, pp. 59-79, 1996.

STERNBERG, R. J. "Triangulating love". In R. STERNBERG, R.; BARNES, M. L. (Edits.): *The Psychology of Love*. Binghamton: Yale University Press, pp. 119-38, 1988.

SYMONS, D.; ELLIS, B. "Human Male-female Differences in Sexual Desire". In RASA, A.; VOGEL, C.; VOLAND, F. (Edits). *Sociobiology of Reproductive Strategies*. Londres: Chapman Hall, pp. 131-46, 1998.

WALSTER, E.; ARONSON, V.; ABRAHAMS, D.; ROTTMANN, L. "Importance of Physical Attractiveness in Dating Behavior". *Journal of Personality and Social Psychology*, v. 4, pp. 508-16, 1966.

METADEIDEAL

Voltado ao público solteiro que busca uma maneira segura e séria de encontrar um amor, o site de namoro *metadeideal* é uma empresa ligada ao portal UOL, que abrange 70% dos visitantes da internet brasileira em mais de 12 anos de história.

Criado com a preocupação de oferecer um lugar confiável para unir corações, o *metadeideal* se orgulha de dar apoio a quem quer encontrar alguém ideal para compartilhar bons momentos e, quem sabe, toda a vida. Nele, solteiros de todo o mundo podem se comunicar de maneira gratuita, trocando e-mails sem se expor e conversando pelo bate-papo com voz e vídeo exclusivos.

Em seu primeiro ano de vida, o *metadeideal* já juntou mais de 150 casais. As histórias são contadas no site pelos próprios usuários.

Esta é uma coletânea dos artigos do psicólogo Ailton Amélio da Silva apresentados no site, que auxiliam milhares de pessoas diariamente a entender suas necessidades e a saber como agir em seus relacionamentos. Existe também uma seção de dúvidas amorosas, em que as questões individuais dos usuários são esclarecidas.

Esperamos que este volume também seja valioso para você.

Equipe *metadeideal*

metadeideal

www.metadeideal.com.br

Aqui, relacionamento é coisa séria